All power belongs to the people.

세계 15개국 헌법으로 본
민주주의의 얼굴

헌법 제1조、파시즘을 쏘다!

박홍규 지음

틈새의시간

머리말_헌법 제1조, 파시즘을 쏘다!

"대한민국은 민주공화국이다. 대한민국의 주권은 국민에게 있고, 모든 권력은 국민으로부터 나온다."라는 말에 가슴이 벅차오르는 역사의 추억을 가진 민족이 세상에 우리 말고 또 있을까? 세상에! 헌법 제1조를 위기에 빠진 나라를 기적적으로 구해줄 신비의 신주나 부적처럼 외치고, 부르짖고, 노래하고, 읊고, 울고, 웃고, 심지어 그것을 제목으로 한 영화까지 만드는 나라나 민족이 우리 말고 또 있을까? 그 감격의 헌법 제1조, 무한한 감동의 헌법 제1조는 2004년 노무현 탄핵 반대 시위, 2008년 소고기 수입 반대 시위, 2014년의 세월호 사건 시위, 2016년 박근혜 퇴진 시위를 비롯하여 2024년 윤석열 탄핵 시위까지 한국 민주주의의 위기 시마다 전국에 울려 퍼지면서 우리의 역사를 바꾸었다. 더 거슬러 올라가 보면 반독재 저항운동의 분수령이 되었던 민청학련사건이 있었던 것이 1974년이니 우리의 헌법 제1조는 반세기 동안 촛불과 함께 외쳐져 이 나라 민주주의를 지킨 셈이다. 이미 2017년 〈워싱턴포스트〉는 "한국은 전 세계에 민주주의가 무엇인지 보여주었다."라고 썼다. 2024년에는 더 많은 찬사가 쏟아졌다. 가령 "한국의 민주주의는 외세나 엘리트가 아닌 시민들의 저항을 통해 아래로부터 쟁취된 민주주의"라고 프랑스 언론인 장 이브 콜랭(Jean-Yves Colin)은 정확하게 짚었다. 다 맞는 말이다. 헌법 제1조를 노래하는 우리는 파시즘이라는 거대한 악에 대항하여 민주주의를 지킨 것이다. 민주주의냐 파시즘이냐, 라고 하는 역사적 기로에서 우리는 민주주의를 선택하고, 그것에 반하는 반민주주의인 파시즘과 싸워 이겼다. 그렇다. 헌법 제1조가 파시즘을 쏘아 죽인 것이다!

2024년 말 탄핵 시위를 보고 전 세계가 감동하여 한국의 집회 시위 문화를 배워야 한다고들 했다. 당연히 배워야 하고, 배울 수 있다. 그러나 다른 것은 가능해도 한국에서처럼 자국의 헌법 제1조를 노래할 수는 없을 터다. 민주주의의 선구이자 모범국이라는 영국에는 헌법이 없으니 그런 노래가 있을 수 없다. 그렇다고 해서 헌법이 있다고 한들 부를 수 있는 게 아니다. 미국에서 그들 헌법의 제1조인 "이 헌법에 의해 부여되는 모든 입법 권한은 미국 연방의회에 속하며, 연방의회는 상원과 하원으로 구성한다."는 멋대가리 없이 삭막한 법률 문장을 노래로 부를 수 있을까? 아무리 아름다운 곡을 붙여도 노래가 될 수 없을 것이다. 하물며 일본에서 그곳의 헌법 제1조인 "천황은 일본국의 상징이며, 일본 국민 통합의 상징으로서 그 지위는 주권을 가진 일본 국민의 총의에 기초한다."는 내용을 노래로 부를 수 있을까? 헌법 제1조에서 '상징'이니 '총의'니 하는 애매모호한 말을 사용하는 것도 이상하지만 노랫말로는 더욱더 이상하지 않은가? 일본 천황은 제2차 세계대전의 전범이므로 같은 수괴 파시스트 전범인 히틀러나 무솔리니처럼 죽어 마땅했다. 그러나 죽기는커녕 그를 인간으로는 최고 대우인 헌법적 존재로 인정하는 황당무계한 문장으로 헌법 제1조 안에 명시했다. 파시스트 수괴에게 맹종한 일본인들이야 몰라도, 파시스트 천황의 이름으로 나라를 빼앗기고 36년간 식민지 지배를 당하면서 수십만 명이 파시스트 천황 때문에 죽은 한국인의 처지에서는 도저히 이해할 수 없는 일본 헌법 제1조다. 이를 노래로 부른다면 침략과 지배를 당했던 피침략국들은 기가 찰 게 분명하다. 따라서 그런 헌법 제1조의 제정에 당연히 반대했어야 하지 않을까? 그 당시에 나라의 힘이 없어서 못 했다면 지금이라도 그런 헌법 제1조에 대해 문제를 제기해야 하지 않을까? 아니, 일본인들 자신이 진정한 민주공화국의 국민이라면 그런 제1조부터 없애야 하지 않을까? 그러나 침략국이었던 일본에도, 피침략국이었던 한국에도, 중국에도, 대만에도, 여타의 동남아시아에도 그런 목소리는 전혀 없다. 대신 일본에서는 평화 조항을 없애고 전쟁 조항을 넣자는 개헌 논의로 70여 년째 시끄럽다. 반면 우리 헌법 제1조는 얼마나 아름답고 당당한가! 그 어떤 나라도 침략하지 않고 세상을 민주주의로 만드는 데 앞장서는 헌법 제1조가 아닌가! 그렇다. 헌법 제1

조, 언제나 파시즘을 쏘아 죽여야 한다.

 그렇다. 이 세상 어떤 나라에서도 헌법 제1조를 우리처럼 아름다운 노래 가사로 삼을 수 없다. 오로지 한국에서만 가능한 일이다. 정말이다. 이 얼마나 감격스러운 일인가! 노래가 우리의 생명인 민주주의까지 지켜줄 줄이야! 노래가 우리의 역사를 대변하고 창조할 줄이야! 우리 헌법의 역사에는 오점도 많았지만, 적어도 제1조는 제헌헌법 이래 지금까지 77년간 거의 변함이 없다. 제헌헌법을 비롯하여 헌법을 만들고 고친 사람들이 제1조가 노래가 되리라고는 상상도 못 했겠지만, 우리 민중은 그것을 노래로 불렀고, 지금도 부르고, 앞으로도 부를 것이다. 앞으로도 부를 것이라고 해서 '불길한 예언'이라고 욕할 사람이 있을지 모른다. 그렇게 노래 부르지 않는 세상이 좋은 세상이고, 앞으로는 그런 노래를 부를 필요가 없어져야 한다고 하면서 말이다. 그렇다. 그렇게 노래할 필요가 없어지면 좋다. 그러나 그런 세상은 쉽게 오지 않는다. 민주주의를 망치려고 하는 반민주적인 파시스트들은 언제 어디에나 준동하기 마련이다. 그러니 한국은 물론이고 세계 모든 나라가 민주주의를 노래해야 한다. 끊임없이 노래해야 한다. 민주주의는 쉽게 오지 않는다. 파시스트는 언제 어디에서나 좀비처럼 준동한다. 국내에만 있는 것이 아니다. 이웃 나라에도 있고 먼 나라에도 있다. 그러니 민주주의 국민이, 민중이, 인민이, 백성이 나라의 주인임을 끊임없이 알려야 한다. 헌법 제1조를 계속 노래해야 한다. 헌법 제1조, 언제 어디에서나 파시즘을 쏘아 죽여야 한다.

우리는 물론 전 세계가 왜 민주주의를 노래해야 할까? 인류가 20세기 초부터 경험한 반민주적 식민지 체제는 영국과 프랑스, 독일과 미국을 중심으로 한 제국주의 열강의 세계 침략과 그것을 모방한 일본의 침략에 따른 것이어서 1919년 3·1운동 직후 성립한 대한민국 임시정부는 헌법에 해당하는 '임시헌장' 제1조에서 대한민국이 민주공화국임을 선언했는데, 이는 이미 19세기부터 제국주의 침략에 허덕이던 모든 피침략 민족의 염원을 담은 것이었다. 그러한 헌법 제1조의 염원을 담은 민족해방투쟁에 의해 1945년 해방이 이루어진 후 성립한 대한민국은 당연히 민주공화국이어야 했다. 그러나 민주공화국은 쉽게 오지 않았고, 그 뒤 지금까지 왜곡된 세계 질서하에서 무수한 질곡의 악순환이 벌어지고 있다. 해방 후부터 우리가 경험한 파시즘 독재, 특히 1960~1980년대의 파시즘 군사독재는 한반도처럼 미국과 소련 중심의 냉전 세계 질서의 변두리에 있던 소위 후진국들의 어두운 현실이었지만, 1980년대 말 민주화운동이 일어나면서 한국만이 아니라 소련을 비롯한 동유럽과 남미, 남아프리카 공화국 등에도 새로운 역사가 열렸다. 그러나 냉전의 종식과 함께 1990년대 말부터 신자유주의와 빈부 갈등이 찾아왔고 이는 전 세계가 공유하는 파시즘적 비극의 재현을 예고했다. 그 가운데 2010년대 후반부터 파시즘 극우화가 범세계적으로 두드러지고, 특히 트럼프 1기 정권(2017~2021) 이후에는 소위 민주주의 선진국에서도 파시즘 극우가 득세했다. 이제 트럼프 2기 정권(2025~2029)이 등장하면서 세계는 다시 극우 파시즘의 위기를 맞고 있다. 2024년 말 한국에서 벌어진 청천벽력과 같은 파시즘 내란은 그런 극우 세계화의 가장 추악한 사태였다. 우리 국민은 그 친위 쿠데타를 온몸으로 막아냈지만, 그 추악함을 깨끗이 지우려면 더 오랜 세월이 필요할 것이다. 잠깐 방심하면, 다시 그런 추악한 사태가 되풀이될 것이다. 그야말로 '파시즘의 영원회귀'다.

윤석열은 대통령 취임사에서부터 끊임없이 '자유'라는 말을 되풀이하여 우리를 속였다. 이미 85년 전에 토마스 만은 미국인들에게 말했다. "만일 파시즘이 미국으로 온다면, 그것은 자유의 이름으로 올 것이다.", "거짓이 완벽한 지배력을 획득한 일이 파시스트가 정치권력을 손에 넣는 데 기여했다. 단어는 원래의 의미에서 분리되었고 슬로건으로 축소되었다."(리멘, 50 재인용) 그렇다. 윤석열 파시즘은 '자유'의 이름으로 왔다. 그가 말한 '자유'는 '예속'이고 '억압'이었다. 말만이 아니었다. 그는 노동부장관에 가장 반노동적인 인물을, 국가인권위원회 위원장에 가장 반인권적인 자를 임명하는 등 모든 인사를 거꾸로 했다. 자신의 행위도 마찬가지다. 버젓이 내란을 저지르고도 아무 일이 없었다고 한다. 지난 2년 반 그는 이 땅의 모든 것을 반대로 만들었다. 그래서 모든 것이 무너져내렸다. 모든 것이 파괴되었다. 이것이 바로 파시즘이다. 파시즘이라는 말 외에는 다른 어떤 말로도 그를 형용할 수 없다.

그가 입버릇처럼 말한 자유는 소위 '입틀막'의 자유, 빅브라더의 자유, 권력자의 자유, 자본가의 자유였다. 그는 민주주의에 반대하여 국민의 대표가 모인 국회를 파괴하려고 했다. 그는 정당민주주의에 반대하여 자기 당을 멋대로 조종할 뿐 아니라 상대 당을 범죄집단으로 철저히 짓밟았다. 그에게 인권은 자신이나 가족의 이기적인 소유권에 불과했다. 이성은 그에게 본능이고, 정치는 본능에 근거한 복수에 불과했다. 그래서 모든 것이 끝났다. 적어도 해방 후 77년간 몇 세대에 걸친 민주화의 노력도 수포가 되었다. 정치·경제·사회·문화 전반에 세워졌던 모든 공든 탑이 하루아침에 무너졌다. 특히 민주주의가 무너졌다.

윤석열은 취임 4개월 만에 미국 대통령에 대한 비속어 사용으로 국제적 망신을 당한 뒤 그 사실을 파헤쳤다는 이유로 MBC 기자의 대통령 전용기 탑승을 거부하면서 그것을 '헌법 수호'라고 했지만, 사실은 헌법이 규정하는 언론 자유를 억압한 것으로 '헌법 파괴' 행위였다. 이어 10월에는 야당을 적대적 반국가세력이라고 비난했는데, 이는 헌법에 보장된 복수정당제의 야당을 부정하는 짓이었다. 그리고 이듬해 8월에는 진보세력을 공산 세력이라고 매도했는데, 이 역시 헌법이 보장하는 사상의 자유를 부정하는 반헌법적 행위였다. 그리고 그 모든 반헌법적 주장을 합쳐 2024년 4월의 총선을 부정선거라고 하면서 반헌법적 비상계엄을 선포하면서 이를 '자유 헌정질서의 수호'라고 했다. 계엄 포고령 1호에서 반대파를 영장 없이 체포한다고 하면서 역시 '자유민주주의 수호'라고 했지만, 사실은 헌법에 보장된 인권의 첫째인 신체의 자유를 짓밟는 반헌법적 작태였다. 그가 말하는 헌법 '수호'는 사실 헌법 '파괴'에 불과했다. 그런 반헌법적 행위는 엄연히 사법심사의 대상임에도 이를 통치행위라느니 비상대권이니 하면서 사법심사의 대상이 아니라고 멋대로 반헌법적 발언을 일삼았다.

심지어 그는 12·3 계엄은 대국민 호소라고도 했다. 그러나 국방부 장관이 국무총리를 거쳐 대통령에게 계엄선포를 건의해야 하고, 계엄선포 직후 계엄을 공고하고 국회에 통고해야 하는 법절차를 위배하고, 계엄선포의 요건인 '전시·사변 또는 이에 준하는 비상사태'가 없는 상태의 계엄은 호소가 아니라 불법행위, 즉 내란에 불과하다. 대통령이 계엄의 이유라고 주장하는 야당의 권한 행사인 탄핵이나 입법이나 예산삭감이나 부정선거 의혹 등은 그런 비상사태와 무관하다. 특히 야당이 삭감한 예산은 총지출 예산 중 0.6퍼센트에 불과하고 그것도 예비비나 특수활동비에 불과하다. 게다가 윤석열은 국회 투입 병력이 106명에 불과해 문제가 없다고 말했지만, 실제 투입 병력은 그보다 훨씬 많았고, 설령 106명이었다 해도 국회의 계엄 해제 의결권 행사를 방해한 것은 명백한 불법이다. 국회를 파괴하고 대신 비상입법기구를 만들어 독재를 꾀했던 것이 12·3 계엄이었다.

그런데 지금 우리를 덮친 파시즘이라는 악몽은 윤석열이나 그 하수인들만의 문제가 아니라 우리 모두의 문제이다. "파시즘은 우리의 비합리적인 정서 중 가장 최악의 정서, 즉 원한, 증오, 제노포비아, 권력욕 그리고 공포를 정치적으로 양성한다는 것이다!" "위기감, 경제적 불안정 그리고 테러나 전쟁의 위협 등이 공포 분위기를 조성한다."(리멘, 14) 그런 파시즘을 이기기 위해서는 민주주의가 필요하다. 그 민주주의란 "인간 존재를 고양시키려고 하는, 인간이 사유하고 자유로울 수 있게 하려고 노력하는 정부형태"이고 "민주주의의 목표는 그러므로 교육과 지적 발달, 정신의 고귀함이다."(리멘, 132) 그 민주주의는 여러 가지로 표현되고 음미될 수 있다. 이 책에서는 그 하나의 결정체로 헌법 제1조를 음미하고자 한다. 우리 헌법 제1조와 함께 세계 여러 나라의 헌법 제1조를 음미하고자 한다.

이 책은 파시즘이 다시 대두되지 않기를 바라면서 우리의 헌법 제1조를 음미하고, 그 의미를 더 확충하기 위해 여러 나라 헌법 제1조를 중심으로 헌법을 비교하는 여정이 될 것이다. 또한 이 여행은 세계 각국 헌법의 현장에 간 우리에게 '민주주의냐, 파시즘이냐' 선택하고 결단할 것을 요구할 것이다. 우리나라는 물론 세계 역시 선택을 결단해야 할 위기 상황에 놓여 있다.

헌법 제1조에 민주공화국이라고 선언되어도 나라의 실제 시스템은 민주공화국이 아니라 파시즘일 수 있다. 우리 헌법처럼 헌법 제1조에 민주공화국임을 선언한 1919년 독일 바이마르 헌법 체제 하에서 인류 역사 최악의 파시즘 국가를 탄생시킨 히틀러가 나왔다는 사실만 보아도 알 수 있다. 물론 이탈리아는 그보다 더 이른 시기에 파시즘 국가를 이루었다. 독일이나 이탈리아, 그리고 그들을 모방한 일본은 '대놓고 파시즘 정권'으로 세계사에 두드러졌지만, 다른 나라에서도 파시즘은 준동했다. 영국이나 미국도 예외는 아니다. 그리고 미국은 드디어 파시즘을 노골적으로 보여주는 정권을 두 차례나 배태했다. 서양만이 아니다. 비서양에서도 파시즘이 나타나고 있다. 바야흐로 세계적인 파시즘의 시대이다.

헌법은 파시즘을 막고 민주주의를 지키기 위해 존재한다. 이제 헌법은 단순히 '법 중의 법' '모든 법의 기본'으로서만 의미를 획득하지 않는다. 헌법은 파시즘이라는 거대한 탁류의 방파제이자 민주주의의 보루여야 한다. 우리 헌법의 역사는 짧고 우여곡절도 많았다. 그래서 세계 여러 나라의 헌법 제1조를 중심으로 두루 알아볼 필요가 있다. '세계'라고 하면 흔히 서양 중심으로 생각하겠지만, 이 책에서는 유럽 여러 나라(영국, 프랑스, 스페인, 독일, 이탈리아)와 미국 외에도 중남미의 멕시코, 아시아의 필리핀, 러시아(러시아가 아시아인가에 대해서는 이의가 있을 수 있겠으나, 그렇다고 유럽 선진이라고 보기도 어렵다), 이란, 일본, 한국, 인도, 중국 그리고 아프리카의 남아프리카 공화국에 이르기까지 15개국의 헌법 제1조를 제정 연도순으로 둘러보려고 한다.

먼저 제1부에서는 20세기 이전의 헌법을 다룬다. 영국에는 헌법이 없지만 의회민주주의를 가장 먼저 실시했다는 이유에서 최초로 다루고(1장), 이어 최초의 성문헌법을 제정한 미국(2장), 프랑스(3장), 스페인(4장), 독일(5장)을 언급한다. 그다음에 다루는 나라가 멕시코(6장)인 점에 놀라는 독자들이 있을지 모르겠지만, 멕시코는 이미 1826년에 멕시코 공화국 헌법을 제정했을 뿐 아니라 20세기 현대 헌법이 1917년 멕시코 헌법을 효시로 삼았을 만큼 선구적이었다. 이어 이탈리아 헌법(7장), 그리고 아시아 최초의 입헌군주국 헌법인 일본 헌법(8장)과 최초의 공화국 헌법인 1899년 필리핀 헌법(9장)을 언급한다. 이어 제2부에서는 20세기에 제정된 헌법들로 이란(10장), 러시아(11장), 한국(12장), 인도(13장), 중국(14장), 남아프리카 공화국(15장) 순으로 다룬다. 그 대부분의 나라들이 헌법에서는 민주공화국임을 선언하지만, 사실은 파시즘의 나라이거나 파시즘에 가까운 나라들도 적지 않다.

이 책에서 다루는 15개국이 서양 6개국, 비서양 9개국인 점은 종래의 서양 중심 논의에 대한 반성에서 나온 것이다. 이 책에서 헌법의 선후진국이라고 함은 결코 가치의 평가를 뜻하지 않고 제정순위를 말할 뿐이고, 각국은 그 역사와 세계사적 흐름에 따라 그렇게 되었을 뿐임을 강조한다. 이른바 세계사의 근대 이후 영국과 미국을 비롯한 서양이 제국주의 국가들로 대두하면서 헌법도 일찍 제정한 반면, 비서양은 그러한 제국주의 세계에 뒤늦게 포함되면서 헌법을 만들게 되었다는 것이지 헌법 제정이 빨랐다고 해서 우수한 민족이나 나라라는 식의 판단은 있을 수 없다. 그 점을 15개국을 중점적으로 살펴보되 관련된 나라들도 함께 살펴보기 때문에 이 책에 언급된 나라의 헌법은 수십 개에 이른다.

헌법 제1조는 모든 나라의 기본을 규정한 것이다. 그 내용이 조금씩 달라도 모두 중요하고 가치가 있다. 그러한 세계의 헌법 제1조를 중심으로 나라의 근본이 무엇인지, 민주공화국이 무엇인지, 민주주의가 무엇인지, 권력이 무엇인지, 인권이 무엇인지, 헌법이 무엇인지, 법이 무엇인지, 나아가 국가가 무엇인지, 정치가 무엇인지를 고민하기 위해 이 책을 쓴다. 중요한 것은 헌법 제1조라는 문서상의 형식이 아니라, 그 실질적인 내용인 민주주의, 즉 민주공화국이냐 파시즘이냐에 있다. 과거처럼 절대자인 왕의 세습 독재가 아니라 그 누구도 독재를 못 하도록 국가권력을 셋으로 나누는 입법, 행정, 사법의 삼권분립 체제하에서 서로 견제하여 균형을 이루기 위해, 대통령과 국회의원을 국민이 직접 뽑고, 재판에도 국민이 참여하는 것이 민주공화국이다. 우리나라는 대통령과 국회의원은 국민이 직접 뽑지만, 재판에는 제대로 참여하지 못하고 법률가들이 독점하는 구조다. 대통령과 국회의원 중에도 법률가 출신이 너무 많다. 특히 최근의 대통령 네 명 중 세 명인 노무현, 문재인, 윤석열은 모두 법률가 출신이다.

민주주의에서 나라의 주인은 국민이지, 소수의 법률가가 아니다. 민주주의를 한다는 것은 국민의 민주 의식이 얼마나 투철한가로 따질 문제이지, 법을 잘 아는 판검사 출신의 대통령이나 국회의원이 주도한다고 되는 것이 아니다. 대통령이 임명한 총리나 장관, 장성 등 소위 출세했다는 자들 중에서 광장에서, 시위 현장에서 헌법 제1조를 노래하고 수호한 사람들이 과연 몇이나 될까? 당연히 나는 그런 법학도나 법률가나 지배자들을 위해 이 책을 쓰지 않고, 거리에서 '헌법 제1조'를 목 놓아 울면서 불러보고 노래한 사람들을 위해 이 책을 쓴다. 그리고 그들에게 이 책을 바친다. '대한민국은 민주공화국이다. 대한민국의 주권은 국민에게 있고, 모든 권력은 국민으로부터 나온다.'라고 하는 헌법 제1조의 내용을 좀 더 구체적으로 살려서 명실공히 국민의, 국민에 의한, 국민을 위한 민주공화국을 만들고 싶어서다. 최근 다시 불거지고 있는 개헌론도 마찬가지로, 명실공히 민주공화국을 만들기 위한 것이어야 한다.

나아가 우리의 헌법 제1조를 낳게 한 세계 여러 나라 역사 속의 인류에게도 감사하면서 이 책을 바친다. 민주주의는 한국 국민만의 것이 아니라 세계 인류의 것이기 때문이다. 민주주의는 세계사의 도도한 흐름으로 그 누구도 거역할 수 없는 대세다. 권력에 중독된 파시스트 정치꾼들이 사적인 야욕으로 세계사의 흐름을 막을 수는 없다. 한국 국민도, 세계 인류도 언제나 당당하게 민주주의의 승리를 위해 나아가며 영원히 노래할 것이다. 1919년 3월 1일을 3·1운동이라고 하지만 나는 3·1혁명이라고 부른다. 그것은 일제 파시즘에 대항한 대한민국 최초의 민주주의 혁명으로서 그 직후에 수립된 임시정부는 그 헌법 제1조에서 대한민국을 민주공화국으로 선언했기 때문이다. 오늘, 3·1운동 106주년을 맞아 다시금 헌법 제1조를 마음속에 새기며 이 책을 출판해준 틈새의시간에 감사한다.

2025. 3. 1
3·1혁명 106주년에
박홍규

차례

머리말_헌법 제1조, 파시즘을 쏘다! · 4

서론_파시즘, 민주주의, 헌법 제1조 · 23

파시즘의 세계적 준동 / 민주주의에도 수준이 있을까? / 헌법이란 무엇인가? / 헌법의 주체는 누구인가? / 헌법 제1조의 유형 / 헌법 검토의 범위 / 주권이란 무엇인가? / 왜 권력분립인가? / 비교의 의의

제1부 20세기 이전의 헌법 제1조

1장 · 53 영국 헌법
_세계 헌법의 전형인가?

영국 파시즘과 파시즘의 시조들 / 영국의 민주주의와 보수성 / 영국 헌법이 세계 헌법의 전형이라고? / 영국 헌법 제1조는 마그나카르타 제1조? / 영국 헌법 제1조는 국왕 조항인가? / 영국 헌법 제1조는 의회 조항?
* 존 왕 / 오스트레일리아 헌법 제1조 / 아일랜드 헌법 제1조

2장 · 83   미국 헌법
_세계 최초 성문헌법의 의의와 한계

미국의 파시즘과 트럼프 / 미국 헌법 제1조와 수정헌법 제1조 / 미국 헌법의 제정 과정 / 수정헌법 제1조 표현의 자유 / 국가 종교 수립의 금지와 종교의 자유 / 평등권과 재산권 / 미국 헌법은 이상적인가? / 한국 헌법이 미국 헌법보다 낫다? / 미국 헌법은 민주주의가 아니다?
* 미국의 국부들 / 유럽 최초의 헌법은 폴란드 헌법

3장 · 113   프랑스 헌법
_혁명이 낳은 헌법의 질곡

프랑스의 파시즘과 민주주의 / 프랑스 헌법 제1조 / 영국과 프랑스의 헌법 비교 / 프랑스혁명과 인권선언 / 1791년 헌법과 절대군주제 폐지 / 제1공화국 헌법과 나폴레옹의 등장 / 제2공화국 헌법과 사회주의 운동 / 제3공화국 헌법과 의회중심주의의 확립 / 직접적 의사결정 절차를 도입한 제4공화국 헌법 / 현행 제5공화국 헌법의 특징 / 프랑스 헌법이 한국 헌법에 미친 영향
* 핀란드 헌법 제1조 / 오스트리아 연방헌법 제1조

4장 · 143   스페인 헌법
_프랑코 파시즘과 민주주의

스페인의 파시즘과 민주주의 / 스페인 헌법 제1조와 프랑코 파시즘 / 스페인의 코르테스 민주주의 / 프랑코 독재체제와 민주주의

5장 · 153   독일 헌법
_히틀러 파시즘과 민주주의

독일의 파시즘과 민주주의 / 독일 기본법 제1조_인간 존엄성과 세계 평화 / 독일 헌법의 역사 / 바이마르 헌법 제1조 / 독일은 반성하고 있는가?
* 네덜란드 헌법 제1조 / 체코슬로바키아 헌법 제1조 / 스위스연방 헌법 제1조 / 헝가리 기본법 제1조

6장 · 175   멕시코 헌법

_중남미 파시즘과 민주주의

멕시코 파시즘과 민주주의 / 멕시코 헌법 제1조_인권의 기본이념 / 카우디요 민주주의 / 멕시코 헌법의 역사
* 1801년 아이티 헌법과 그 이후 / 쿠바 헌법 제1조 / 칠레 헌법 제1조 / 브라질 헌법 제1조 / 아르헨티나 헌법 제1조

7장 · 193   이탈리아 헌법

_무솔리니 파시즘과 민주주의

이탈리아 파시즘과 민주주의 / 이탈리아 헌법 제1조_노동에 기초하다 / 이탈리아 헌법 제1조의 인민주권주의 / 이탈리아 헌법의 역사_파시즘과 민주주의

8장 · 207   일본 헌법

_천황 파시즘과 민주주의

일본 파시즘과 민주주의 / 일본 헌법 제1조_천황 / '상징 천황'이라고 하는 말의 황당무계함 / 일본의 헌법 개정론 / 천황제 폐지를 주장한 공산당 헌법 초안 / 전제군주와 입헌군주가 뒤섞인 메이지 헌법 / 일본 헌법과 한국 헌법

9장 · 231   필리핀 헌법

_아시아 파시즘과 민주주의

필리핀 파시즘의 부활 / 필리핀 헌법 제1조 / 필리핀 헌법의 역사 / 필리핀 헌법과 한국 헌법의 비교
* 베트남 헌법 제1조 / 태국 헌법 제1조 / 말레이시아 헌법 제1조

제2부 20세기 헌법 제1조

10장 · 247 이란 헌법
_이슬람 파시즘과 민주주의

이란 헌법 제1조_서구식 헌법에서 이슬람 헌법으로 / 이슬람을 보는 눈 / 세계 최초 헌법은 메디나 헌법
* 이슬람 국가 헌법들의 제1조

11장 · 258 러시아 헌법
_차르 파시즘의 부활

러시아 헌법 제1조_소련 헌법과의 차이 / 헌법 제1조를 제도화하는 조문들 / 알렉산드라 황후와 라스푸틴 / 피의 일요일 사건과 러시아혁명 / 러시아 헌법과 한반도
* 동유럽의 사회주의 헌법 / 북한 헌법 제1조

12장 · 275 대한민국 헌법
_한국적 파시즘과 민주주의

한국 헌법 제1조_3·1혁명과 4·19혁명 / 한국 헌법의 역사 / 제헌헌법 / 가장 짧았던 제2공화국 헌법 / 의회민주주의를 부정한 유신헌법 / 제5공화국 헌법과 민주화 선언 / 헌법 제1조에서 나오는 헌법 제도 / 2024년 말 내란 사태

13장 · 297 인도 헌법
_세계 최대의 헌법과 민주주의

인도 헌법 제1조_기본이념 / 기본권과 국가 정책의 지도 원리 / 인도의 통치구조 / 인도 민주주의의 숨겨진 가치 / 인도 헌법의 역사와 특징
* 간디의 헌법안 / 파키스탄 헌법

14장 · 311 중국 헌법
_공산당 주권의 헌법과 파시즘

중국 헌법 제1조_공산당 독재를 위한 헌법 / 헌법 전문으로 보는 중국의 역사 / 쑨원과 중화민국 헌법 / 마오쩌둥과 중국의 제헌헌법 / 문화대혁명과 1975년 헌법 / 중국 헌법의 전개와 평가
* 문화대혁명을 보는 눈 / 대만 헌법 / 몽골 헌법

15장 · 336 남아프리카 공화국 헌법
_아파르트헤이트 파시즘과 민주주의

남아프리카 파시즘 / 남아프리카 공화국 헌법 제1조 / 남아프리카 헌법의 역사 / 권리장전 / 국가 조직
* 아프리카의 헌법 / 르완다 공화국 헌법

맺음말_헌법은 왜 민주주의를 명령하는가 · 349

일러두기

1. 인용 약어
젤다트 – 윌리엄 젤다트, 박홍규 옮김, 『영국법원리』, 박영사, 2020
교과서 – '교과서에 진실과 자유를' 엮음, 김석근 옮김, 『철저 비판, 일본 우익의 역사관과 이데올로기』, 바다출판사, 2001
그레이버 – 데이비드 그레이버, 정호영 옮김, 『우리만 모르는 민주주의』, 이책, 2015
달 – 로버트 달, 박상훈·박수형 옮김, 『미국 헌법과 민주주의』, 개정판, 후마니타스, 2016
리멘 – 롭 리멘, 조은혜 옮김, 『이 시대와 맞서 싸우기 위해』, 오월의봄, 2020
베이트 – 진 E. 베이트, 최봉기 옮김, 『모던 파시즘: 유대-기독교 세계관을 위협하는 현대 파시즘』, 드리커마인드, 2023
신우철 – 신우철, 『비교헌법사』, 법문사, 2008
윌린 – 셸던 윌린, 우석영 옮김, 『이것을 민주주의라고 말할 수 있을까?』, 후마니타스, 2013
조지형 – 조지형, 『미국 헌법의 탄생』, 서해문집, 2012
차병직 – 차병직, 『헌법의 탄생』, 바다출판사, 2022
킨 – 존 킨, 양현수 옮김, 『교양인』, 교양인, 2017
패스모어 – 케빈 패스모어, 이지원 옮김, 『파시즘』, 교유서가, 2016
팩스턴 – 로버트 팩스턴, 손명희 최희영 옮김, 『파시즘』, 교양인, 2005
핀첼스타인 – 페데리코 핀첼스타인, 장현정 옮김, 『파시스트 거짓말의 역사』, 호밀밭, 2023
헤지스 – 크리스 헤지스, 정연복 옮김, 『지상의 위험한 천국-미국을 좀먹는 기독교 파시즘의 실체』, 개마고원, 2012

2. 인용 부호
단행본은 겹낫표로 표시하였고, 간행물에 실린 글, 신문 잡지 등은 홑낫표로 표시하였다.

3. 이미지 출처
본문에 사용한 사진은 위키미디어 공용 이미지이다.

서론_파시즘, 민주주의, 헌법 제1조

파시즘의 세계적 준동

파시즘이라는 괴물이 전 세계에 다시 준동(蠢動)하고 있다. 원래 파시즘이란 제2차 세계대전을 일으킨 독일의 히틀러, 이탈리아의 무솔리니, 일본의 쇼와[1] 등이 행한 정치를 말했다. 독일과 이탈리아 그리고 일본에서는 전후 파시즘을 방지하기 위한 헌법들이 제정되어 파시즘이 당연히 사라질 것이라고 기대했다. 그러나 1970년대부터 파시즘은 부활하기 시작했고, 특히 2000년대 전후로 미국의 트럼프 등을 중심으로 한 파시즘 세력의 등장과 함께 더욱 거세어졌다. 한국에서도 일제강점기에 파시즘을 경험했으므로 해방 이후 제정한 헌법은 파시즘에 대한 반발에서 나온 민주주의 수호의 보루로 이해되어야 했다. 그러나 그런 이해가 국민 일반에게 있었는지는 의문이고, 권위주의적인 정치인들은 더더욱 헌법에 대한 그 같은 인식이 부족하였으니 일찍부터 독재의 악순환을 경험할 수밖에 없었다.

지금 우리가 보는 한국의 파시즘은 그 역사적 뿌리가 깊지만(조선시대로, 아니면 그전으로 소급될 수도 있다), 가장 가까운 시대의 역사적 현상으로 보면 지금 우리가 이 책에서 다루는 1987년 현행 헌법이 제정된 후 그것에 대한 반발로 생겨났고, 김대중 정권의 햇볕정책에 대한 반발로 조직화되기 시작했고, 노무현 대통령의 탄핵이 실패한 뒤 등장한 뉴라이트를 중심으로 하여 본격화되었으며, 박근혜 대통령의 탄핵 이후 파시즘의 대중화 현상이 인터넷의 보급과 함께 더욱 적극적으로 나타났다고 할 수 있다. 그 후 문재인 정권의 대북정책이 실패하자 극우세력이 급격히 늘어나면서 윤석열 정권을 등장하게 하여 극우 파시즘 정권으로 더욱 강화되었고, 그 파시즘 정치의 절정이자 종말이 2024년 말의 친위 쿠데타에 의한 내란이라고 할 수 있는데, 그 뒤에 전개된 법원 폭동 등의 폭력행위가 지금까지도 이어지고 있다.

한국의 파시즘은 이탈리아나 독일이나 일본은 물론 최근 미국의 트럼프 정권이나 러시아의 푸틴 정권이 보여주는 파시즘과는 다르다. 그렇다면 파시즘이란 대체 무엇일까, 파시즘은 무엇을 뜻할까. 여기에는 여러 가지 논쟁이 가능하다. 케빈 패스모어(Kevin Passmore)는 "파시즘의 정의는 파시즘을 연구하는 학자들의 수만큼이나 많다. 그중에서 어떤 정의가 옳은지에 대해서는 합의된 바가 없다."라고 말했다.(패스모어, 23) 로버트 팩스턴(Robert Paxton)

도 "모든 사람을 남김없이 만족시킬 수 있는 파시즘 해석은 지금까지 하나도 없었다고 보아도 무방하다."고 한다.(팩스턴, 481) 그러나 패스모어에 의하면 파시즘의 특징으로는 극단적 내셔널리즘, 카리스마 있는 지도자, 독재, 인종주의, 유일 정당, 준군사조직, 실제적 폭력이나 폭력의 위협, 코퍼러티즘(Corporatism), 전체주의 이데올로기, 반자본주의, 반사회주의 및 반공산주의, 반자유주의, 반의회주의, 반입헌주의 등이 있다.(패스모어, 21) 그러나 이러한 특징을 모두 보여주는 파시즘은 찾기 어렵다. 대부분의 파시즘은 그중 몇 가지 특징을 갖는 것이 보통으로, 한국 파시즘도 마찬가지다.

나는 이 책에서 파시즘에 대한 학문적인 논의를 피하고 '파시즘이란 민주주의를 부정하는 반민주주의'라고 간단하게 규정하고자 한다. 좀 더 자세히 말하자면 민주주의의 핵심인 인권, 평등, 법치, 권력분립과 같은 헌법적 가치들을 부정하는 것을 파시즘으로 본다. 가령 경제 발전을 위해 박정희나 전두환과 같은 독재자가 권력을 잡고 노동조합을 비롯한 '사회 불순 세력'을 일소해야 한다는 주장은 파시즘이다. 정치는 엘리트들이 해야 하고 민중은 개나 소와 같은 존재에 불과하다고 주장하는 불평등 찬양도 파시즘이다. 성별이나 인종은 물론 성적 취향에 따른 차별에 반대하고 모든 사람의 평등을 주장하는 것을 거부하는 것 역시 파시즘이다.

최근 대두되고 있는 한국 파시즘도 마찬가지이지만, 한국 파시즘에는 특이점도 있다. 가령 북한이나 중국을 배타적으로 보는 점은 내셔널리즘이라고 볼 수도 있으나, 미국이나 일본에 대해서는 친화적으로 보는 점에서는 내셔널리즘이라고 볼 수 없다. 윤석열 같은 이를 카리스마 있는 인물이라고 볼 수 있을지 모르지만, 독재나 인종주의, 유일 정당, 준군사조직, 코퍼러티즘 등과 가깝다고는 볼 수 없다. 그러나 이들은 실제적 폭력이나 폭력의 위협을 보여주었고, 전체주의 이데올로기, 반사회주의 및 반공산주의, 반자유주의, 반의회주의, 반입헌주의 등의 속성을 드러내기도 했다. 파시즘을 정의할 때 흔히 그것이 무엇에 반대하는지에 초점을 맞추는데, 여기에는 반사회주의 및 반공산주의, 반자유주의, 반의회주의, 반입헌주의와 반자본주의가 속한다.(패스모어, 22) 그러나 윤석열의 경우에는 반자본주의적 특성은 보이지 않았다. 도리어 그 반대로 철저히 자본주의적이다.

윤석열의 파시즘을 이해하는 데 더 명확한 기준은 거짓말이다. '바이든'을 '날리면'이라고 거짓말한 것을 비롯하여 윤석열은 끊임없이 거짓말을 했다. 특히 친위 쿠데타 이후 법정에서 수없이 거짓말을 했다. 페데리코 핀첼스타인이 말하듯이 "거짓말은 물론 정치만큼이나 오래된 것이다. 선전과 선동, 위선과 허위는 정치권력 투쟁의 역사에서라면 언제 어디서나 존재한다."(핀첼스타인, 9) 그러나 "거짓말은 다른 정치 전통에서는 볼 수 없는 파시즘만의 특징이다. 거짓말은 말하자면 자유주의에서는 부수적이지만, 파시즘에서는 그렇지 않다."(핀첼스타인, 10) 특히 "조직화된 거짓말은 파시즘의 특징이다."(핀첼스타인, 29) 반면 "민주주의는 역사적으로 거짓, 잘못된 믿음, 잘못된 정보와 같은 것에 반대되는 개념으로서의 진실에 기초를 두고 있다."(핀첼스타인, 28) 그러므로 '민주주의냐 파시즘이냐'를 따지는 것은 다시 말해 '진실이냐 거짓이냐'를 묻는 것과 같다.

민주주의에도 수준이 있을까?

"현존하는 가장 영향력 있는 정치학자의 한 사람"이라는 미국의 로버트 달(Robert Dahl, 1915~2014)은 『미국 헌법과 민주주의』(How Democratic Is the American Constitution?)에서 "사과와 오렌지를 비교하거나, 신선한 사과와 썩은 사과를 비교할 수는 없다."고 하면서, 민주적인 나라의 헌법과 비민주적인 나라의 헌법을 비교하는 것은 "터무니없고 불합리한 것"이고, 민주적인 나라끼리만 비교해야 한다고 주장한다.(달, 63) 달에 의하면 그 책의 개정판을 쓴 2003년 기준으로 미국 헌법과 비교할 수 있는 '선진 민주주의 국가'는 21개국이고, 거기에 한국은 포함되지 않는다. 달이 말하는 '선진 민주주의 국가'란 '1950년대 이래 안정적인 민주주의를 유지하고 있는' 나라들이니 한국이 제외되는 것은 당연하다. 영국, 미국, 프랑스, 독일, 이탈리아, 일본이 그런 나라에 포함된다.

그러나 달의 관점과 달리, 세계 각국의 민주주의를 보여주는 지표에는 여러 가지가 있다. 그중 하나가 영국 시사 주간지 〈이코노미스트〉 산하 연구기관인 '이코노미스트 인텔리전스 유닛'(EIU)이 발표하는 민주주의 지수이다. 2025년 2월 27일에 발표된 EIU의 '2024년 민주주의 지수' 보고서에 따르면 2024년 '전 세계 민주주의 지수'는 5.55점으로, 조사가 시작된 2006년 이후 최저였던 2013년(5.17점)에 이르기까지로 2015년(5.55점) 이후 계속 하락세였다가 2024년에 9년 전 수준을 되찾았다. 즉 세계가 점차 민주주의에서 멀어지고 있다는 것이다. EIU 측은 2023년의 경우 그 원인을 "권위주의의 확산과 신종 코로나에 이어 러시아의 우크라이나 침공, 아프리카 내전과 쿠데타 등의 영향으로 세계 여러 나라에서 시민의 자유가 제한됐기 때문"이라고 분석했다.

EIU는 매년 167국을 '완전한 민주주의'(8점 이상), '결함 있는 민주주의'(6점 이상), '혼합 체제'(4점 이상), '권위주의 체제'(4점 이하)로 분류하는데, '완전한 민주주의'에는 노르웨이, 뉴질랜드, 아이슬란드, 스웨덴, 핀란드, 덴마크, 아일랜드, 스위스, 네덜란드, 독일, 캐나다, 우루과이, 호주, 코스타리카, 영국, 오스트리아, 그리스, 모리셔스 등이 속하고, 아시아권에서는 대만(10위)과 일본(16위)이 '완전한 민주주의'에 들었다. 2023년에 22위였던 한국은 2024년에 32위로 '결함 있는 민주주의'에 속했다. 이는 2006년 이래 최저점, 최하 순위를 받은 것이다. 이에 대해 EIU는 "윤석열 대통령이 계엄령을 선포했다가 빠르게 철회했지만, 이로써 국가를 위기에 빠뜨렸다."고 설명하였다.[2]

반면 달이 '선진 민주주의'로 꼽은 미국은 29위로 8년 연속 '결함 있는 민주주의'로 분류되었고, 거기에 필리핀, 이탈리아, 남아프리카, 이스라엘, 인도도 들어갔다. 그러니 이제 달은 미국을 인도나 이탈리아와 비교하면서 책 제목도 『미국 헌법과 '결함 있는 민주주의'』로 바꿔야 할지 모른다. 그리고 '권위주의 체제'에는 러시아, 베트남, 북한, 이란, 중국, 쿠바 등이 포함되었다.

한편 스웨덴에 있는 국제 연구 단체인 '민주주의 다양성 연구소'(V-Dem)에서 발표하는 '민주주의 수준 지수'에 따르면 대한민국은 2019년에는 18위, 2020~2021년에는 17위, 2022년에는 29위였으나, 2023년에는 50위로 급격히 순위가 추락하면서 '독재화' 국가라고 평가되었고, 2024년에는 41위를 기록했다. 2024년의 1위는 덴마크, 2위는 에스토니아이고, 프랑스는 12위, 독일은 14위, 영국은 22위, 미국은 24위, 스페인은 25위, 일본은 27위, 이탈리아는 30위, 남아프리카는 36위, 멕시코는 87위, 필리핀은 98위, 인도는 105위, 러시아는 155위, 이란은 158위, 북한은 174위, 중국은 177위다. V-Dem에 의하면 내가 이 책에서 다루는 15개국 중 가장 선진의 민주공화국에 포함될 나라는 프랑스와 독일뿐이고, 영국과 미국은 15위 밖으로 밀려나 있다. 영국과 미국은 더 이상 민주주의의 최선진국이 아니다.[3]

이러한 지수들에 대한 여러 가지 비판이 존재하지만, 이 책에서는 현실 민주주의를 평가하는 참고 자료로 활용하고자 한다. 여기서 앞서 인용한 비교의 적절성에 관한 달의 문제 제기가 등장하는데, 이 책은 달의 책과 달리 선진 민주주의 국가들의 헌법을 비교하는 것이 목적이 아니다. 대신, 헌법 제1조를 중심으로 검토하는 책이므로, 신선한 것은 신선한 대로, 썩은 것은 썩은 대로 설명하는 방식을 취하고자 한다.

또 하나, 위에서 본 민주주의 수준 비교에서는 특정한 나라들을 파시즘 국가라고 부르지 않는다. '권위주의 체제'를 파시즘이라고 볼 수 있을지도 모르지만, 국제적인 비교 차원에서 파시즘이라는 말을 사용하는 경우를 보기는 어렵다.

헌법이란 무엇인가?

이 책은 파시즘에 대항하여 민주주의를 지키기 위해 헌법을 검토하는 책이다. 헌법(憲法)은 국가의 기본법으로서, 국민이 국민의 기본적 인권을 보장하고, 국가의 조직과 작용의 원칙을 정하며, 다른 모든 법규범의 기본이 되는 최고의 법규범을 말한다. '헌'(憲)이란 말은 '법'을 뜻하므로 헌법이란 사실 법이란 말을 두 번 중복하여 사용한 것이라고 할 수 있는데, 이를 의미상으로는 '법의 법'이라고 볼 수도 있다. 즉 헌법은 '법 중의 법'이라는 것이다.

한자어 권에서 헌법이라는 말은 2,500여 년 전 중국 노나라의 좌구명(左丘明, 기원전 556~기원전 451)이 쓴 『국어』(國語)에 나온 "선한 자는 상을 주고, 간악한 자는 벌을 주는 것이 나라의 헌법이다(賞善罰姦 國之憲法也)."라는 문장에 처음 등장하였으나 지금 우리가 사용하는 헌법이라는 말은 서양어의 constitution을 19세기 일본인 미즈쿠리린쇼(箕作麟祥, 1846~1897)가 번역[4]한 말이다.[5] constitution이라는 말에는 '종이에 쓰인 나라의 최고법'이라는 뜻 이전에 '구성, 구조, 조직'이라는 뜻도 있고, 몸과 관련해서는 '체질, 체격'이라는 뜻도 있다. 정치적으로는 나라의 '정치문화, 관습, 윤리, 역사관', 그리고 법체계 속에 포함된 정치에 관한 '구성, 체질'이라는 의미도 있다. 물론 그런 뜻으로 되기 전까지는 일정한 시점에서 헌법을 만들어야 한다.

헌법을 만드는 순간, 하나의 나라가 선택된다. 헌법 제1조는 한국인이 민주공화국을 선택했음을 선언한 것이다. 군주전제국이 아니라, 일인독재국이 아니라, 민주공화국임을 우리가 선택한 것이다. 왕이 다스리는 왕국이 아니라, 독재자가 다스리는 독재국이 아니라, 백성이 다스리는 공화국을 선택한 것이다. 사람을 왕족이니 귀족이니, 양반이니 쌍놈이니 하며 차별하는 신분제 국가가 아니라, 모든 사람이 주인인 모두가 평등한 나라를 선택한 것이다. 특정한 인간의 특권을 인정하는 권위주의나 엘리트주의가 아니라, 모든 사람의 인권을 존중하는 평등주의의 인권 국가를 선택한 것이다. 그것이 민주공화국이다. 그것이 '대한민국은 민주공화국이다'라는 헌법 제1조의 뜻이다. 그것이 단순히 말에 그치지 않고 체질이 되고 문화, 윤리, 역사가 되어야 한다.

나는 제헌헌법 이후 77년 동안 상당수의 국민에게는 그렇게 되었다고 본다. 문제는 그렇지 못한 국민도 여전히 상당수 존재한다는 점이다. 그들이 언제부터인가 과격화되고 조직화되어 최근 우리나라를 파시즘으로 몰아넣고 있다. 그 결정적인 계기가 2024년 말 대통령에 의한 친위 쿠데타다.

헌법의 주체는 누구인가?

77년 전 처음 헌법을 만들었을 때는 물론이고 1987년 현행 헌법을 개정했을 때, 누가 그 헌법을 선택했는가? 바로 국민이다. 헌법은 국민이 만드는 것이다. 이를 모든 나라의 헌법이 명시하고 있다. 우리 헌법 전문도 "유구한 역사와 전통에 빛나는 우리 대한국민은"으로 시작하여 "개정한다"는 말로 끝난다. 따라서 헌법의 주어는 '대한국민'이다. 그런데 영어 번역문은 We, the people of Korea로 시작한다. the people of Korea는 한국인, 한국 사람들, 한국 인민, 한국 민중, 한민족 등으로도 번역할 수 있지만, 헌법에서는 국민이라고 한다. 이는 우리 제헌헌법보다 2년 정도 먼저 제정된 일본 헌법에서도 마찬가지다. 일본 헌법은 전문에서 "주권이 국민에게 있음을 선언하며, 이 헌법을 확정한다."라고 규정하는데[6] 그 국민도 영어 번역에서는 people이다. 일본에서는 헌법 제정 시에 영어판이 먼저 나오고, 그 뒤에 일본어 번역이 나왔다. 당시가 미군 점령기였기 때문이다. 일본 외무성은 처음에 people을 인민이라고 번역했으나 뒤에 국민으로 바꾸었다. 한국에서도 그러했다. 제헌헌법 준비 과정에서 나온 모든 헌법 초안에는 인민이라는 말이 사용되었으나, 어느 날 갑자기 그 말이 국민으로 바뀌었다. 이에 대해 제헌헌법 기초 과정에 참여한 유진오(俞鎭午, 1906~1987)[7]는 다음과 같이 회고했다.

> 인민이라는 용어에 대하여 후에 국회 본회의에서 윤치영(尹致暎, 1898~1996)[8] 의원은 "인민이라는 말은 공산당의 용어인데 어째서 그러한 말을 쓰려 했느냐, 그러한 말을 쓰고 싶어 하는 사람의 '사상'이 의심스럽다."고 공박하였지만, 인민이라는 말은 구 대한제국 절대 군권하에서도 사용되던 말이고, 미국 헌법에 있어서도 인민(people, person)은 국가의 구성원으로서의 시민(citizen)과는 구별되고 있다. 국민은 국가의 구성원으로서의 인민을 의미하므로 국가 우월의 냄새를 풍기어, 국가라 할지라도 함부로 침범할 수 없는 자유와 권리의 주체로서의 사람을 표현하기에는 반드시 적절하지 못하다. 결국 우리는 좋은 단어 하나를 공산주의자에게 빼앗긴 셈이다.[9]

그러나 유진오의 위 회상에는 문제가 있다. 인민이라는 말을 뺏어 간 것은 공산주의자가 아니라, 윤치영 같은 반공주의자들이기 때문이다. 인민이나 민중이라는 말은 자신의 의사와 힘으로 모인 사람들이라는 느낌을 주는 반면, 국민이라고 하면 국가가 있고 난 뒤에 국가가 만든 국가 내의 사람들이라는 느낌을 준다. 사전에서는 국민을 "어떤 국가에 대해 국적을 가짐으로써 그 국가를 구성하는 사람을 가리키는 한자어"라고 풀이하고, 이는 영어로 people이 아니라 nation이라고 한다. 헌법 제2조는 "대한민국의 국민이 되는 요건은 법률로 정한다."고 규정한다. 따라서 국민이란 헌법이 정해진 뒤 헌법에 따라 국회가 만든 법률로 정해지는 것이고, 헌법은 그런 국민 이전의 사람들이 만드는 것으로 구별된다.

여하튼 헌법은 국가의 권력을 제한하여 인권을 보장하기 위해 만든 것이다. 그 제한의 방법이 삼권분립이다. 국가의 권력을 셋으로 나누어 서로 견제하고 균형을 이룸으로써 권력을 제한한다는 것이다. 즉, 국가를 다스리기 위한 법률을 입법부(국회)가 '제정'하고, 법률을 행정부(정부)가 '집행'하며, 법률을 사법부(법원)가 '적용'하도록 하여 서로 견제하고 균형을 맞추게 만든 것이다. 권력을 제한하는 이유는 인권을 보장하기 위해서이므로 헌법은 국가권력 기관 앞에 인권을 규정한다. 이러한 헌법의 근본적인 지도원리가 헌법 제1조이다. 따라서 헌법은 국가의 근본법이고, 헌법 제1조는 헌법의 근본 규정이다. 바로 민주공화국의 국민주권 원리를 규정한 것이 헌법 제1조다.

헌법 제1조의 유형

우리 헌법 제1조는 "대한민국은 민주공화국이다."로 시작한다.

여기서 '민주공화국'이라는 말은 1919년 4월 11일에 반포된 '대한민국 임시헌장' 제1조에서 처음으로 나온 말로 당시의 일본이나 중국의 헌법 문서에는 볼 수 없는 '독창적인 형식과 내용'(신우철, 300)을 갖는 것이다. 그래서 『대한민국은 민주공화국이다』라는 제목의 책을 쓴 역사학자는 민주공화국이라고 규정한 한국 헌법 제1조와 같은 헌법을 갖는 나라가 드물다고 하지만, 그런 헌법 제1조를 갖지 않는 나라라고 해도 오늘날 대부분의 나라는 민주공화국을 표방한다. 물론 그런 조항이 헌법에 있어도 실질적으로는 민주공화국이 아닌 나라도 많고, 반대로 그런 헌법 제1조가 없어도 민주공화국인 나라도 있다.

한국도 1919년 '대한민국 임시헌장'을 비롯한 수많은 임시정부 헌법 문서 그리고 해방 후 1948년 제헌헌법부터 그렇게 명시적으로 규정했지만, 나라가 없었던 일제강점기는 물론이고, 1948년 이후 지금까지도 명실공히 민주공화국이었던 시절이 얼마나 될까? 이 책을 쓰는 지금도 과연 민주공화국이라고 할 수 있을까? 어쩌면 내란이 아직도 계속되고 있는지도 모르는 지금, 우리는 과연 민주공화국에 산다고 할 수 있을까? 최소한 내란범들이 모두 구속되고 재판을 받아야 내란이 일단 끝나는 것이 아닐까? 아니 재판에 의해 처벌을 받고 다시는 그런 짓을 하지 않아야 내란이 완전히 끝나는 것이 아닐까? 대법원에 의해 확정판결이 날 때까지는 무죄추정을 받는다고 하면서 내란범이 아니라고들 하고 있지 않는가? 아니 그 내란에 찬성한 자들이 있는 한 내란은 끝나지 않는 것이 아닐까? 언젠가 다시 내란을 일으키고자 항상 마음먹고 있는 자들이 정부, 특히 군대에 남아 있는 한 내란에 준하는 상태인 것이 아닌가? 2024년 말의 내란에 놀라 생긴 국민의 불안은 이 글을 쓰는 새해 초에도 여전히 이어지고 있지 않는가?

헌법은 나라의 근본법이고 기본법이다. 그리고 헌법 제1조는 그 근본법의 근본 조문, 기본법의 기본 조문이다. 대부분의 나라 헌법은 자국을 민주공화국이라고 규정하지만, 모든 나라의 헌법이 그것을 헌법 제1조로 규정하지는 않는다. 그 대신 인권을 제1조에 규정하는 나라의 헌법도 많다. 같은 나라의 헌법 제1조가 민주공화국 규정에서 인권 규정으로 바뀐 나라도 있다. 우리나라 헌법을 제정할 때 참조한 독일의 경우다. 1919년 바이마르 헌법 제1조는 "독일국은 공화국이다. 국가권력은 국민으로부터 나온다."고 규정하여 우리 헌법 제1조의 모법(母法)처럼 보이지만, 1949년 독일 기본법 제1조 제1항은 "인간의 존엄은 침해되지 아니한다. 모든 국가권력은 이를 존중하고 보호할 의무를 진다."로 바뀌었다. 한국 헌법 제1조는 바이마르 헌법 제1조를 참조한 것인데, 그 제1조는 1948년 제헌헌법부터 현행 헌법까지 줄곧 같은 내용이다. 또한 한국 헌법 제10조의 "모든 국민은 인간으로서의 존엄과 가치를 가지며, 행복을 추구할 권리를 가진다. 국가는 개인이 가지는 불가침의 기본적 인권을 확인하고 이를 보장할 의무를 진다."도 독일 기본법 제1조를 참조한 것이다. 독일 기본법에도 우리 헌법 제1조와 같은 민주공화국 조항이 있다. 즉 제20조에서 독일을 "민주적,

사회적 연방국"이라고 규정한다. 이처럼 뒤에 규정했다고 해서 그 중요성이 떨어지는 것은 물론 아니다.

독일 기본법처럼 헌법 제1조를 인권으로 규정하는 헌법도 많다. 가령 미국의 수정헌법 제1조나 네덜란드 헌법 제1조가 그렇다. 프랑스나 남아프리카처럼 두 가지를 함께 규정하는 헌법 제1조도 있다. 그러나 우리 헌법 제1조처럼 국가의 정치체제를 규정하는 헌법이 훨씬 많다. 헌법 제1조에서 '민주공화국'이라는 말을 사용하는 헌법으로 이탈리아 헌법이 있으나, 그것은 그 앞에 '노동에 기초한'이란 말을 덧붙이고 있다. 그런데 한국이나 이탈리아 헌법의 그것은 영문이나 이탈리아어로 각각 democratic republic, Repubblica democratica로 표기되어 우리나라에서는 '인민공화국'이라고 부르는 중국이나 북한의 국명(영어로는 People's Republic)과 유사한 것임을 주의해야 한다. 민주공화국과 인민공화국의 구별이 명백하지 않기 때문이다. 민주공화국은 민주주의와 공화제를 함께 실시하는 나라를 말하지만, 구동독의 국명은 '독일민주공화국'이었고, 베트남은 지금도 '베트남민주공화국'이다. 그러나 두 나라 모두 인민공화국으로 보는 것이 일반적이다. 인민공화국은 냉전 시대에 공산주의 국가에서 자국과 자유주의 내지 자본주의 국가와 구별하기 위해 사용한 말이지만, 냉전 이후에는 그 말을 사용하여도 중국이나 북한을 제외하고는 공산주의 국가라고 보지는 않는다. 중국 헌법 제1조는 자국을 '인민 민주 독재의 사회주의 국가'라고 규정한다.

헌법 제1조에서 자국을 '공화국'이라고 명시하는 나라는 많다. 가령 러시아 헌법 제1조는 '공화국 형태를 가진 민주적 연방 법치국가', 프랑스 헌법 제1조는 '민주적, 사회적 공화국', 이란 헌법 제1조는 '이슬람 공화국', 아이슬란드 헌법 제1조는 '의원내각제 공화국', 튀르키예 헌법 제1조는 '공화국', 핀란드 헌법 제1조는 '독립 공화국'이라고 각각 규정한다. 반면 독일 헌법 제1조는 앞에서 보았듯이 기본권에 관하여 규정하는 점에서 특이하다. 이와 유사한 것이 멕시코 헌법 제1조다. 남아프리카 헌법 제12조도 인권을 규정하지만, 이와 함께 '다당제 민주국가'라고 규정한다. 한편 미국 헌법 제1조는 연방의회 규정이고, 일본 헌법 제1조는 천황 규정이므로 특이하다는 것을 앞에서 설명했다.

이 책에서 다루는 15개국 중에서 공화제가 아닌 군주제를 규정하는 헌법 제1조는 스페인 헌법에서 '의회군주제'라고 규정한 것뿐이지만, 일본도 '입헌군주제'다. 이와 유사하게 헌법 제1조가 입헌군주국임을 명시한 나라는 노르웨이, 덴마크 등이 있다. 그러나 그런 나라들도 실질적으로는 모두 민주공화국이다. 영국에는 헌법이 없고 군주가 있어서 입헌군주국이라고 하지만, 실질적으로는 역시 민주공화국이다.

물론 일본처럼 이도 저도 아닌 모호하게 규정하는 나라도 있다. 한국법의 대부분이 일본법을 모방하는 황당무계한 현실에서 헌법만이라도 일본 것을 모방하지 않은 것은 얼마나 다행스러운 일인가! 물론 이는 일본 헌법 제1조가 규정하는 천황 같은 것이 한국에는 없으니 당연하지만 말이다.

헌법 검토의 범위

이 책은 각국의 헌법 제1조를 비교하는 것을 목적으로 삼지만, 헌법 제1조만을 보아서는 그 목적을 충분히 이룰 수 없다. 헌법 제1조의 구체적인 내용을 보려면 헌법 전체를 살펴보아야 한다. 가령 우리가 2024년 말에 헌법 제1조를 목 놓아 노래하게 된 이유가 대통령 탄핵을 요구하기 위해서인데, 문제는 헌법이 정한 탄핵 과정에서 발생했다. 국회에서의 탄핵 소추 및 의결 이후 헌법재판소에서 탄핵을 인용하기 위해서는 헌법재판관 6인 이상의 인용이 필요한데 헌법재판소에 6인밖에 없어서 문제가 되었고, 국회가 국회 선임 몫인 3인을 선임했음에도 불구하고 대통령 권한대행인 국무총리가 임명하지 않아 다시 문제가 되어 총리도 탄핵 소추되는 사태가 발생했다. 여기서 헌법의 문제점이 드러났다.

대통령이 탄핵 소추되는 경우, 그 권한대행은 대통령이 임명한 국무총리가 아니라 미국, 프랑스, 독일, 포르투갈, 루마니아, 폴란드 등에서처럼 국민이 선출한 국회의장이어야 한다. 헌법 제1조의 민주공화국 원리에 비추어 볼 때 반드시 그러해야만 한다. 그러나 우리 헌법에는 권한대행이 선출직이 아니라 대통령이 임명한 국무총리나 장관 등으로 규정되어 있다. 우리나라 헌법처럼 국무총리가 대통령을 대행하는 헌법은 러시아 헌법뿐이다. 뒤에서 보듯이 러시아 헌법은 최근에 와서야 민주화된 것이지만, 수백 년간의 차르 체제와 수십 년간의 공산당 체제로 인하여 권위주의적 요소가 여러 군데에 남아 있는데, 국무총리의 대행 규정도 그 하나라고 볼 수 있다. 헌법 제1조의 민주공화국 정신에 의하면 대통령 권한대행은 국민이 선출한 국회의 장인 국회의장이 되어 마땅하다. 따라서 이는 잘못된 것이니 개정되어야 한다.

마찬가지로 탄핵의 결정권을 9명의 법조인에게 맡기는 것도 헌법 제1조의 국민주권주의에 위배되고, 대통령을 선출한 국민에게 맡기기 위해 오스트리아, 루마니아, 슬로바키아 같은 나라의 헌법처럼 국민투표로 탄핵을 결정하도록 하거나, 미국이나 프랑스, 중남미 국가들 대부분 그리고 남아프리카나 러시아처럼 국민이 선출한 국회에 맡기는 것이 옳다. 게다가 탄핵 심판 기간을 한국처럼 6개월이 아니라, 러시아처럼 3개월로 한정해 정치 불안을 최소화해야 한다. 한국처럼 헌법재판소에 맡기는 나라는 독일과 이탈리아, 오스트리아 정도에 불과하다. 특히 이탈리아의 경우 법조인 15인과 함께 16인의 일반인 참심원을 두어 결정하도록 하고 있다.

탄핵 조항만이 아니라 헌법에는 다른 문제도 많다. 2024년 탄핵을 둘러싸고 문제가 된 것 중에 대통령의 잦은 법률안거부권 행사가 있다. 미국 헌법을 비롯하여 소위 삼권분립이라는 민주주의 통치 체제에서 대통령의 법률안거부권은 국회의 입법권을 제한하거나 침범하는 것으로서 인정될 수 없다. 마찬가지 이유로 대통령의 법률안 제출권도 인정될 수 없지만, 현대 국가에서는 대체로 인정하는 편이다. 헌법 제1조에 따라 국민이 선출한 국회가 제정한 법률의 위헌 여부를 국민이 선출하지 않는 헌법재판소 판사 9명 중 6인에게 맡긴다는 것에도 문제가 있다. 한국보다 1명이 적은 5명의 연방대법원 판사에게 위헌심사권을 맡기는 것에 대해 "수백만 미국인들의 삶과 복지에 영향을 미치는 정책의 결정권을 맡긴다는 사실은 모순이 아닐 수 없다."(달, 79)라고 하는 비판을 경청할 필요가 있다.

이처럼 헌법의 모든 조항은 제1조에 비추어 재검토하고 고쳐야 한다. 이 책에서 헌법 제1조에 비추어 그것과 모순되는 헌법 조항이 없는지 검토하려고 하는 배경이다. 그래야 헌법 제1조가 살기 때문이다. 물론 헌법만으로 민주주의를 다 말할 수는 없다. 헌법과 민주주의는 반드시 함께 가지 않기 때문이다.

주권이란 무엇인가?

한국 헌법 제1조 2항은 "대한민국의 주권은 국민에게 있고, 모든 권력은 국민으로부터 나온다."라고 규정한다. 여기서 '주권'과 '권력'이란 무엇을 말하는가? 흔히 '주권'은 '가장 주요한 권리'라는 뜻으로, 법률적으로는 '국가의 의사를 최종적으로 결정하는 권력, 즉 '최종 결정 권력'인 통치권을 말한다. 이는 대내적으로는 최고의 절대적 힘을 가지고(최고결정성), 대외적으로는 자주적 독립성을 가진다(최고독립성). 주권 이론을 창시한 16세기 프랑스인 장 보댕(Jean Bodin, 1530~1596)이 주권을 '대내적으로는 최고성을, 대외적으로는 독립성을 의미'한다고 한 것의 답습으로 1930년 몬테비데오 협약에 의해 국제적으로 정의되었다.

역사적으로 보면 1789년 프랑스대혁명이라는 근대 시민혁명을 계기로 하여 군주주권에서 국민주권으로 이행되었다. 1776년의 미국 독립 선언도 영국의 군주주권에서 벗어나 '군주 없는 공화제', 국민주권을 확립한 점에서 단순한 독립이 아니라, '독립혁명'이라고 불린다. 반면 독일이나 일본 등에서는 주권의 변화에 따른 국민주권의 확립이 늦었고, 19세기에 제정된 각국의 헌법도 군주주권의 그것으로 근대적 의미의 헌법이 아니었다. 독일은 제1차대전, 일본은 제2차대전에서 패배한 뒤에야 국민주권의 헌법을 제정할 수 있었다.

그런데 '국민주권'(la souveraineté nationale)과 함께 '인민주권'(la souveraineté populaire)이 논의된다. 국민주권은 모든 사람을 하나의 관념적 통일체로 파악하고, 관념(추상)적인 집단적 존재로서의 국민이 주권을 보유하기만 할 뿐 그것을 행사하는 것은 아니다. 따라서 사람들은 자신들의 대표기관인 의회를 설치하고, 대표자인 의원을 선출하여, 의원들이 국민을 대신하여 주권을 행사하게 한다고 설명한다. 이처럼 국민의 의사를 의원이 대변하지만, 의원은 개별 국민의 지시를 받지 않고(자유 위임), 자기 의사가 국민의 의

사라고 간주한다. 이를 대표민주제, 간접민주주의라고 한다.

반면 인민주권은 각각의 구체적 개인들(유권자)이 모두 주권을 가지며, 따라서 국민은 의원에게 명령하고 지시할 권한을 갖는다(강제 위임)고 본다. 그러나 의원은 자기 의사를 국민의 의사로 삼을 수 없고, 모든 사람이 주권을 행사해야 한다. 즉, 인민주권은 직접민주주의다. 현대 국가는 인민주권과 국민주권이 혼합된 형태를 취하고 있다. 즉, 완전한 간접민주주의나 직접민주주의가 아니라 두 가지 형태가 섞인 혼합 민주주의 또는 반(半)직접민주주의 또는 반대표제이다.

그런데 주권을 둘러싼 병리적인 문제들이 있다. 즉 국민주권을 내세우지만 명목에 그치고, 사실은 독재정치를 하는 경우이다. 전제정치라는 점에서는 군주제와 같지만, 국민주권이라는 미명하의 전제라는 점에서 다르다. 가령 한국에서는 군사정권하에서도 헌법에 국민주권 원리가 규정되었지만, 실질적으로는 군주주권과 다름없는 독재정권이었다(이를 보나파르티즘[10]이라고 한다). 그것은 주권자로서의 국민의 권력 행사를 철저히 무시하고, 개개인의 자기 결정권, 표현의 자유, 결사의 자유와 같은 인권을 보장하기는커녕 도리어 침해하고, 국민의 의사를 반영하기 위한 다당제도 부정한다.

따라서 오늘날에는 군주주권이냐 국민주권이냐 하는 문제는 무의미하고(그래서 '주권 불필요론'이 주장되기도 한다), 추상적 단체로서의 국민이 아니라, 구체적 존재인 개별 국민이 실제로 어느 정도 정보를 얻어 정치적으로 자기결정을 하고, 정당이나 단체 등을 매개로 하여 정책에 영향을 미치는 민주주의적 과정이 문제가 된다. 독재정치에 의해 정보가 통제되어도 정보는 정부 비판 의식을 높이고 있다. 한국을 비롯하여 최근의 민주주의는 정보취득 능력의 향상에 의한 것이라는 측면도 무시할 수 없다.

나치즘도 국민주권을 미명으로 삼았다. 한국에서도 유명한 나치즘 헌법학자인 카를 슈미트(Carl Schmitt, 1888~1985)는 국민주권 하에서 의회제 없이도 민주주의는 가능하고, 지도자의 독재도 민주주의 범주에 들어간다고 주장하면서 로마제국의 카이사르를 예로 들어 국민의 지지를 받는 전제정치를 긍정했다. 이를 링컨이 말한 민주주의론과 비교하여, 인민의 이름으로 인민을 위한 정치를 한다면 선거제나 의회제와 같은 인민에 의한 정치가 아니어도 민주주의는 가능하고, 그것이 바로 히틀러의 지도자 통치라고 주장했다. 경제개발을 핑계로 삼는 개발독재도 마찬가지 주장이라고 할 수 있다. 영도적 민주주의니 한국적 민주주의니 하는 것도 마찬가지였다.

왜 권력분립인가?

앞에서 보았듯이 1789년 프랑스 인권선언은 권력분립과 인권 보장 없이는 헌법이라고 할 수 없다고 규정했다. 인권 보장도 권력분립 없이는 불가능하고, 권력분립도 인권 보장 없이는 불가능하다. 그리고 그 둘의 근본에는 개인의 자율성, 인간 존엄의 존중이라는 민주주의의 기본 가치가 있다.

권력분립은 권력에 대한 불신에서 나온 것으로 모든 개인의 자율성을 확보하기 위함이다. 그러나 한국에는 이에 대한 이해 부족으로 인해 여전히 강력한 권력을 동경하는 사람들이 많다. 왕을 거부하거나 추방해본 경험이 없기에 절대적 권력자로서의 왕에 대한 기본적인 비판적 자세가 없다. 대통령이나 국회의원이나 지방자치 단체장 등에 대한 판단이나 선택도 마찬가지로 강력하고 카리스마 있는 자들을 선호하는 경향이 있다.

왕이든 대통령이든, "권력은 부패한다. 절대권력은 절대 부패한다."라는 경험에서 권력분립이라는 사상이 나왔다. 한국의 박정희나 전두환은 그런 부패한 절대권력이었다. 그런데도 강력한 대통령으로서 경제 발전을 이룩했다는 이유로 숭배되기도 한다. 이런 권력 숭배의 노예근성이 심성으로 존재하는 한 헌법이 있어도 무의미하다. 강력한 절대권력은 절대 부패한다는 인식이 없이는 권력을 제한하기 위한 헌법은 불필요하다. 헌법은 권력을 제한하기 위한 권력분립에 그 핵심이 있다는 점을 체질적으로 느끼지 못하는 민족에게 헌법은 사치일 뿐이다. 권력분립은 절대적 권력의 횡포를 저지하기 위해 권력을 분할하고, 서로 견제하여 균형을 갖도록 하여 개인의 자유와 다원적 가치를 지키려고 하는 것임을 모르는 자들에게 헌법은 무의미하다.

그래서 파시즘 독재체제에서는 권력분립은 국가체제를 분열시키킨다는 이유로 부정되고, 히틀러 총통을 정점으로 하는 권력 통합 같은 것이 추구된다. 이와 함께 사회적으로도 다양한 가치관을 부정하고 하나의 가치로 통합되는 강제적 동일화가 강요된다. 이는 권력분립을 핵심으로 하는 민주주의와 극단적으로 대립한다.

권력분립은 삼권분립으로 구체화되지만, 본질적으로는 그런 권력 조직의 문제에 그치지 않고, 각 권력이 실질적으로 어떤 내용의 권력을 갖는가가 문제다. 바이마르 헌법 이전의 독일 헌법이나, 프랑스 제5공화국 헌법, 현행 헌법 이전의 한국 헌법에서는 입법권이 제한되었다. 나아가 권력 사이의 견제와 균형이 이루어져 한쪽으로 권력이 편중되지 말아야 한다.

권력분립의 기본적인 유형은 대통령제와 의원내각제다. 대통령이 있다고 해서 대통령제인 것은 아니다. 가령 독일 헌법에는 대통령이 규정되지만, 그에게는 정치적 실권이 없고 실권은 수상에게 있으므로 실질적으로는 대통령제가 아니라 의원내각제다. 대통령제의 모델은 미국 헌법이다. 대통령제에서 대통령과 의회는 상호독립적이다. 즉 대통령은 의회의 신임이나 불신임과 무관하고, 대통령도 의회를 해산할 수 없다. 따라서 대통령은 보통 임기를 보장받는다. 그러나 대통령은 의회에 의해 탄핵될 수 있다. 의원내각제에는 내각불신임으로 집행부의 정치적 책임을 묻는 점에서 탄핵과 다르고, 그 책임의 범위도 넓다.

대통령제에서 대통령과 국민의 관계는 직접적이지만, 의원내각제에서 수상은 의회가 선출하므로 간접적이다. 대통령을 포함한 집행부는 의원 겸직이 금지되어 상호독립적이지만, 의원내각제에서는 의회 다수파와 집행부가 일치하여 상호 의존적이고 협동적이다. 반면 대통령제에서는 의회와 정치세력이 일치하지 않아 분립은 더욱 철저할 수 있다. 미국의 경우 의원은 법안에 대해 정당을 넘어 투표하므로, 대통령은 야당 의원의 지지도 기대할 수 있다.

의원내각제는 영국에서 시작되었지만, 영국에서는 의회 선거에서 당수를 전면에 세워 선거 자체가 수상 선출을 겸하는 반면, 대부분의 의원내각제에서는 선거 후 의회에서 수상을 선출한다. 이처럼 집행부와 의회가 동일하여 의원내각제의 권력분립 문제는 실질적으로 여야 간의 '균형과 억제'가 된다.

대통령제와 의원내각제의 혼합 형태가 이원집정부제로 독일의 바이마르 헌법에서 비롯되었다. 당시 독일에서는 제1차 세계대전의 패배로 제정이 붕괴되어 강력한 집행부를 필요로 하면서, 동시에 의회의 신임에 의존하는 수상을 두어 의회를 배려하고자 이원집정부제를 만들었다. 여기서 대통령은 황제에 버금가는 막강한 권력을 가졌다. 미국에서는 대통령이 법안제출권이나 의회해산권을 갖지 못하는 등 의회에 관여하지 못하지만, 바이마르 헌법에서는 수상이 의회에 관여할 수 있고, 대통령은 의회해산권을 가졌다.

바이마르 헌법은 정치가 불안한 가운데 국가통합이 필요하여 강력한 집행부를 희망하는 나라에 계수되었다. 가령 프랑스 제5공화국 정부와 한국의 여러 공화국 헌법, 그리고 사회주의 붕괴 후의 러시아 헌법 등이다. 그러나 대통령에 의한 수상 임명 방법에는 여러 가지가 있다. 바이마르 헌법에서는 사전의 의회 동의는 필요 없지만, 사후에는 의회 신임이 필요하다. 프랑스 제5공화국 헌법도 마찬가지이다. 이와 달리 러시아와 한국에서는 사전에 의회 동의가 필요하다.

비교의 의의

이 책에서 왜 여러 나라의 헌법 제1조를 비교하는가? 비교는 진실을 찾기 위한 하나의 방법이다. 지금 내 눈앞에 있는 것에 대해 그것만이 존재한다고 생각하면 그것은 선택할 수 없는 절대적 존재가 된다. 그리고 그것에 대해 우리는 더 이상 어떤 생각도 할 수 없고, 그것에 대해 수동적인 존재가 된다. 그러나 이와 달리 복수의 상이한 것들을 알게 되면 그것들은 우리에게 상대적인 존재가 되고, 우리는 그것들을 비교하게 된다. 즉 비교는 절대적이고 고정적인 관점에서 벗어나 상대적 관점을 갖게 하는 것이고, 이로써 자유로운 사고가 가능해진다. 그러나 여러 가지가 존재한다는 것을 아는 것만이 목적이 아니라, 그 여러 가지에 내재하는 공통된 보편성을 찾는 것이 중요하다.

헌법 제1조를 비교하는 것도 마찬가지다. 그런데 이에 관한 책으로 김철수 외 여러 사람이 지은 『세계비교헌법』(박영사, 2014)을 참조할 수 있으나, 제목과 달리 이론적으로 비교한 것이 아니라, 여러 나라 헌법 조문만을 비교한 것이고, 그 비교 대상이 되는 헌법도 임의로 선택된 제한된 것이어서 문제가 많다.[11] 한편 헌법학에서 외국법을 참고하는 경우는 많이 볼 수 있지만, 대부분 영미나 독불에 한정된다. 특히 독일 헌법을 참고하는 경우가 많고, 그것을 최고라고 보게 된다. 가령 탄핵을 결정하는 헌법재판소를 두고 있는 나라는 독일 등 몇 나라뿐인데도, 우리나라에서는 그것이 마치 최고로 좋은 것인 제도라고 하면서 채택한 것이다.

이처럼 독일 헌법이 중심이 된 이유로는 일제강점기의 헌법인 일본 헌법을 제정할 때 독일의 1850년 프로이센 헌법을 모델로 삼았고, 1871년의 독일제국 헌법도 군주주권 체제로 일본 헌법 해석에 유용했기 때문이다. 그러나 당시의 법학은 법의 정치경제적 배경을 무시한 해석론이 주를 이루었다. 또한 사회주의권의 법에 대해서는 철저히 무시했다.

뒤에서 보듯이 제헌헌법 제정을 준비하면서 여러 나라 헌법을 참조했는데, 그중에 1920년에 제정된 체코슬로바키아 헌법을 참고하여 여러 조항을 거의 그대로 계수한 점이 주목된다. 당시 오스트리아-헝가리 제국에서 독립한 체코슬로바키아와 일제강점기에서 해방된 한국이 유사한 경험을 한 것으로 생각하여 체코슬로바키아 헌법을 참조한 것으로 짐작되는데, 그럼에도 제헌헌법이나 그 뒤 한국의 헌법을 해석하면서 체코슬로바키아 헌법에 대해 언급한 문헌을 본 적이 없다. 나는 이 책에서 검토하는 15개국 헌법 중 하나로 체코슬로바키아를 다루는 것을 처음에 고려했으나, 그 헌법의 내용이 독일 바이마르 헌법을 모델로 한 점이라는 이유에서 5장 '독일' 편에서 비교 검토하는 것에 그치고, 12장 '한국' 편을 다루면서 언급하는 것으로 마무리했다.

제1부

20세기 이전의 헌법 제1조

1장

영국 헌법
_세계 헌법의 전형인가?

영국 파시즘과 파시즘의 시조들

2025년 2월 첫째 주 영국의 여론조사(스카이 뉴스/유고브)에 따르면, 극우 성향의 영국개혁당(Reform UK)이 현 집권당인 노동당과 제1야당 보수당을 제치고 지지도 1위(25퍼센트)를 차지했다고 한다.[12] 그러니 앞으로 영국이 파시즘 나라가 될지도 모르겠다. 영국개혁당 대표는 친트럼프 인사로, 보리스 존슨(Alexander Boris de Pfeffel Johnson, 1964~) 정권과 함께 '브렉시트'를 통과시키는 데 앞장섰고, '반 이민 정책' 등을 주장하는 영국 내 대표적인 극우 인사로, 일론 머스크(Elon Reeve Musk, 1971~) 테슬라 최고 경영자의 공개 지지로도 최근 뉴스를 탔다. 그래서 영국 사회에 우경화 바람이 시작되는 것일까, 라는 의문을 던졌다. 머스크는 영국개혁당과 함께 독일 극우 정당인 독일대안당(AfD)을 공개 지지하여 유럽 전역의 우경화를 부추겼다.

영국의 파시즘은 1923년에 창당된 영국 파시스트당(British Fascisti)으로 시작되어 여러 정당으로 발전했다. 파시스트 퇴역 군인들이 이민 반대 운동을 벌이면서 국가사회주의운동(National Socialist Movement)을 주도했으나, 1960년대 준군사활동을 하여 해산당했다. 1950년대에는 백인방어연맹(White Defence League) 등이 이민 정책에 반기를 들었고, 여러 극우단체가 1967년에 국민전선(National Front)으로 통합되었으나 극단적인 성향 탓에 선거에서는 득표하지 못했다.(팩스턴, 405)

정당 조직화 이전에도 파시즘 사상을 가진 사람들은 많았다. 한국에는 사상가로 알려진 칼라일(Thomas Carlyle, 1795~1881)도 영국 파시즘의 시조로 꼽힌다. 『영웅숭배론』(On Heroes, Hero=Worship, & the Heroic in History, 1840)을 쓴 칼라일은 "영웅들이 노골적인 군사력과 나쁜 말로 하층 인류를 지배하며 불굴의 반신반인으로서 존재하는" 세계를 시사했다.(핀첼스타인, 43쪽) 즉 엘리트층이 지배하는 '군사 복지 독재'였다. 철저한 인종주의자였던 칼라일은 노예제도에 찬성했고, 우수한 인종이 열등한 인종을 지배하는 것이 당연하다면서 대영제국주의를 정당화했다. 특히 흑인은 '두 발 달린 소'이기에 영원히 노예로 삼을 만한 가치가 있다고도 했다. 칼라일을 나치의 선구자로 칭송한 히틀러는 죽기 직전에 괴벨스에게 칼라일이 쓴 프리드리히 대왕 전기를 읽고 싶다고 말했다.

파시즘의 창시자라고 할 수 있는 이탈리아의 무솔리니를 비롯하여 많은 파시스트의 선조는 프리드리히 니체(Friedrich Wilhelm Nietzsche, 1844~1900)다.(팩스턴, 91) 그는 '신은 죽었다.'고 선언한 후 영웅적 의지를 지닌 초인의 윤리를 표방했고, 힘이 뒷받침되는 의지, 위험한 생활방식, 희생으로까지 승화하는 영웅주의를 찬미했다. 니체는 트럼프의 사상적 지주라고 하는 스티브 배넌(Steve Bannon, 1953~)이나 푸틴의 철학자라고 불리는 알렉산드르 두긴(Aleksandr Dugin, 1962~)이 공통으로 섬기는 철학자이기도 하다. 미국 네오콘의 지적 대부인 레오 스트라우스(Leo Strauss, 1899~1973)는 플라톤과 아리스토텔레스 그리고 니체만을 숭상한다.(월린, 193) 니체를 '미성숙한 나치'라고 부른 월린(월린, 269)은 『정치와 비전』(Politics and Vosion)에서 니체를 '시대를 앞서간 전체주의자'라고 불렀다. 니체는 "독일 민족주의, 국가에 대한 충성, 당원 자격, 인종적 반유대주의를 거부"(베이트, 123)했으나, "지적으로는 반유대주의였고, 유대인들의 사상과 윤리를 혹평했으며, 특히 이런 것들이 기독교 안에 나타나 있는 것들에 대해서 더욱 그러했다."(베이트, 124)

플라톤이나 아리스토텔레스를 파시즘의 시조로 보는 사람은 거의 없다. 그러나 평등을 부정하고 특별 교육을 받은 철학자가 통치하는 정치를 찬양하고 "민주주의를 최하층 시민들이 제 분수를 모르고 남의 자리를 넘보는 행위를 고무하는 무엇이라고 풍자"(월린, 375-376)한 플라톤은 파시즘의 사상적 시조가 되기에 부족함이 없음을 일찍이 카를 포퍼(Karl Raimund Popper, 1902~1994)가 『열린 사회와 그 적들』(The Open Society and Its Enemies)에서 주장했다. 플라톤은 "정치적 거짓말을 어떤 우월한 형태의 이성으로 정당화하는 논리, 보통 사람들은 모르는 좀 더 높은 현실에 접근할 수 있는 정치 엘리트가 가진 특권으로 거짓말을 정당화하는 논리 중 가장 영향력 있는 논리"(월린, 406)를 만들었다. 플라톤에 의하면 지배자들은 "피지배자들에게 수없이 거짓말을 하고 속임수를 써야만 할 것이다. 그들을 이롭게 하기 위해 말이다."[13] 영국을 비롯하여 유럽의 엘리트들은 지금까지도 플라톤이나 아리스토텔레스를 중심으로 한 고대 그리스 로마 사상을 배운다.

영국에도 파시스트가 있었고,[14] 꼭 파시스트라고 단정해서 말할 수는 없어도 우파 정치인이나 정당은 항상 존재했다. 그러나 '브렉시트' 통과에 앞장선 존슨을 파시스트라고 하지는 않는다. 그의 선배인 제국주의자 처칠을 파시스트라고도 하지 않는다. 파시스트 파시즘 정당이 영국에서 집권한 적은 없다. 그러나 앞으로는 다를 수 있다.

영국의 민주주의와 보수성

흔히 영국을 민주주의가 가장 먼저 발달한 나라라고 하지만 2025년 영국의 보수적인 잡지 〈이코노미스트Economist〉가 세계 167개국을 상대로 조사해 발표한 민주주의 지수에 의하면 영국은

18위에 그치고 있다. 이 조사는 선거 절차 및 다원주의, 시민의 권리, 정부의 기능, 정치참여, 정치문화라는 다섯 가지 범주로 평가한 것이다. 그런 점에서 위 순서에 대해 납득은 가지만, 왕이 엄존하는 입헌군주제 국가인 영국을 민주주의 국가라고 할 수 있는지 의문이 생긴다. 영국의 왕이나 일본의 천황을 흔히 실권이 없는 상징적 존재라고 하지만 그곳에서 살아보면 상징적 존재가 참으로 무섭다는 것을 알게 된다. 나는 세상의 모든 왕을 싫어하지만, 일본이 폐위시킨 조선의 왕세자를 해방 직후에 한국에 데려와 상징적 존재인 왕으로 복귀시켰다면 남북이 분단되었을까, 라고 상상해본 적은 있을다. 그만큼 왕의 상징성은 크다. 영국에서는 형사사건을 재판할 때 '국왕 대 피고인'이라는 형태로 진행되는데 이는 국왕이 정의의 원천이자 근거임을 말하는 것으로 역시 상징적이긴 하나 의미가 전혀 없다고는 할 수 없다. 또 영국의 상중하 계급구조는 카스트제도를 갖는 인도에서만큼이나 고착적이다. 19세기를 배경으로 영국의 계급사회를 풍자한 〈마이 페어 레이디〉(My Fair Lady, 1964)라는 영화가 있는데, 21세기인 지금도 그 기본구조는 크게 다르지 않다. 영화 〈빌리 엘리어트〉(Billy Elliot, 2000)에도 발레 무용수를 꿈꾸는 어린 아들에게 탄광 노동자인 아버지가 "발레는 상류계급의 것"이라고 하면서 말리는 장면이 나온다. 두 영화 모두 개천에서 용 나는 이야기로 그것이 그만큼 어렵다는 뜻이겠다.

일상 회화의 악센트나 생활 습관은 물론 사고방식마저도 계급화되어 있는 사회가 영국이다. 최근 우리나라에서도 계층 이동이 불가능하게 되었다고들 하지만(사실 그런 계층 이동이 과거에도 얼마나 많았을지 의문이다) 영국에서는 일찍부터 불가능한 일이었다. 영국이 세계 최초의 자본주의 국가였다는 점을 감안할 때 이는 당연한 현상일 수도 있다. 그러나 자본주의가 더 늦게 개화한 나라에서도 이미 극복한 계층고착화를 여전히 유지하는 걸 보면 영국에는 다른 고질적인 문제가 있는지도 모른다.

영국의 법정 영화에는 옛날이나 지금이나 변함없이 검은 가운에 백발의 가발을 덮어쓴 법률가들이 등장한다. 그것이야말로 '우리 법률가는 특수계급'이라는 것을 과시하는 것 아닐까? 그뿐 아니다. 영국에는 변호사도 사무변호사(solicitor)와 법정변호사(barrister)라는 두 개의 계급이 있다. 그중 법정에 들어가는 법정변호사 출신만이 상급법원의 재판관이 된다. 그들은 대부분 옥스퍼드나 케임브리지 대학교 출신들이다. 두 대학에서는 법조인만이 아니라 의사와 같은 전문직이나 회사의 관리직을 부모로 둔 학생이 전체 학생수의 78퍼센트에 이른다고 한다. 또 영국 대학 전체로는 사립학교 출신이 10퍼센트 미만이지만 옥스퍼드와 케임브리지 두 대학교 출신은 43퍼센트를 차지한다.

영국 사회는 보수적이다. 물론 의외의 진보적 측면도 없지 않지만 영국 사회의 계급 구분이 철저하고 법조계나 대학과 같은 상류사회일수록 그 계급성이 더욱 확고하다는 점은 영국 대학에서 공부해본 경험이 있는 나 자신도 익히 실감한 바 있다. 사회구조만이 아니라 수많은 유적도 전통을 중시하는 보수의 면모를 보여준다. 가령 웨일스 지방에만 100개가 넘는 성이 있고, 영국 전역에서는 수천 년의 역사를 보여주는 유적들을 수없이 볼 수 있으며, 조그만 마을에도 엄청난 유물을 전시하는 박물관들을 볼 수 있다. 이러한 전통 엄수는 한국에서는 상상할 수 없을 정도이다. 한국보다 훨씬 유적 보존에 힘을 쓰는 일본에서도 마찬가지로 보기 어렵다.

영국의 보수성은 프랑스혁명과 같은 역사적 단절이 없었다는 점에서 그 이유를 찾을 수 있다. 일본은 메이지유신에 의해, 한국은 일본에 의한 식민지 경험에 의해 역사적 단절을 겪었다. 메이지유신 후 일본의 법도, 식민지 이후 한국의 법도 그 전의 법과는 전혀 다른 것인 점도 마찬가지 단절이었다.

영국 보수주의의 선구자라고 일컬어지는 버크(Edmund Burke, 1729~1797)는 프랑스혁명에 반대하여 쓴 『프랑스혁명의 성찰』(Reflections on the Revolution in France and on the Proceedings in Certain Societies in London Relative to it, 1790)에서 인권 보장과 같은 지극히 추상적인 이념에 근거하여 사회제도를 전복한다는 것은 무모한 짓이라고 비판하고 현실 정치가 다루어야 하는 것은 복잡하게 연관된 이해관계의 조정이며, 그것을 소수의 머릿속 생각으로 해결할 수 없다고 주장했다. 또 프랑스혁명이 결국 공포정치로 나아간 것처럼 역사에 대한 참된 평가는 어느 정도의 시효가 필요하다고 하면서 장기간 검증되는 제도가 우수하다고 주장했다. 버크도 모든 개혁에 반대한 것은 아니지만, 개혁은 기본의 법과 정치제도를 전폐하는 것이 아니라 개량과 보수가 중요하다고 보았다. 이러한 버크의 주장은 판례법주의의 기본 정신과 같다고 할 수 있다.

영국 헌법이 세계 헌법의 전형이라고?

헌법에 관한 책은 물론 역사를 다루는 책에서도 헌법의 역사는 영국에서 시작되었다고 하지만, 영국에는 우리의 헌법과 같은 이름의 성문법이 없다.[15] 세계적으로 가장 권위 있는 영국법 입문서라는 평가를 받는 윌리엄 겔다트(William Geldart, 1870~1922)의 『영국법 원리』(Elements of English Law)에는 헌법에 대한 설명이 없다. 그러나 "의회제도의 전형을 보여주는 국가에 헌정 질서가 존재하지 않을 리가 없"고, "영국 헌법은 영국 자체 속에 있다."(차병직, 21)고 하면서, 영국 역사를 고대로부터 상세하게 수십 쪽에 걸쳐 설명하는 헌법책들은 수두룩하다. 마찬가지로 미국, 독일, 프랑스에 대해서도 각국의 역사 전체를 상세하게 설명하는 반면, 러시아, 일본, 중국, 한국 등에 대해서는 근현대만 설명하거나, 아예 생략하기 일쑤다. 아시아, 아프리카, 중남미 나라들의 헌법은 아예 언급조차 되지 않는다. 그래서 서양 헌법은 고대로부터의 오랜 역사 자체 속에 자생했지만, 그 밖의 나라 헌법은 근현대사에 와서야 갑자기 생겨났다고 보거나 아예 살펴볼 필요가 없다고 보는 듯하다. 마치 비서양 국가들이 뒤늦게 서양 헌법을 모방한 것처럼 보는 것이다.

그러나 이러한 태도는 옳지 못하다. 각국, 또는 각 민족의 역사는 그 나름의 고유한 가치를 갖는 것이지 어느 것이 우수하고 열등하다는 식의 평가는 있을 수 없다. 헌법이 있고 없고, 그 역사가 길고 짧은 것도 마찬가지로 우열의 문제가 아니다. 이 책에서 다루는 15개국 중 한국은 열두 번째로 헌법을 만들었지만, 그것은 한국인의 우열 문제와는 전혀 상관이 없는 것이고, 일본의 침략 등과 같이 그럴 수밖에 없는 불가피한 사정 때문에 늦어졌을 뿐이다. 다른 나라들도 마찬가지다.

영국에 의회제도가 있는 것은 사실이고 그 역사도 길지만, 그것은 의회제도의 하나에 불과한 것이어서 그것을 '전형'이라고 볼 수는 없다. 전형(典型)이란 '기준이 되는 형', 즉 본보기, 모범, 모델, 대표적인 것 등을 말한다. 그러나 영국의 의회제도는 소위 의원내각제의 그것이고, 의원내각제 중 의회제도로서도 매우 특이한 것이기 때문에 결코 '전형'이라고 볼 수 없다. 물론 영국의 의회제도는 여러 나라 의회제도 중에서 가장 먼저 생겨났다. 하지만 이는 영국이라는 나라의 특별한 사정에서 생겨난 것이지 영국이 특별히 좋은 나라이거나 훌륭한 나라여서 생긴 것이 아니다. 가령 영국의 의회는 상·하원으로 구성되는데, 귀족원이라고 불리는 상원은 특권층에 속하는 것으로, 영국이 아닌 어떤 나라도 본받지 않으며, 본받을 수도 없는 구시대의 괴물 같은 것이다. 그 정식 이름조차 '대단히 명예로운 성직 및 세속 귀족들'(the Right Honourable the Lords Spiritual and Temporal)로서 그들은 정원이나 임기의 구애 없이 상원의원으로 활동한다. 하원보다 의석수가 많거나 적을 수 있는 세계에서 유일한 상원이다. 게다가 2009년에 대법원이 설치되기까지 대법원 역할을 한 점도 세계에서 유일했다. 이런 상원을 두고 있는 영국의 의회제도가 어떻게 '전형'이란 말인가? 그게 전형이라면 우리나라에서도 영국의 성공회처럼 국교를 정하고 그 주교 26명을 상원의원으로 두며, 영국의 세습귀족제 같은 것을 만들어서 그들도 상원의원으로 두어야 하지 않는가? 그러나 이는 한국 헌법의 정교분리나 평등이라는 원칙에 위배되는 것으로서 도저히 인정할 수 없는 부분이다. 그런데도 그것이 '전형'이란 말인가?

나는 한국인으로서 한국 헌법에 위배된다는 이유에서만이 아니라, 인간으로서 특권층의 제도인 영국의 상원 제도를 절대로 인정할 수 없다. 그것은 반인간적인 제도, 반인류적인 제도, 정의에 반하는 제도로서 도저히 용납할 수 없다. 그러나 영국인들이 그것을 굳이 자기들의 제도로 지키겠다고 하는 점에 시비할 생각도 없다. 다만 내가 영국의 제도를 비난하지 않는 것처럼, 영국인들도 우리의 제도에 대해 시비하지 말기를 바랄 뿐이다. 게다가 과거에 우리나라에 침략해 온 점을 사과하지는 못할지언정 다시는 그런 짓을 하지 말기 바랄 뿐이다. 영국은 '해가 지지 않는 나라'라고 할 만큼 수백 년 지배한 인도를 비롯한 수많은 식민지에 대해서도 사과한 적이 없으니(일본이 우리에게 사과하지 않는 것의 '전형'이고 '본보기'이다) 1885년 거문도를 약 2년간 점령한 점에 사과할 리 없지만, 다시 그런 짓을 하면 안 된다는 점을 영국 정부에 분명히 경고할 필요가 있다. 그러나 한국의 역대 정부 중에 그런 경고를 한 정부가 있다는 이야기를 들은 바 없다. 1994년 김대중 정부가 엘리자베스 2세를 한국에 초청했을 때 그런 사과를 하리라고 기대했다. 나는 김대중 정부를 지지했지만, 그런 사과 한마디 받지 못하고 유사 이래 최초로 방문한 영국 국왕을 오로지 극진히만 대접하는 꼴에 정말 화가 났었다. 그 뒤 31년이 지나고, 영국 침략으로부터는 140년이 지난 2025년에는 그런 제대로 된 정부를 볼 수 있으려나.

역사적으로는 기껏 해봐야 침략국에 불과하고 우리에게 도움이 된 적이 거의 없는 이런 나라 영국을 한국에서는 '신사의 나라'니 '해가 지지 않는 나라'니 뭐니 하면서 대단히 좋은 나라로 대접한다. 그러나 '해가 지지 않는 나라'라는 것은 세계를 총칼로 침략한 날도둑놈 나라라는 데 불과하고, '신사의 나라'라는 것은 그 날도둑놈을 신사로 미화해 부르는 헛소리에 불과하다. 그런데도 영국에 관한 한국의 책이나 언론 보도는 호감 일색이다. 심지어 몇 년 전까지만 해도 대다수 대학에서는 영문학과가 최고 인기를 구가했고, 지금도 여전히 영어가 필수 공용어처럼 쓰인다. 세계화의 시대니 어쩔 수 없다는 소리도 있지만, 영어가 필요한 분야에서 영어를 익히는 것이야 당연해도 전 국민이 영어에 목을 매는 현상은 결코 당연한 게 아니다.

　이런 세태에 대한 경고의 의미로 나는 이 책에서 영국을 아예 제외하거나 맨 뒤로 돌려볼까도 생각했다. 하지만 명색이 세계 헌법을 다루는 책인데 의회제도를 포함한 헌법적인 이슈가 세계사에서 가장 먼저 태동한 나라를 다루지 않을 수는 없다고 결론지었다. 그럼에도 영국을 세계 여러 나라 헌법의 '전형'이라고 볼 생각은 추호도 없고, 어쩌다가 영국에서 그런 제도가 우연히 생겼다는 정도로 설명하고자 한다('전형'이니 '모델'이니 하는 것은 영국인의 제국주의에 동조하는 것이 될 수도 있음을 주의해야 한다).

영국 헌법 제1조는 마그나카르타 제1조?

　영국 최초의 헌법으로는 1215년 제정된 마그나카르타(대헌장)를 꼽는 것이 일반적이며, 그 내용 중 일부, 특히 제1조는 여전히 효력을 지니고 있다. 따라서 헌법 세계사에서 헌법 제1조를 논할 때, 마그나카르타의 제1조를 설명하는 것만으로 충분하다고 볼 수도 있을 것이다.

　그 제1조의 핵심인 'Church of England shall be free, and shall have all her whole Rights and Liberties inviolable.'이라는 구절을 인터넷에서는 '영국 국교회를 신봉하는 것은 자유이다.'라고 번역하지만, 영국 국교회는 종교개혁 이후 1530년대에 생기는 것이므로 번역에 문제가 있다. 정확하게 번역하자면 '잉글랜드의 교회는 자유이며, 그 권리를 그대로 누리고, 그 자유가 침해되지 않는다.'라는 것으로 여기서 '잉글랜드 교회'란 당시의 국교인 가톨릭을 뜻했다. 그리고 잉글랜드란 지금의 영국을 말하는 것이 아니라 현재의 영국을 구성하는 4개 지역 중 스코틀랜드와 웨일스 및 북아일랜드를 제외한 지역을 말한다. 그 세 지역은 뒤에 잉글랜드에 병합되었다.

잉글랜드의 가톨릭교회가 자유롭다는 것은, 당시 잉글랜드 국교인 가톨릭의 주교 선출을 포함한 모든 일에 대해 왕이 개입하지 않고 로마 가톨릭의 독자적 선출을 인정한다는 것이므로, 이는 근대적인 의미의 종교의 자유와는 무관한 것이다. 그러므로 이를 두고 "교회의 자율성을 보장했"고, "왕은 잉글랜드 교회를 자유롭게 하겠다고 확인했."(차병직, 47)라고 하면, 마치 왕이 교회를 억압하다가 교회의 자유를 인정해준 것처럼 오해하게 할 수 있다. 즉 그것은 국교인 가톨릭의 권한을 더욱 증대시킨 것이지, 근대적인 의미의 정교 분리하에서 교회의 자율성을 보장한 것과는 전혀 무관하다. 게다가 그 제1조는 지금도 살아 있어서, 앞에서 본 상원의 구성원인 성공회(가톨릭에서 성공회로 국교가 바뀐 결과) 주교를 비롯하여 성공회의 국교로서의 강력한 지위를 인정하는 근거로 작용하고 있다. 그러나 국교를 인정하지 않는 우리로서는 그것을 '전형'으로 삼을 수 없다.

그런데 대헌장을 과연 헌법이라고 할 수 있는지에 대해서는 여러 가지 의문이 있을 수 있다. 헌장이라고 번역되는 carta라는 것은 영어의 chater, 즉 허가장이나 특허장이라는 것으로 대헌장은 '왕이 성직자와 귀족들에게 그들의 권리를 허가하는 문서'라는 뜻이다. 그것은 의회가 제정한 법률도 아니고, 영국의 중요한 법인 판례법도 아니므로, 처음부터 법이라고도 할 수 없는 것이다. 굳이 명명한다면 일종의 정치적 문서에 불과하다.

그러나 『세상을 바꾼 100가지 문서 : 마그나카르타에서 위키리크스까지 5,000년 세계사를 한 권으로 배우다』라는 제목의 책이 말하듯이 대헌장은 '세상을 바꾼' 최초의 문서라고 흔히 말한다. 게다가 『인권 이야기』라는 책의 부제목이 '마그나카르타에서 미투 운동까지'인 것을 보면 마그나카르타가 인권의 효시인 것처럼 보인다. 그러나 그것은 1215년 수십 명의 반항적인 귀족들이 당시 왕인 존에게서 뺏은 귀족의 특권을 확인한 것으로 3개월 만에 폐기되었고, 그마저도 결국 교황이 무효화했다. 그래서 당시 잉글랜드의 인구 2백만 명 중 대다수를 차지한 빈민들에게는 거의 아무런 도움이 되지 않았다. 이처럼 특권 신분의 자유를 확대한 것에 불과한 마그나카르타를 근대적 의미의 인권 보장이라거나 근대 시민 헌법의 효시라고 볼 수는 없다.

여기서 대헌장이 나오게 된 역사를 잠깐 살펴보자. 존 왕은 1199년 잉글랜드 왕국의 신흥 경제적 세력이 봉건 권력의 기반을 훼손할 정도로 위협을 가하던 시기에 왕위에 올랐다. 이러한 위협에 대처하기 위해 존 왕은 정치 시스템을 조정함과 동시에 주요 경쟁자인 귀족과 교회에 대한 군주제의 패권을 주장하였는데, 이에 저항한 성직자와 귀족들이 자기들의 특권을 확인하기 위해 만들어낸 것이 대헌장이었다. 미국의 역사가 시드니 페인터(Sidney Painter, 1902~1960)가 『존 왕의 통치』(The Reign of King John, 1949)에서 썼듯이, "대헌장의 조항이 평범한 사람에게 이로운 것처럼 보일 때마다 면밀히 살펴보면 실제로 우려의 원인은 그것이 영주의 지갑이라는 것"을 알 수 있다. 즉, 누가 더 많이 털 것인가 하는 문제일 뿐이었다. 터는 놈이 왕이냐 귀족이냐의 문제일 뿐이지, 어느 놈이든 민중은 오로지 그들에게 털리는 대상일 뿐이었다. 이처럼 민중을 착취하는 날강도들의 몫을 누구에게 더 이롭게 하려는 대헌장을 어떤 의미에서 '인권' 문서라고 할 수 있는가? 기껏 해봐야 '날강도 순위 조정' 문서에 불과한 것이 아닌가?

대헌장은 언론의 자유, 부당한 수색과 압수, 무기 소지의 권리, 종교의 자유로운 행사, 계약의 의무, 청원권과 집회의 권리, 과도한 보석금, 변호인의 권리, 잔혹하고 비정상적인 처벌, 대배심에 의한 기소 등에 대해서는 아무 말도 하지 않는다. 게다가 비자발적인 노역조차 금지하기는커녕, 그것을 전제로 한다(17조, 20조, 23조). 특히 종교의 국교화를 금지하기는커녕, 제1조에서 그것을 확인한다.

대헌장은 근대적인 의미의 자유주의와도 무관했다. 토지의 소유, 자유방임주의, 평등과 자유, 최소 국가, 심지어 사유 재산과 같은 현대 자유주의 개념은 대헌장의 서명자들과 무관했다. 그들은 재산이 아니라 특권을 주장했고, 자유 시장은 먼 미래의 개념이었다. '시장'은 정부가 매매를 허가하는 시대와 장소이고, 재산권은 파생적이고 상대적인 것이었다. 왕을 제외하고는 아무도 부동산을 '무상으로' 절대적으로 소유하지 않았다. 오히려 권리(소유권)는 다른 이익에 상대적인 것이었고, 이론적으로는 항상 왕의 최우선적 주장에 종속되었다.

대헌장은 다른 모든 법률과 마찬가지로 개정 및 폐지될 수 있는데, 1992년까지 63개 조항 중 3개가 여전히 유효했다. 즉 앞에서 본 제1조는 입헌군주제의 근거로 활용되었고, 제13조는 런던시 등의 교역 자유를 인정한 것이다. 그러나 가장 중요한 것은 신체의 자유와 배심재판을 규정한 제39조이다. 즉, "자유민은 그 누구도 동등한 신분을 가진 자에 의한 합법적 재판 혹은 국법에 의하지 않고서는 체포, 감금, 추방, 재산의 몰수 또는 어떠한 방식의 고통도 받지 않는다."라는 조항으로, 인신 보호를 위한 영장주의의 효시가 되어 전 세계 민주국가의 헌법에서 신체의 자유를 인정하게 하였다. 또한 '동등한 신분을 가진 자에 의한 합법적 재판'을 받을 권리가 있다고 함으로써 배심원단에 의한 재판, 즉 시민이 옳고 그름을 판단하는 민주 사법의 기원이 되었다. 그리고 '국법'을 지켜야 한다고 하는 적법절차(due process of law)의 원칙이 확립되고 국왕도 법의 지배를 받아야 하게 되어 권력의 자의적 지배를 끝나게 했다. 그리고 '자유민은 그 누구도…'라고 한 첫 부분은 뒤에 '그 누구도 이러저러한 이유로…'라는 반차별 원칙으로 발전했다. 프랑스혁명 인권선언의 제7조는 대헌장의 39조를 복사한 것이라고 해도 과언이 아니다.

물론 1215년에 만들어진 법률이 800년도 더 지난 지금까지 그 일부나마 유효하다니 대단한 전통 수호의 나라이긴 하다. 법 중의 법이라는 헌법조차 그 전부가 쉽게 권력자의 입맛대로 개정되는 나라에 살다 보면 더욱 그렇다. 그러나 그게 과연 항상 좋은 것일까?

▎존 왕

존 왕이 죽고 난 뒤 중세에는 부정적이었던 그에 대한 역사적 평가가 16세기 이후 긍정적으로 바뀌었지만, 19세기에는 다시 부정적으로 변했다. 그러나 20세기에 와서 대영제국의 대표적인 보수 정치가인 윈스턴 처칠(Winston Churchill, 1974~1965)이 『영어권 사람들의 역사』(A History of the English-Speaking Peoples) 제1권에서 마그나카르타를 비롯한 존 왕의 공로를 긍정하여 "길게 보면 영국 국민과 영어권 세계가 덕이 있는 군주들의 노고보다 존의 악덕에 훨씬 더 많은 빚을 졌다는 것을 알 수 있을 것"이라고 하면서 적극적 평가가 늘어나기 시작했다. 그러나 대헌장에 대해서는 '당파' 파벌 간의 실패한 평화 협정으로 간주하고, 존 왕을 실패한 군주로 보는 것이 일반적이다.

한편 소설과 영화에서 존 왕은 주로 나쁜 왕으로 나온다. 월터 스콧(Walter Scott, 1771~1831)의 『아이반호』(Ivanhoe)와 하워드 파일

(Howard Pyle)의 『로빈 후드의 모험』(The Merry Adventures of Robin Hood)이 대표적이다. 『아이반호』는 리처드 1세가 십자군 원정에 나선 사이 그의 동생 존이 반란을 일으켜 왕위를 차지하려 시도하지만, 주인공 아이반호는 로빈 후드의 도움을 받아 존 일파를 무찌른다는 내용이다. 『아이반호』는 1952년에 영화로 만들어진 이래 수많은 영화와 TV 드라마 및 애니메이션으로 만들어졌다. 『아이반호』에서 주인공을 도운 로빈 후드가 주인공으로 나오는 소설과 영화는 그 수가 『아이반호』를 훨씬 능가한다.

영화에서는 존 왕이 로빈 후드의 적인 노팅엄의 보안관과 함께 수많은 잔혹 행위와 고문 행위를 저지르는 모습을 보여주는데, 이는 특히 그의 형인 리처드 1세와 대조적으로 묘사된다. 그보다 훨씬 앞인 16세기에 셰익스피어는 희곡 『존 왕』에서 로마 가톨릭의 책략에 희생된 원시 개신교도이자 약하고 이기적인 통치자라는 복잡한 군주에 대한 더 균형 잡힌 이중적 관점을 보여주었지만, 그 작품에는 대헌장에 대한 언급이 없다. 이는 16세기까지 대헌장이 무시되었음을 보여준 예라고 하겠다.

영국 헌법 제1조는 국왕 조항인가?

뒤에서 보겠지만 일본 헌법 제1조는 천황에 대한 것이다. 아직도 영국왕을 국왕으로 숭배하는 영연방에 속하는 오스트레일리아 헌법 제2조도 영국왕에 대한 규정이다. 헌법이 없는 영국에서 헌법 제1조는 상상할 수밖에 없는 것인데, 영국인도 일본식으로 국왕을 제1조로 여긴다고 볼 수 있겠다. 일본에서 살다 보면 일본인들이 자신들의 천황과 함께 영국왕도 대단히 숭배한다는 것을 알 수 있다. 영국에 왕이 있음을 모르는 사람은 없다. 조선왕조가 500년이나 지속되었다고 하여 세계에 유례가 없다면서 자랑하는 사람들이 있지만, 영국에서는 적어도 6세기 이래 지금까지 왕이 있다. 물론 하나의 왕조가 500년이나 세습된 것은 조선이 최초이자 최후라고 하지만 그것이 왜 자랑스러운 것일까? 아직도 혈연을 중시하기 때문일까?

영국에는 왜 아직도 왕이 있을까? 영국왕은 모두 훌륭해서 지금까지 이어지고 있는 것일까? 반면 조선왕이나 기타 왕이 없어진 나라의 왕들은 훌륭하지 못해 전부 이어지지 못하고 대가 끊어진 것일까? 나는 그런 식의 '훌륭함' 비교론에 찬성할 수 없다. 영국에 왕이 아직도 있는 이유는 그것을 없애지 않고 그대로 두었기 때문이다. 영국인은 굳이 왕을 없앨 필요가 없다고 생각하기 때문이다. 프랑스대혁명 때인 1793년 국왕 부부를 기요틴으로 참수 처형하는 것을 본 영국인을 비롯한 유럽인들은 프랑스대혁명의 비인간적 처사를 비난했지만, 영국은 그보다 144년 전인 1649년에 이미 찰스 1세를 공개 처형하지 않았던가?

일제가 한반도에 침략하지 않았다면 고종은 그대로 잘 살다가 자연사했을 것이고, 그 아들이나 손자나 증손자가 지금까지 왕 노릇을 하고 있을지도 모른다. 굳이 죽일 필요가 없었다면 우리도 영국이나 일본, 또는 태국처럼 왕국일지 모른다. 물론 이런 가정은 아무런 쓸모가 없다. 그러나 나는 일제가 한반도에서 물러난 뒤 일단 순종의 아들 영친왕을 국왕으로 세웠다가 우리 민중의 이름으로 하루 만에 폐위시키거나, 영국처럼 왕으로 살아가되 아무런 권력을 갖지 못하게 했었다면 최소한 영국왕과 같은 '훌륭함'을 보았을 수도 있었을 거라고 생각한다. 3·1운동이 고종의 장례식을 계기로 발발했을 정도로 당시 대부분의 조선인은 왕제를 존중했다. 4월 11일 상하이에 대한민국 임시정부가 수립될 때 고종이 만든 '대한'을 국호로 사용하고, 고종이 도안한 태극기를 국기로 정했으며, 대한민국 임시정부의 임시헌법에서 "대한민국은 대한제국의 영토를 계승하고 구 황실을 우대한다."라고 명시했을 정도다. 하지만 고종은 1907년에 일본과 친일파에게 강제로 퇴위당하고 뒤이어 순종이 즉위한다. 1910년 8월 29일 대한제국이 일본제국에 합병되면서 멸망한 뒤 순종은 모든 권한을 잃고 '창덕궁 이왕'이라 불리며 창덕궁에 거처하다가 1926년에 죽고, 황태자 이은은 1970년에 세상을 떠난다.

  나는 왕족 따위에 대해 아무런 관심이 없지만, 만일 해방 직후 이은을 조선의 왕으로 세웠다면 남북분단이 생기지 않았을 수도 있지 않을까, 라는 망상을 해본 적이 있다. 박근혜가 대통령 후보에 나서자 그를 '불우한 공주'라고 하며 적극 지지한 사람들을 보면서, 왕조시대의 감각이 아직도 한국인에게 남아 있음을 서글프게 생각하면서도, 해방 직후 왕이 있었다면 최소한 분단은 없었을지 모른다는 안타까움을 가져보기도 했다. 조선의 왕을 일제가 폐위시킨 것에 대해서는 분노하면서, 최소한 민족 자존심을 회복하기 위해서라도 조선왕을 원상태로 돌린 뒤 그 직후 우리 손으로 폐위시키거나 상징적 왕으로 두거나 했으면 최소한 민족 분단을 막지는 않았을까, 라는 망상을 해보았다는 뜻이다. 영국이나 일본에 왕이 지금도 존재하는 이유가 그것이 국가통합의 상징으로 작용할 수 있다고 생각되기 때문이다.

영국만이 아니라 유럽에는 왕이 있는 나라가 많다. 영국 외에도 스페인, 네덜란드, 벨기에, 룩셈부르크, 스웨덴, 덴마크, 노르웨이 등 세계 44개국에 왕이 있다. 왕이 있는 나라를 군주제 국가라고 한다. 군주제 국가에서 군주는 국가원수의 역할을 하며, 헌법에 의해 권한이 제한되는 입헌군주제와 군주의 권력에 제한이 없는 전제군주제로 나뉜다. 영국은 입헌군주제 국가로, 헌법과 법률에 따라 군주의 권한을 규정하고 있지만, 실무적으로는 관습헌법에 의해 내각에 권한을 위임하고 있다. 일본과 태국도 입헌군주제다. 전제군주제 국가는 10여 개국으로 사우디아라비아, 아랍에미리트(UAE), 요르단 등 중동 산유국이 대부분이다.

군주국의 반대가 공화국이다. 이는 국가의 주권이 군주에게 있느냐 국민에게 있느냐의 구별이다. 따라서 한국 헌법 제1조 1항에서 한국을 공화국이라고 선언한 이상, 2항에서 국가의 주권이 국민에게 있다고 함은 중언부언이라고도 할 수 있다.

영국 헌법 제1조는 의회 조항?

앞서 영국 헌법의 제1조를 일본 헌법 제1조처럼 국왕 조항으로 상상할 수 있다고 언급했지만, 이는 영국이 일본보다 나을 것이라는 생각을 잠시 잊고 한 말이었다는 점을 깊이 반성한다. 또한, 뒤에서 살펴보겠지만, 영국인이 아메리카 대륙에 건너가 만든 미국 헌법의 제1조가 의회 조항이라는 점을 고려하면, 영국 헌법의 제1조 역시 의회 조항일 가능성이 크다는 생각이 든다.

영국의 의회제도가 어떻게 시작되고 전개되었는지에 대한 설명은 그 역사가 길고 복잡한 만큼 길고 복잡하다. 그 시작이 1215년에 개원한 잉글랜드 의회이고, 양원제 구성으로, 상원인 귀족원(House of Lords)과 하원인 서민원(House of Commons)으로 이루어지며, 모두 런던의 웨스트민스터 궁전을 의사당으로 사용하고 있다는 정도의 상식으로 충분하지만, 한두 가지만 더 설명하도록 하자.

첫째, 상원에 대해서는 앞에서는 설명했는데 하원을 포함한 의회 전체가 처음에는 성직자와 귀족들로 구성되었으나, 18세기 이후 5년마다 총선을 실시하여 하원의원을 뽑게 되었다. 그러나 하원의원은 처음에 일정 납세액 이상을 낼 수 있던 사람들만 투표에 참여할 수 있어서 서민이라고 해도 부르주아나 지역 유지 정도는 되어야 투표에 참여할 수 있었다. 그러다 19세기에서 20세기 초반의 참정권 운동 등으로 서민원이라는 이름에 맞는 하원이 되었다.

의회(Parliament)는 영국 민주주의 헌법의 중심이다.
의사당은 웨스트민스터 궁전이다.

그러니 하원의 참된 역사는 기껏 1세기 정도다.

둘째, 영국에서는 의회의 권한이 절대적이고 무한하다는 의미의 '의회 주권주의'(parliamentary sovereignty)가 인정된다. 즉 영국에서 주권이란 한국을 비롯한 다른 나라와는 달리, 의회가 만든 법률이 최고의 권위를 갖는다는 의미로 사용된다. 그러나 주의할 점은 영국에서 말하는 의회란 '의회에서의 왕'(King in Parliament)을 뜻하고, 여기에는 상하 양원만이 아니라 국왕도 포함된다는 점이다.

영국에서는 한국에서와 같이 의회가 제정한 법률안을 수상이 거부할 수 없고, 사법부가 위헌 판결을 내릴 수도 없다. 심지어 올리버 크롬웰(Oliver Cromwell, 1599~1658)을 왕이 부관참시할 때처럼 '누구는 죄인이다'라고 규정하는 법률을 통과시켜 즉시 처벌할 수도 있다. 반면 영국에서는 한국과 같은 대통령제 국가와 달리 수상이 의회해산권을 갖는다. 또한 한국과는 달리 비례대표제나 결선투표제가 없는 완전 소선거구 단순 다수 투표제이다. 그래서 두 거대정당인 보수당과 노동당에 대단히 유리한 제도라는 점은 한국과 유사하다.

셋째, 1628년의 '권리청원'(Petition of Rights)은 의회가 왕을 상대로 권리를 주장할 수 있도록 법적으로 보장된 청원이라는 점에서 중요하게 취급된다. 즉 의회의 승인 없이 과세할 수 없고, 군인들을 민가에 숙박시킬 수 없으며, 법에 의하지 아니하면 체포하거나 구금할 수 없다는 것으로, 청교도 혁명과 관련된 인권선언으로 평가된다. 그러나 왕은 그 뒤에 구체적으로 권리청원에 금지되지 않았다는 이유로 불법 관세 징수를 계속했다. 또한 권리청원이 새로운 권리를 확립했다는 것을 인정하지 않았다. 마그나카르타와 마찬가지로, 권리청원 역시 신분제 사회를 전제로 특권 계층의 권리와 영국인의 '전통적 권리와 자유'를 요구한 문서였다. 따라서 근대적 인권의 핵심 특징인 보편성을 결여하고 있었다.

넷째, 1689년의 '권리장전'(Bill of Rights)이 의회 주권주의를 확립했다고 보는 문서라는 점에서 매우 중요하다. 이는 1688년 의회와 네덜란드의 오렌지 공 윌리엄이 제임스 2세를 퇴위시키고 윌리엄 3세로 즉위한 무혈의 명예혁명 이후, 의회가 윌리엄 3세에게 즉위의 조건으로 승인한 권리선언이다. 그것은 의회의 입법권과 과세권, 의회의 정기적인 소집, 의원의 면책권 등을 규정하고 있어서 이를 통해 영국은 절대 왕정을 무너뜨리고, 왕은 군림은 하나 통치하지 않는다고 하는 입헌군주제의 나라가 되었고, 의회 주권주의를 확립했기 때문이다. 즉 그전까지는 국왕이 국가 주권을 가진다고 여겨졌으나, 그 국왕을 의회가 선임했기 때문에 의회의 우위가 확립되었다고 하는 것이다. 그러나 의회가 누구나 국왕으로 선임할 수 있는 것은 아니었다. 권리장전을 재확인하고, 왕위 계승에 대해 정한 1701년의 법률은 신교도만이 왕위를 계승한다고 정했다. 이 법률에 의해 왕위 계승자가 결정되었으므로, 의회가 멋대로 국왕을 선임할 수 있는 것은 아니었다. 또한 혁명이 없는 평화 시에 의회가 멋대로 국왕을 퇴위시킬 수 있는지도 의문이다. 그러나 지금은 헌법 관행상 국왕은 의회의 동의 없이 주권을 행사할 수 없는 것으로 여겨진다.

다섯째, 의회 주권주의가 실질적으로 확립되는 시기는 1911년 및 1949년의 의회에 관한 법률에 의해 하원 입법의 절대적 우위가 법적으로 명확하게 규정된 이후이다. 왜냐하면 1610년의 본햄 의사 판결(Dr. Bonham's Case)은 위헌법률심사권의 기초가 되었기 때문이다.[16] 이 판결은 뒤에 부정되었으나, 의회 주권 이론은 19세기에 와서 나타난 것이 사실이다. 역사적으로 의회의 역할은 입법보다도 과세에 대한 승인이었고, 국민의 고충을 의회에서 표명함으로써 선처를 기대하는 측면이 강했다. 의회가 입법의 최고기관이라는 인식은 19세기에 와서 생겨났고, 그것이 명확하게 된 것은

20세기 전반이다.

여섯째, 영국법에는 '법의 지배'(Rule of Law)라고 하는 원리가 있어서 그것이 의회 주권주의와 어떻게 조화를 이루느냐가 문제된다. '법의 지배'의 법이란 국민의 일반적인 의사 내지 상식적인 이성에 호소하는 '조리'(條理)와 같은 것이라고 할 수 있다. '조리'라는 말은 민법 제1조 '법원'이라는 조문에서 '민사에 관하여 법률에 규정이 없으면 관습법에 의하고 관습법이 없으면 조리에 의한다.'고 할 때 나오는 것으로 '조리가 선다', '조리가 있다' 등으로 흔히 사용되며, 그 반대의 경우를 부조리(不條理)라고 한다. 영국에서는 의회가 법률을 제정할 때 판례법을 전제로 하여 판례법에 문제가 있는 경우에 입법을 한다. 또 법률을 해석하는 것은 법원이고, 법원은 엄격한 해석을 원칙으로 하여 법률의 적용 범위를 좁히는 경향이 있다.

일곱째, 헌법이 없는 영국에는 우리의 헌법상 인권 조항 같은 것이 없다. 가령 인권 문제 중에서 가장 중요한 노예제는 영국에서 1807년 노예무역의 폐지 뒤인 1833년에 폐지되었다. 1998년 인권법이 제정되었는데 그것은 1689년 이후 최초의 성문 권리장전으로서, 영국 법체계 전반에 중대한 변화를 초래했다. 그러나 그 법은 구체적으로 인권을 규정한 것이 아니라, 유럽 인권 조약의 권리를 영국의 법에 수용하는 법이므로 결국 유럽 인권 조약의 인권을 영국법으로 인정한 것이었다.

오스트레일리아 헌법 제1조

오스트레일리아의 헌법 제1조는 '약칭'이라는 제목하에 "이 법은 오스트레일리아 연방헌법이라 한다."고 규정한다. 그런데 제2조에서는 '왕의 계승자까지 확대 적용'이라는 제목하에 "여왕에 관한 이 법의 규정은 여왕의 연합왕국 통치권의 상속인 및 계승자에게 확대 적용된다."라고 하여 영국(연합왕국)의 헌법인 것처럼 보인다. 이는 오스트레일리아가 영연방에 속하기 때문에 규정된 것이지만, 만약 영국 헌법이 성문화된다면 유사한 형식을 취할지 모른다.

18세기 말 영국인 죄수들이 이주하기 전까지 오스트레일리아에는 4만 년 전부터 원주민이 살았으나, 영국인들은 원주민들을 거의 멸종시키다시피 한 뒤 영국 귀족 국가를 세우려고 했다. 1900년에 제정된 오스트레일리아 헌법에 의하면 오스트레일리아는 영국왕을 대표하는 총독이 통치하는 입헌군주제하에 의회제로 운영되는 연방국이었다. 연방정부가 성립된 이후 현행 헌법으로는 세계에서 가장 오래된 헌법하에서 안정적인 자유 민주주의 정치 체제를 유지해 왔으며 연방정부와 주정부, 그리고 준 주정부 사이에서 권력이 나누어지는 세계에서 가장 오래된 연방 중 하나이다.

오스트레일리아의 정부 체제는 영국(입헌군주제, 강력한 정당 규율)과 미국(연방주의, 성문헌법, 선출된 상원과 강력한 양원제)의 요소들과 함께 독특한 자신들만의 특징들(가령 18세 이상의 모든 유권자는 의무적으로 투표에 참여해야 한다)을 결합한 것이다. 8개 장으로 구성되는 헌법은 연방정부의 3개 구성요소인 의회(입법부), 행정부와 사법부의 구조와 권한을 규정하고 있다.

아일랜드 헌법 제1조

아일랜드 헌법 제1조는 다음과 같다.

> 아일랜드 인민은 자신의 정부 형태를 선택하고, 다른 국가와의 관계를 결정하고, 자신의 천재성과 전통에 따라 정치적, 경제적, 문화적으로 삶을 발전시킬 수 있는 양도할 수 없고, 취소할 수 없으며, 주권적인 권리를 확인한다.

아일랜드는 오랫동안 영국의 식민지였으나 영국과 달리 성문헌법 국가이다. 현행 아일랜드 헌법은 1922년의 아일랜드 자유국 헌법에 이어 1937년에 두 번째로 제정된 뒤 지금까지 유지되어 온, 유럽연합 내에서 가장 오랫동안 지속적으로 운영되어 온 공화주의 헌법이다. 제1조에서 '양도할 수 없고, 취소할 수 없으며, 주권적인 권리'인 자결권을 갖는다는 규정에서 지난했던 식민지 경험을 읽어낼 수 있다. 이는 제1조 앞에 나오는 전문의 다음 부분에서도 확인할 수 있다.

> 수 세기 동안의 시련 속에서 우리 조상들을 지탱해주신 우리의 신성한 주 예수 그리스도에 대한 모든 의무를 겸손히 인정하며, 우리 국가의 정당한 독립을 되찾기 위한 그들의 영웅적이

고 끊임없는 투쟁을 감사하게 기억하며, 그리고 신중함, 정의, 자선을 적절히 준수하면서 공동선을 증진하고자 노력하여 개인의 존엄성과 자유가 보장되고 진정한 사회 질서가 달성되고 우리나라의 통일이 회복되고 다른 국가들과 화합이 확립되도록 한다.

제1조는 제5조에서 아일랜드는 "주권적이고, 독립적이며, 민주적"이라는 조항과 제6조 1항에서 모든 정부 권한은 "신의 명령에 따라 인민으로부터 유래한다."고 하는 인민 주권 조항, 그리고 이러한 권한은 헌법에 의해 설립된 "국가기관의 권한에 의해서만 행사될 수 있다."는 제6조 2항으로 명시되어 있다. 영국과 마찬가지로 국가기관 중에서 의회가 중심인 의원내각제가 아일랜드의 정치체제이지만 의례적인 대통령을 두고 있는 점에서 영국과 다르다. 또한 인권 조항이 헌법에 당연히 포함되는데, 그중에는 영국과 달리 귀족 작위를 금지하는 조항(제40조)과 사형을 금지하는 조항(제28조), 배심제(제38조)도 포함되어 있다.

최근 아일랜드 헌법이 뉴스를 타고 있다. 2024년 3월, 성차별적인 헌법 조항의 개정이 국민투표에서 부결되어 개정을 낙관한 아일랜드 사람들은 물론 세계를 놀라게 했다. 이는 1995년 국민투표로 이혼을 합법화했고, 2015년에 세계 최초로 동성결혼을 가능하게 한 헌법 개정안도 통과시켰으며, 2018년에는 국민투표로 '낙태금지법'을 폐지하기로 결정했던 진보적인 변화에 비해 후퇴한 느낌이

든다.

개정 대상이었던 헌법 조항은 1937년 로마 가톨릭의 영향력하에 제정된 것이다. 헌법에 규정된 '결혼에 기반한 가족 단위'를 결혼하지 않은 커플이나 한부모 가정을 포괄하는 "지속성 있는 관계"로 확대하는 개헌안은 물론이고, 여성의 가정 내 의무를 명시한 조항을 폐기하고, 돌봄을 하는 구성원엔 다른 가족들도 포함된다는 내용을 새로 더하는 개헌안도 부결되었다.

아일랜드에서 개헌은 2012년에 설립된 헌법회의의 주도로 이루어진 점도 세계적으로 주목되었다. 그것은 정부가 임명하는 의장, 66명의 일반 시민 그리고 33명의 의원으로 이루어지는데, 일반 시민은 선거인 명부를 기반으로 하여 선출하되 최대한의 대표성을 확보하기 위해 여론조사 회사가 선발 작업을 전담토록 하였다. 2016년에는 시민 대표 99명으로 시민의회가 구성되었다. 헌법회의와는 달리, 시민의회가 숙고할 의제와 관련된 시민단체 혹은 이익집단의 회원으로 소속된 경우 참여할 수 없도록 하였다. 이러한 시민의회는 위에서 본 아일랜드 헌법 제1조의 취지에 부합되는 것으로 생각된다.

2장

미국 헌법
_세계 최초 성문헌법의 의의와 한계

미국의 파시즘과 트럼프

2016년 트럼프가 미국 제45대 대통령으로 취임하자마자 그를 파시스트로 부른 사람은 그리 많지 않았지만 2021년 벌어진 국회의사당 점거 폭동은 친위 쿠데타(self-coup) 또는 새로운 파시즘(New Fascism)으로 불렸다. 박정희나 전두환이 처음부터 폭력으로 정권을 잡은 것과 달리 전형적 파시스트인 히틀러는 처음부터 폭력적이지는 않았다. 그러나 선거로 정권을 잡은 뒤부터는 줄곧 폭력에 의존했다. 트럼프주의를 파시즘으로 볼 것이냐에 대해서는 논쟁이 있으나 이 책에서는 그것이 외국인을 철저히 차별하고 배척하는 극단의 인종차별주의, 국수주의, 국가주의, 군국주의, 반공주의, 남성우월주의, 반민주주의, 폭력주의, 리더신봉주의, 엘리트주의, 대중동원주의 등의 측면에서 파시즘이라고 본다.

미국을 비롯한 여러 나라에서 새로운 형태의 파시즘이 등장한 배경에 대해, 2008년 금융위기와 이에 대한 신자유주의적 대응의 실패를 원인으로 보는 견해가 있다. 그러나 신자유주의는 이미 1970년대부터 세계적인 흐름이었기 때문에, 파시즘의 싹은 그보다 훨씬 이전부터 자라기 시작했다고도 볼 수 있다. 또 다른 요인으로는 인터넷의 대중화를 들 수 있다. 신자유주의를 대표하는 영국의 마거릿 대처나 미국의 로널드 레이건을 직접적인 파시스트라고 부르지는 않지만, 그렇다고 그들이 파시즘과 완전히 무관하다고 보기는 어렵다. 같은 맥락에서, 신자유주의를 이론적으로 뒷받침한 밀턴 프리드먼과 프리드리히 하이에크 역시 파시즘과의 연관성을 완전히 배제하기는 어렵다. 특히 프리드먼은 윤석열 대통령에게도 중요한 사표(師表)가 된 인물이다.

  미국 파시즘의 역사는 19세기까지 거슬러 올라간다. 반민주주의 정당은 19세기 전반부터 등장했다. 특히 유럽에 파시즘이 준동한 1930년대 미국에도 파시즘 집단들이 등장했는데, 기독교가 그 중심에 섰다. 이와 별도로 1920년대부터 KKK단이 반유대주의를 주장했다. 2001년 9·11 테러 이후 소위 애국전쟁이 벌어지면서 파시즘 등장의 배경 범위가 더욱 넓어졌다. 최근에는 기독교 우파의 파시즘이 더욱 거세어지고 있다. 이들은 가혹하고 용서 없고 폭력적인 기독교 사회를 요구하면서 기독교 국가에 의해 비도덕적이고 교정 불가능한 사람들을 몰살해야 한다고까지 주장한다.(헤지스, 30~31) 남성 계급에 대한 맹목적 순종, 불신자에 대한 불관용,

합리적 및 지적 연구에 대한 경멸은 전통적인 근본주의 전통에서 비롯되지만, 최근의 기독교 우파는 그런 것들을 더욱 강력하게 주장하고 실천한다.(헤지스, 32) 그들에게 자유나 사랑은 기독교에 대한 절대복종을 뜻한다. 압도적으로 공화당에 속하는 그들은 민주적 다원주의에 반대하고 동성애자들을 배척한다.(헤지스, 39) 그런 교회들은 자본 및 국가권력과 결탁하고, 특히 선거 부정을 적극적으로 주장하는 점에서 한국의 우파나 보수 기독교와 같다.(헤지스, 46)

미국 헌법 제1조와 수정헌법 제1조

미국 헌법 제1조는 '입법부'에 관한 것으로 1항은 다음과 같다.

이 헌법에 의해 부여되는 모든 입법권은 미국 연방의회(Congress of the United States)에 속하며, 연방의회는 상원(Senate)과 하원(House of Representatives)으로 구성한다.

이어 복잡한 2~10항이 있으나 생략한다. 헌법 제1조가 입법부에 관한 규정이지만, 이는 입법부나 국가기관 중에서 최고라거나, 입법권이 3권 중에서 최고라는 의미는 아니다. 미국은 대통령제 국가이고, 입법부는 삼권분립 체제에 의해 인정되는 하나의 국가

권력 기구에 불과하기 때문이다. 헌법 제1조 앞에 다음과 같은 전문[17]이 있는데, 이는 헌법 전체를 조감하기 위해 한번 살펴볼 필요가 있다.

우리 미연방 인민은 더 완벽한 연방을 형성하고, 정의를 수립하고, 국내의 평안을 보장하고, 공동의 방위를 제공하고, 일반적 복지를 증진하며, 우리들과 후손들의 자유에 대한 축복을 보호하기 위하여 미연방헌법을 제정한다.

연방헌법 제정 당시에는 기본권에 대한 규정이 없었으나, 추후 기본권의 중요성이 드러나면서 수정헌법 제1조에 표현의 자유와 종교의 자유가 포함되었다. 수정헌법 제1조는 "연방의회는 국교를 정하거나, 자유로운 종교 활동을 금지하거나, 발언의 자유를 저해하거나, 출판의 자유, 평화로운 집회의 권리, 그리고 정부에 탄원할 수 있는 권리를 제한하는 어떠한 법률도 만들어서는 안 된다."고 규정하고 있다. 이를 한마디로 표현의 자유 조항이라고 부른다.

세계 역사에서 최초의 성문헌법은 미국 헌법이다. 인터넷에 미국 헌법 제1조를 검색하면 두 가지가 나온다. '헌법 제1조'와 '수정헌법 제1조'다. 미국에서는 헌법을 개정할 때 우리나라처럼 기존 헌법을 개정하는 것이 아니라, 기존 헌법은 그대로 두고 거기에다가 새로운 조문을 덧붙이는 방식을 취한다. 그러므로 이를 '수정'

이라고 부름에는 문제가 있으나, 이미 굳어진 것이어서 그대로 사용하도록 한다. 어느 방식이나 장단점이 있겠지만 여하튼 '수정헌법 제1조'는 뒤에 보충된 것이므로 헌법 제1조가 아니다. 그러나 그 내용은 인권 조항으로 대단히 중요하여 헌법 제1조에 버금간다고 해도 과언이 아니다. 아래 제5장에서 보듯이 독일 기본법처럼 헌법 제1조를 인권에 관한 것으로 규정하는 헌법도 있다.

그러나 주의할 점이 있다. 미국 헌법에는 민주주의가 없다는 점이다. 미국의 독립선언이나 헌법에는 민주주의가 없다. 당시 사람들은 정부에 세 가지 형태가 있음을 알았다. 즉 군주제, 귀족제, 민주제였다. 미국의 국부들이 선택한 로마 공화제는 그 셋을 갖춘 것이었다. 로마의 집정관이 대통령이 되고, 원로원은 상원이 되고, 대중회의가 하원이 되었다. 그러나 이는 '민중'의 정치인 민주주의가 아니라 '대표'가 나라를 관리한다는 것이었다. 그들은 아테네의 직접민주주의를 플라톤 이상으로 경멸했다. 18세기와 19세기 서양에서 민주주의라는 말은 '불명예와 모욕'을 가리켰고, 프랑스 혁명가들도 미국인만큼 민주주의를 경멸하고 '아나키, 정부의 부재, 폭동에 의한 혼돈'과 같은 것으로 보았다.(그레이버, 191)

민주주의라는 개념이 긍정적인 의미로 사용되기 시작한 것은 제1차 세계대전 이후였다. 그제야 민주주의가 서구 문명의 본질로 선전되기 시작했다. 그러나 고대 그리스뿐만 아니라 이른바 '서구 문명'을 형성한 많은 사상가가 민주주의에 반대했다. 또한, 서구 문명이 그리스에서 시작되었다고 단정할 수도 없다. 흥미롭게도,

서구 문명을 찬양하는 사람들조차 현대 그리스를 서구 문명의 일부로 간주하지 않는다. 사실, 그리스는 이미 1,400년 전부터 서구와는 다른 길을 걸어왔다.(그레이버, 194) 서구 문명의 기원은 16세기부터라고 볼 수 있다. 당시 서구는 중앙집권적인 절대주의 정부가 지배하던 시대였다. 예컨대, 라이프니츠 같은 학자들이 중국의 문화적 일률성, 국가고시 제도, 합리적 행정을 찬양했으며, 몽테스키외가 페르시아를 높이 평가한 것도 당시 서구의 절대주의 정부와 유사한 특징을 지니고 있었기 때문이다.(그레이버, 196)

한편, 18세기 미국에서는 인디언 원주민들의 연방 구조와 자유·평등 개념뿐만 아니라, 해적선에서 실현된 민주주의에도 관심을 가졌다. 이에 따라 '민주주의란 인간이 본질적으로 평등하며, 그들의 집단적 결정은 평등주의적 관습 속에서 유지되어야 한다.'는 개념이 형성되었다. 이러한 관점에서 민주주의는 단순히 근대적 개념이 아니라, "역사 혹은 인간의 지성이 존재한 만큼이나 오래된 것"이라고 할 수 있다.(그레이버, 206)

미국 헌법의 제정 과정

앞의 제1장에서 마그나카르타의 카르타를 허가장이나 특허장이라고 했다. 아메리카는 영국 국왕의 허가장에 의해 자치가 인정된 자치식민지, 그리고 개인에게 통치권이 부여된 영주식민지, 국왕

직할의 국왕령 식민지라는 세 가지 성격의 식민지였다. 그곳에서는 총독과 식민지 의회가 통치권을 행사하고, 식민지 의회에 대해 영국 국왕은 부인권을 가졌다.

식민지 사람들은 영국의 제도를 훌륭하다고 생각하고, 자신들도 영국인으로서 영국인의 권리를 갖는다고 생각했다. 그러나 식민지 내부 문제에 대해 영국의 간섭이 심해지자 불만이 커졌다. 특히 영국이 전쟁 비용을 식민지에 부과하자 불만은 증폭되었다. '대표 없이 과세 없다.'는 기치 아래 저항이 들불처럼 번지게 된 배경이다. 1773년 파산에 직면한 동인도회사를 구제하기 위해 회사 측에 차(茶) 수입의 독점권을 부여하자 식민지 사람들은 극렬하게 반발하여 보스턴 항에서 영국의 배를 습격하고 차를 바다에 던졌다.(보스턴 차 사건) 이에 강경 대응한 영국과 충돌한 뒤 식민지인들은 두 차례 대륙회의를 열고 무력 항쟁을 선언했다.

조지 워싱턴이 이끄는 의용군은 처음에는 자치권 획득을 목표로 했으나 차차 독립을 목표로 삼게 되면서 1776년 7월 4일 독립선언이 발표되었다. 제1장은 다음과 같다.

인류의 역사에서 한 민족이 다른 민족과의 정치적 결합을 해체하고, 세계의 여러 나라 사이에서 자연법과 자연의 신의 법이 부여한 독립·평등의 지위를 차지하는 것이 필요하게 되었을 때, 우리는 인류의 신념에 대해 엄정하게 고려해보면서 독립을 요청하는 여러 원인을 선언할 수밖에 없게 되었다.

이어 다음 제2장에는 선언 가운데 가장 유명한 문구들이 포함된다.

우리는 다음과 같은 사실을 자명한 진리로 받아들인다. 즉 모든 사람은 평등하게 창조되었고, 창조주는 몇 개의 양도할 수 없는 권리를 부여했으며, 그 권리 중에는 생명과 자유와 행복의 추구가 있다. 이 권리를 확보하기 위하여 인류는 정부를 조직했으며, 이 정부의 정당한 권력은 인민의 동의로부터 유래하고 있다. 또 어떤 형태의 정부이든 이러한 목적을 파괴할 때는 언제든지 정부를 개혁하거나 폐지하여 인민의 안전과 행복을 가장 효과적으로 가져올 수 있는, 그러한 원칙에 기초를 두고 그러한 형태로 기구를 갖춘 새로운 정부를 조직하는 것은 인민의 권리인 것이다. 진실로 인간의 심려는 오랜 역사를 가진 정부를 천박하고도 일시적인 원인으로 변경해서는 안 된다는 것, 인간에게는 악폐를 참을 수 있는 데까지는 참는 경향이 있다는 것을 가르쳐줄 것이다. 그러나 오랫동안에 걸친 학대와 착취가 변함없이 동일한 목적을 추구하고 인민을 절대 전제정치 밑에 예속시키려는 계획을 분명히 했을 때는, 이와 같은 정부를 타도하고 미래의 안전을 위해서 새로운 보호자를 마련하는 것은 그들의 권리이며 또한 의무인 것이다. 이와 같은 것이 지금까지 식민지가 견디어 온 고통이었고, 종래의 정부를 변혁해야 할 필요성이 바로 여기에 있는 것이다. 대영국의 현재 국왕의 역사는 악행과 착취를 되풀이한 역사이며, 그 목적은 직접 이 땅에 절대 전제정치를 세우려는 데 있었다. 지금 이러한 사실을 밝히기 위하여 다음의 사실을 공정하게 사리를 판단하는 세계에 표명하는 바이다.

13개 식민지가 독립을 선언하고 주(State)를 형성한 뒤 1781년 연합규약(Articles of Confederation)에 의해 연방으로 합쳐졌다. 독립전쟁은 프랑스의 원조를 얻어 승리하여 1783년 독립을 획득했다.

연방규약에 근거해 수립된 정부는 과세권과 통상권을 결여하고 강력한 집행부를 갖지 못하는 결함을 드러냈다. 그래서 1787년 규약 개정을 위한 헌법회의가 열려 새로운 결합의 형성을 합의했으나, 연방의 권한에 대해 논의가 분분했다. 결국 연방을 지향하는

워싱턴 D.C.에 있는 국립문서보관소. 벽화 두 점 사이에 헌법, 권리장전, 독립선언문 및 기타 미국 건국 문서 원본이 공개되어 있다.

버지니아안에 근거한 초안을 채택하고, 헌법을 각주의 비준에 붙여 9개 주의 비준으로 발효했다(그래서 그 회의를 헌법제정회의라고 한다).

연방주의자들은 '연방 문서'(Federalist Paper)를 작성하여 헌법의 정당성을 선전했으나, 비연방주의자들은 그것이 주의 권한을 부당하게 박탈하고, 그 공화정체는 민주적이지 않으며, 권리장전이 결여되었다고 비판했다. 결국 권리장전의 부가를 약속하면서 1788년 연방헌법(오리지널 헌법)이 성립되었다. 그리고 제1회 의회에서 10개 조문의 권리장전이 부가되었고, 1791년에 성립했다.

미국의 국부들

미국에서 국부, 즉 '건국의 아버지'들은 미국이 영국으로부터 독립하고 미국 정부가 수립되는 데 중요한 역할을 한 여러 역사적 인물에게 총칭하여 붙인 이름이다. 존 애덤스, 새뮤얼 애덤스, 벤저민 프랭클린, 알렉산더 해밀턴, 패트릭 헨리, 토머스 제퍼슨, 제임스 매디슨, 제임스 먼로, 토머스 페인, 조지 워싱턴이 포함된다. 그들은 대부분 헌법 제정 회의의 구성원이자 독립 선언서의 서명자 및 헌법 초안자들이기도 하다(그러나 헌법 초안자라고 해서 국부는 아니다. 달은 그들을 헌법 입안자라고 부르자고 한다. (달, 15). 한편으로 글과 행동을 통해 새로운 정부의 창설에 영향을 미친 여성들을 '건국의 어머니들'이라고 부른다. 애비게일 애덤스, 데보라 프랭클린, 돌리 매디슨, 엘리자 핑크니, 마사 워싱턴, 머시 오티스 워런 등이다.

한국에서 국부라고 거론되는 사람들이 모두 완벽하지 않듯이 미국의 국부나 국모들도 완전하지는 않다. 그중에서 가장 유명한 워싱턴만 하더라도 독립군 총사령관으로 독립전쟁을 승리로 이끌고, 1787년 대륙회의에 버지니아주 대표이자 제헌회의 의장으로 헌법 제정을 주도하고, 처음이자 마지막의 만장일치로 초대 대통령이자 세계 최초의 대통령이 되어 선정을 베풀었고, 3선 출마를 거부하고 고향으로 돌아갔지만, 수백 명의 노예를 거느린 탓으로 최근의 흑인 민권운동에서는 그 동상이 페인트 테러를 당하기도 했고, 정치적으로는 민주주의자라기보다도 연방주의자였다.

2대 대통령인 연방주의자 존 애덤스는 노예제에 반대하고 노예를 소유하지 않았지만, 정치적으로는 그보다 3대 대통령을 지낸 공화주의자 토머스 제퍼슨이 더 유명하다. 특히 시민의 자유, 정교분리, 엄격한 헌법 해석을 지지하고 소수의견의 존중, 종교·언론·출판 자유의 확립 등에 주력하였다. 제퍼슨은 과도한 중앙집권을 싫어하는 공화주의자로서 작은 정부를 지향하였으며 연방주의를 반대하고, 도시의 산업 경제보다 농촌 경제가 미국의 특성을 더 잘 보호할 수 있다고 믿었다. 그러나 인간의 권리를 백인 부르주아나 중산층 이상의 계급에 한정했고, 흑인 노예와의 사이에서 사생아를 두었으며, 200여 명의 노예를 가진 농장주이기도 했다.

수정헌법 제1조 표현의 자유

　1790년 연방헌법이 발효된 후, 1791년에 추가로 비준된 수정헌법 제1~10조[18]는 '권리장전'(Bill of Rights)이라고 불리며, 인권과 관련된 조항들을 담고 있다. 그러나 미국에서는 한국 헌법에서와 같은 '기본적 인권'이라는 개념보다 '개인의 권리', '시민적 권리', '시민적 자유'라는 표현이 더 자주 사용된다. 이러한 권리는 연방헌법이 연방정부의 권한을 제한하기 위해 제정한 것이므로, 연방정부가 이를 침해해서는 안 되며, 더 나아가 각 주 정부 역시 이를 침해할 수 없다. 그러나 누구에 의해서든 침해당해서는 안 되는 보편적 권리로 인식되지 않는다는 점에서 한국 헌법과 차이가 있다. 또한, 미국에는 선거권이나 인종 평등과 같은 시민적 권리가 개인(사인)에 의해 침해될 경우 이를 보호하는 법률이 존재하지만, 이는 헌법이 직접 보장하는 것이 아니라 개별 법률에 의해 보호된다는 점에서도 한국 헌법과 차이를 보인다.

　수정헌법 제1조는 특정 종교를 국교로 정하거나(국교 금지조항), 자유로운 종교 활동을 방해하거나, 언론의 자유를 막거나, 출판의 자유를 침해하거나, 평화로운 집회의 자유를 방해하거나, 정부에 대한 탄원의 권리를 막는 어떠한 법 제정도 금지하는 내용으로서, 앞에서 본 마그나카르타 제1조와는 상반되는 정교분리를 위시하여 근대적 헌법의 효시를 이루는 내용이었다.

　제1조는 표현의 자유를 규정하지만, 처음부터 표현의 자유를 두

텁게 보장하지는 못했다. 그 내용에 대해서도 처음부터 논란이 있었다. 당시 영국에서 국왕에 의한 출판 검열이 주된 표현 억압 수단이었고, 헌법 기초자들이 의존한 영국 법학자 윌리엄 블랙스톤(William Blackstone, 1723~1780)이 표현의 자유를 검열 금지로 이해한 점을 고려하면, 적어도 검열의 금지를 의미했음이 분명하지만, 그 밖의 내용에 대해서는 의견이 갈린다. 가령 당시 영국에서 검열 외에 선동적인 문서를 명예훼손으로 처벌하는 것을 아메리카 사람들은 비판했기에 수정헌법 제1조에는 그런 처벌의 금지도 포함된다고 보는 주장이 있었으나, 이에 대한 반론도 있었다. 그 뒤로 미국에서 표현의 자유를 둘러싸고 수많은 대법원 판례와 정치적 논쟁 및 학설 등이 그야말로 산더미처럼 쌓여왔다. 미국도 한국처럼 과거에 국가 비판 운동을 하는 사람을 처벌하거나 공산당을 해체하기도 했다. 하지만 대법원을 중심으로 사법기관에서 표현의 자유를 보호하는 판례들이 나오면서 본격적으로 보호받기 시작했다.

그 내용을 간단히 살펴보면 언론·출판의 자유를 제한하는 입법을 제정할 수 없도록 명문으로 금지하고 있고, 연방대법원은 국가의 표현의 자유 규제로부터 시민을 보호하기 위해 다양한 심사 기준, 특히 '명백하고 현존하는 위험의 원칙'을 수립했다. 이는 물리적이거나 외부적인 해악이 발생한다는 명백하고 현존하는 위험이 있을 때만 그 표현을 규제할 수 있다는 원리이다. 즉 일반적인 공공의 불편, 짜증, 그리고 불안을 훨씬 뛰어넘는 심각하고 실질적인 해악을 초래할 '명백하고 현존하는 위험'이 있는 경우가 아닌 이상 검열과 처벌로부터 보호돼야 한다는 것이다. 또한 '사전 억제 금지의 원칙'을 수립했다.

미국에는 혐오 표현 자체를 규제하는 법은 없지만 분야별로 규제하는 법은 있다. 가령 민권법 7장에는 차별금지법의 일환으로 차별적 표현인 성희롱을 규제한다. 그리고 혐오가 폭력이나 차별로 이어질 경우 '일관성' 있고 '명확하게' 제한한다.

수정헌법 제1조에는 집회의 자유에 대해서는 명기한 반면, 결사의 자유에 대해서는 명기하고 있지 않지만, 그것이 헌법 제1조에 의해 보호받는다고 보는 점에는 이의가 없다. 그리고 시위는 상징적 발언으로 수정헌법 1조가 보호하는 표현의 자유에 해당한다고 본다.

국가 종교 수립의 금지와 종교의 자유

종교적 탄압을 피하여 아메리카에 건너온 식민지 사람들에게 종교의 자유는 중요한 권리였다. 그러나 식민지 중에서도 국교를 정하고 종교적 탄압을 하는 곳도 적지 않았다. 버지니아주에서도 1776년의 권리선언에서 종교의 자유가 규정되었으나, 매디슨 등이 국교에 반대하여 종교의 자유법을 제정한 것은 1785년에 와서야 가능했다. 연방헌법 제6조 3항은 공직자에게 종교적 자격을 요구하는 것을 금지했지만, 정교분리까지 명확히 규정하지는 않았다. 그러나 수정헌법 제1조는 연방의회가 국교 수립을 초래하는 법률을 제정하는 것을 금지하고, 동시에 종교의 자유를 제한하는 법률의 제정도 금지했다. 이에 대해 "종교의 자유를 보장하면서도 국교를 인정하지 않는 것이 다소 의아하다."(차병직, 159)고 보는 견해도 있으나, 이는 논란의 여지가 있다. 현재도 종교의 자유 보장과 국교 수립 금지조항은 수정헌법 제14조에 의해 각 주에 적용되고 있다.

이처럼 연방헌법 조항과 수정헌법 조항의 차이로 인해 미묘한 긴장이 발생한다. 후자의 국교 수립 금지조항은 보통 '교회와 국가의 분리'로 이해되지만, 연방대법원은 그것을 국교 수립만을 금지하거나 종교단체와 정부와의 연결만을 금지한 것으로 보지 않는다. 즉 연방이나 주에 의한 교회 설립의 금지만이 아니라, 특정 종교나 모든 종교에 대한 보조나 특정 종교만을 우선하는 것의 금지, 교회에 가거나 가지 않고, 종교를 믿거나 믿지 않는 것을 고백하도록 강제하거나 그것에 영향을 주는 것의 금지, 종교를 믿거나 믿지 않거나 또는 그것을 고백한 것의 금지, 교회에 출석하거나 출석하지 않았다는 이유로 제재하는 것의 금지, 종교적 활동이나 제도를 지원하기 위해 조세를 징수하는 것의 금지, 연방이나 주가 종교 조직이나 단체에 관여하거나 관여하지 않는 것의 금지를 인정한다.

이와 관련하여 종교단체가 설립한 사립학교 학생의 통학 비용을 정부가 보조하는 것이 국교 수립 금지조항에 위배되는가 하는 문제가 다투어졌다. 이에 대해 연방대법원은 1947년, 주가 특정한 교의를 가르치는 제도를 지지하기 위해 공금을 지출해서는 안 되지만, 종교를 이유로 한 복지입법 은혜 부여의 거부는 허용될 수 없다고 판시했다. 1968년에는 종교단체 학교 학생에 대한 교과서의 무상 대여도 합헌으로 인정되었다. 그러나 1973년에는 교사 급료의 일부 지원, 교과서 및 교재 비용의 지원, 교사의 시험 출제 비용의 지원, 학교의 유지 수선 비용의 지원 등을 위헌이라고 보기도 했다. 이러한 위헌결정은 한국에서 행해지는 종교 계통 사립학교에 대한 각종 지원 정책에 대한 시사점을 던져준다. 그러나 대통령 취임 선서를 비롯한 중요 공직 행사에서 성경을 사용하고 기독교적 언어를 사용하는 것은 표현의 자유라는 차원에서 합헌으로 인정되었다.

평등권과 재산권

독립을 추구한 식민지인들은 당연히 자유와 평등을 추구했다. 그러나 독립선언에서 말한 '모든 사람'에는 노예가 포함되지 않았다. 연방헌법에도 수정헌법에도 평등권은 규정되지 않았고, 도리어 연방헌법에는 노예를 전제로 한 규정이 있다. 노예제를 금지한 것은 남북전쟁 후 수정헌법 제13조에 의해 노예제가 금지된 수정

제14조가 제정됨으로써 가능했다.[19] 수정 14조의 목적은 흑인이 미국 시민이 아니라고 판시한 1857년 연방대법원 판결을 부정하고 권리 보호법의 합헌성을 확정함과 동시에 의회가 그것을 철회하지 못하게 하는 데 있었다. 제14조 1항은 다음과 같다.

미국에서 태어나거나, 귀화한 자와 그 관할권에 속하게 된 사람 모두 연방과 그가 거주하는 주의 시민이다. 어떤 주도 미국 시민의 특권 또는 면제를 제한하는 법률을 만들거나 집행해서는 안 된다. 또한 어떤 주도 법의 적정 절차 없이 개인의 생명, 자유 또는 재산을 빼앗아서는 안 되며, 그 관할권 범위에서 개인에 관한 법의 평등한 보호를 부정해서는 안 된다.

한편 미국 헌법에는 재산권을 보장하는 명문 조항이 없고, 재산권은 수정헌법 제5조의 수용 조항이나 연방헌법 제10조의 계약 조항에 의해 간접적으로 보호될 뿐이다.

건국 직후에도 연방정부의 권한은 연방은행을 둘러싸고 치열하게 논의되었으나, 그것을 설립하는 것으로 끝났다. 또한 위헌법률심사제가 논의되었으나, 역시 연방대법원이 위헌법률심사를 하는 것으로 끝났다. 대법원은 연방의 권한을 강화하는 데 주력한 반면, 개인의 권리는 거의 다루지 않았다. 19세기에 가장 중요한 헌법상 문제는 노예제였다. 헌법을 제정할 당시, '노예'라는 단어를 직접 사용하지 않으면서도 몇 가지 조항을 통해 노예제를 사실상 인정했기 때문이다. 제1조 2항에서 하원의원 의석을 배분할 때 흑인을 백인의 5분의 3으로 하고, 제4조에는 도망간 노예에 대한 규정을 포함시켰으며, 제1조 9항에서는 노예 수입을 일정 기간 허용한다고 밝혔다. 남부에서는 노예를 인간이 아닌 소유자의 재산으로 간주했으나 노예 해방운동이 점차 활발해지면서 논란이 커졌다. 특히 1857년 드레드 스콧 판결(Dred Scott Decision)에서 노예제 금지를 위헌으로 판단한 것이 계기가 되어, 1861년 남북전쟁이 발발했다. 그러나 1865년 북부가 승리하면서 수정헌법 제13조를 통해 노예제가 공식적으로 폐지되었으며, 드레드 스콧 판결도 무효화되었다. 또한, 수정헌법 제15조에서는 인종을 이유로 투표권을 박탈하는 것을 금지했다.

그러나 19세기 말에서 20세기 초까지 연방대법원은 사회·경제 관련 입법을 '계약의 자유'를 침해하는 위헌으로 판단하며 보수적인 입장을 유지했다. 1938년 이후, 법원이 경제 문제에 대한 개입을 줄이는 방향으로 전환하면서 '헌법 혁명'이라 불리는 변화를 맞이했다. 또한, 1950년대 이후에는 표현의 자유를 보호하고 인종적 소수자를 보호하는 판결을 내리며 보다 진보적인 방향으로 나아갔다.

미국 헌법은 이상적인가?

나는 1989~1990년 사이에 1년 반 동안 미국 하버드 로스쿨에서 인권법을 연구하고, 미국과 한국의 인권법을 비교하며 양국의 인권법을 비판하는 연구 결과를 발표했는데, 그곳에 온 미국인들이나 한국인들이 미국법 비판에 놀라던 모습을 지금도 생생하게 기억한다. 한국법에 문제가 많다는 것은 상식으로 알고 있지만, 미국법은 그렇지 않으리라고 생각했다며 놀라워했다. 심지어 미국 헌법은 세계 여러 나라 헌법의 모델이고, 한국도 그렇지 않느냐고 질문한 미국인 교수도 있었다.[20] 나아가 특히 양국의 국내법은 물론 국제인권법에 대한 양국의 소극적 태도를 비판한 것에 대해서도 놀라워했다. 그날 청중들은 대부분 하버드 로스쿨 사람들로, 그들 수준이 그 정도였으니 미국인 일반의 수준은 충분히 짐작되고도 남는다. 사실 미국에 대해서는 인권법만이 아니라 그 무엇이든 최고로 이상적이라고 생각하는 것이 한국인들의 일반적인 상식이다. 미국에서 공부한 전문가들도 예외가 아니다.

가령 『미국 헌법의 탄생』이라는 책에는 "미국 헌법의 제정자들은 국민이 주인이 되는 헌법을 만들면서 권력 분점을 통한 조화 메커니즘 등 인류의 다양한 지혜를 현실 정치 속에서 구현하기 위해 노력했다."고 하면서 "미국 헌법은 무엇보다도 자유와 권리를 보호하기 위해 제정되었다. 반면, 지금껏 우리 헌법은 통치를 위한 헌법이었다."라고 말한 뒤 "만약 개헌을 한다면, 그것은 그야말로 우리 헌법의 본질적 성격을 혁신하는 개헌이어야 한다."고 하는 주장이 나온다.(조지형, 6~7)

위 책에서는 "미국 헌법을 통해 세계사에서 최초로 국민이 국가의 주인이 되는 인민주권의 헌정 원리가 명실상부하게 실현되었으며, 자유주의와 공화주의 그리고 민주주의 원칙을 근간으로 한 통치 체제가 출현했다. 또한 미국 헌법을 통해 현실 정치에서 권력분립, 법치주의, 견제와 균형 등 여러 헌정 원리가 실현되었다."라고 하는 반면, "우리는 한번도 '개인의 자유와 권리를 어떻게 보장할 것인가'라는 관점에서 헌법을 제정한 적이 없다."고 하며 "대통령에게 책임을 물을 수 있게 바꾸어야 한다."고 주장한다.(조지형, 29, 32~33)

위 책은 미국 헌법은 이상적인 헌법이지만 한국 헌법은 비이상적인 헌법이라고 본다. 무슨 이유로? 미국 헌법은 우리 헌법이 이상으로 삼은 대통령제 헌법이다. 그러나 두 헌법의 대통령제에는 근본적으로 다른 점이 많다. 특히 미국은 연방제 국가인 반면, 한국은 비연방제 국가로, 미국의 50개 주는 각각 헌법, 민법, 형법 등 한국의 법체계와 같은 것을 독자적으로 가진다. 반면 미연방에는 민법이나 형법이 없고, 헌법도 연방 차원의 것만을 규정한다. 특히 미국 연방의 행정권을 규정하는 연방헌법 제2조는 대통령과 부통령에 대해서만 규정하지만, 한국 헌법에는 행정부 규정에 대통령과 내각이 상세하게 규정된다. 따라서 근본적으로 비교가 불가능하다.

그런데 『미국 헌법과 민주주의』에서 로버트 달은 "2백여 년 전에 상당수가 노예 소유주인 55명이 작성하고 39명만 서명하고, 13개 중에서 2천 명도 안 되는 적은 수의 사람들이 투표해 채택한 문서에 우리는 왜 오늘날까지 얽매여 있어야 하는가?"(달, 13), 그리고 "미국 헌법이 대다수 미국인이 생각하는 것만큼 좋다면, 왜 다른 민주주의 국가들은 미국 헌법을 모방하지 않았을까?"(달, 14)라고 묻는다. 나 또한 묻는다. 왜 우리까지?

아래에서 보듯이 미국 헌법을 만든 사람들은 민주주의에 대해 지극히 소극적이었다. 미국 헌법 체제는 "바로 민주주의에 제동을 건다는 명분으로 건설되었"고, 당시의 유력한 정치인이 말하듯이 민주주의란 "가장 질이 낮은 사람들의 정부"로 매도되었다.(킨, 385) 헌법 제정자들은 '국민'을 칭송했지만, 그것은 자신들의 엘리트 의식을 숨기기 위한 것이었다.(킨, 387) 미국 헌법의 아버지들은 민주주의를 무식한 자들의 통치라고 하면서 경멸하고, 지혜로운 자들만이 헌법을 비롯한 통치의 근본을 결정할 수 있다고 생각했다. 인민은 어린아이와 같아서 항상 절제시켜야 하고, 특히 국가 건설 사업에서는 배제해야 한다고 보았다. 헌법 제정자들은 대부분 노예 소유자이고 엘리트주의자였다. 그들은 "대부분의 평민과 비교해서 옷을 더 잘 입고 더 좋은 교육을 받았으며 더 좋은 음식을 먹고 또 키까지 더 커서" 사람들의 대변자가 되기에 부족함이 없다고 생각했다.(킨, 392) 킨의 말을 더 들어보자.

그들이 만든 미국 헌법은 '우리 국민은'(We the people)이라는 유명한 문구로 시작되지만, 이 헌법에 들어 있는 거의 모든 사항은 그 '국민'에게 제한을 가하고, 그 국민이 지니고 있다고 여겨지는 '천재성'이나 지혜를 가두어 두기 위해 마련되었다. '우리 국민은'이라는 표현은 사실 '국민에 의해 선출된 뛰어난 대표자들인 우리는'이라는 의미였다. 국민은 엄격한 통치가 필요한 존재로 인식되었다. 대부분의 필라델피아 혁명가들은 플라톤이 썼던 표현을 사용하면서 국민을 배척했다. 국민은 너무 무지하기 때문에 자신들에게 이로운 것을 추구할 수 없는 존재로 여겨졌다. 자신들의 대통령을 선출한 권리를 그들에게 주는 것은 마치 '색맹에게 색채 검사를 하는 것'과 마찬가지라고 조지 메이슨은 말했다.(킨, 388)

위 번역문에서 국민이라고 한 것은 people, 즉 '인민'이라고 번역할 수 있는 말의 번역임을 주의해야 한다. 헌법 제정 이전의 사람들을 가리키는 것이니 국민보다는 인민이 더 정확한 말일 수 있다. 여하튼 지금 한국에서도 입만 열면 '국민'을 섬긴다고 떠들면서도 내심으로는 국민이란 개돼지 같은 존재라고 보는 보수세력이나 공무원들이 있는 것처럼, 약 250년 전의 미국 헌법 제정자들을 비롯한 통치 계급도 마찬가지였다. 미국만이 아니라 전 세계의 지배자들이 국민을 과거는 물론 지금도 대체로 그렇게 본다. 특히 미국 헌법 제정자들은 '인민'이라는 미명하에 협의한 소수의 엘리트들로서 철저한 비밀 상태에서 회의를 열었는데, 이는 국가 건설 사업에 대중은 참여할 수 없다고 생각했기 때문이었다.

여기서 민주주의와 공화주의라는 말의 차이를 분명하게 밝혀두자. 우리 헌법 제1조가 말하는 '민주공화국'이라는 말은 민주주의와 공화주의를 함께 받드는 나라인 것처럼 보이는데, 그것을 영어로 표기할 때는 republic, 즉 공화국이라고 한다. 반면 북한을 영어로 표기할 때는 democratic republic, 즉 '민주공화국'이라고 한다. 이는 북한의 정식 이름인 '조선인민공화국'의 '인민공화국'의 번역이지만, '인민'과 '민주'라는 말이 다르다고 할 수 없다. 그러나 상식의 차원에서는 '인민공화국'은 공산주의이고, '민주공화국'이란 민주주의라고 구별된다. 마치 '인민'과 '민주'라는 말이 그런 구별을 가능하게 하는 것처럼 말이다. 그러나 두 가지 말의 차이는 거의 없다. '인민'은 '사람들'이고, '민주'는 '민이 주'라는 뜻이지만, 서로 다르지 않다. 그러나 '민주'란 '민이 주'가 아니라 '민의 주', 즉 '백성의 주인'을 뜻하고 그것이 바로 군주로 이해된 적도 있었다. 그런 군주가 지금도 자신을 '백성의 주인'이라고 생각하는 독재자다.

'공화'라는 말도 상식적으로는 '민주'와 같이 이해된다. 과거에는 지금과 달리 republic을 민주, democracy를 공화라고 번역하기도 했다. 지금도 대한민국이나 중화민국이라고 할 때의 '민국'이 republic을 뜻하는데, 그것은 '민주국'이라는 말의 준말이다. 그러나 미국에서 republic과 democracy는 두 개의 정당 이름으로, 공화당은 Republican Party, 민주당은 Democratic Party라고 한다. 두 정당의 차이에 대해서는 여러 가지 논의가 가능하지만, 대체로 민주당은 진보, 공화당은 보수라고 한다. 한국과 달리 미국의 양당은 그 이름이나 정강이 오랫동안 유지되어 왔지만, 진보와 보수라는 차이는 유사하다. 그런데 미국의 건국 초기에 공화파와 민주파는 엘리트파와 비엘리트파라는 정도의 구별이 있었다.

공화라는 한자어는 '共和'로서 '여러 사람이 함께함' 혹은 '모두 함께 조화롭게 어울림' 정도의 뜻이다. 그런데 그 어원인 라틴어 res publica는 '인민의 공공사무'라는 뜻인 만큼 한자로 '公共'으로 번역하는 것이 옳았을 수도 있겠다. 그래서 공화주의로 번역되는 Republicanism은 개인주의적 자유주의 혹은 소유적 개인주의에 대비되는 개념으로, 개인이 사적으로 누려야 할 권리의 확보보다는 시민(혹은 공민)으로서 갖추어야 할 덕(德)의 고양을 더 강조하는 이념을 말하지만, 그 내용은 주창자들에 따라 상당한 차이를 보인다. 오늘날의 대표적인 공화주의자들은 공동체주의자들이다. 그러나 이러한 이념이 우리 헌법에서 말하는 '공화'를 의미한다고 보기는 어렵다.

한국 헌법이 미국 헌법보다 낫다?

적어도 문서로서의 헌법은 미국 것보다 한국 것이 훨씬 훌륭하다. 가령 헌법이든, 민주주의이든, 인권이든 기본적인 가치인 자유와 평등에 관련하여 미국 헌법은 아예 평등 조항을 갖고 있지 않다. 미국의 제헌헌법은 흑인을 물건처럼 소유하는 것을 인정했고, 흑인 해방을 외치는 북군이 남북전쟁에서 이긴 뒤에야 헌법상 흑인을 인간으로 인정했다. 한국에서는 제헌헌법이 평등권을 보장함에 의해 모든 인간이 평등하게 되었으나, 미국에서는 전쟁을 치른 뒤에 승리한 쪽의 주장에 의해 인간이 평등하게 되었다. 만일 전쟁에서 남군이 이겼다면 지금도 미국에는 흑인들 대다수가 노예로 살고 있을지도 모른다. 그렇다고 해도 지금 미국의 흑인들 처지와 크게 다르지 않았을 것이라고 보는 극단적인 주장도 없지 않지만, 그런 가정 자체가 무의미하니 더 이상 거론하지 않겠다.

『미국 헌법의 탄생』을 보면, 미국 헌법에서는 삼권분립 원리에 의해 의회가 입법권을 갖고 대통령은 입법권을 전혀 갖지 않는 데 반해, 한국 헌법에서는 대통령이 법률안 제출권을 가지므로 독재라고 주장한다.(조지형, 15) 그러나 미국에서도 간접적으로 그리고 실질적으로 대통령과 행정부가 입법에 상당히 관여하는 소위 '중심 입법자'(chief legislator)로 입법과정에 중심적 역할을 하고 있다. 이는 미국만이 아니라 범세계적인 현상이다. 따라서 한국 헌법에서 대통령이 법률안 제출권을 갖는다고 해서 독재라고 할 수는 없다. 대한민국 사람 누구도 상식이 있다면 그렇게 주장하지는 않는다. 한국의 어떤 독재 권력도 그런 헌법 조항 때문에 생기는 것이 아니다. 한국의 어떤 독재자든 법률안 제출권 때문에 독재자로 비난받지 않는다.

우리 헌법도 중간에 몇 독재자들이 자기들의 독재적 통치를 위해 국회 해산권 같은 것을 집어넣어 개악하기도 했지만, 헌법은 처음부터 자유와 권리를 보호하려고 만든 것이다. 현행 헌법도 그렇다. 따라서 '본질적 성격을 혁신하는 개헌' 같은 것은 필요하지 않다. 그것이 법률안 제출권 유무라면 더더욱 그렇다. 특히 미국 헌법을 본받을 필요는 전혀 없다. 『미국 헌법의 탄생』에서는 미국 헌법에 문제가 많지만, "오늘날 미국은 사회경제적 번영과 세계적인 패권국 지위를 누리고 있다. 인치가 아니라 법치가 가능하게 하고, 소수의 뛰어난 영웅이 아니라 좋은 체제를 제대로 작동하게 한 미국 헌법은 성공 신화, 아메리칸드림을 만들어낸 세계적인 제국, 미국의 근간이었다."라고 하며 그래서 많은 나라가 미국 헌법을 존경한다고 한다.(조지형, 20) 미국의 '번영'과 '패권'이 헌법 덕분인지 아닌지는 잘 모르겠다. 특히 미국이 헌법 때문에 '좋은 체제'이고 '세계적인 제국'인지도 모르겠고, 많은 나라가 정말 미국 헌법을 존경하는지도 모르겠다. 나는 미국이 세계 제국인 점이 도리어 세계를 불행하게 한다고 생각하고, 그래서 최근 세계 제국이 아니게 된 것을 다행으로 생각하는데, 다시금 트럼프와 같은 미치광이가 미국 대통령이 되어 '미국 세계 최고'를 외치기에 걱정이다. 트럼프가 법치를 하는지 인치를 하는지도 잘 모르겠지만, 독재자인 것은 분명하다. 그가 독재를 하는 데 미국 헌법이 기여하는지, 아니면 방해하는지도 잘 모르겠지만, 헌법이 독재에 크게 영향을 주지 못하는 것이 아닌지 모르겠다. 모든 나라의 헌법과 마찬가지로 미국의 헌법도 완벽하지 않고, 다른 나라의 헌법과 마찬가지로 정치적 산물로서 헌법은 정치에 의해 변한다.

미국 헌법은 민주주의가 아니다?

미국 헌법에는 한국 헌법 제1조에서 규정된 국민주권이나 민주주의를 명기하는 규정이 없다. 하지만 정부 정책이 다수 국민의 의사에 근거해야 하고, 민주주의가 헌법의 기본원칙이라는 점을 부정하는 견해도 없다. 독립선언에서 권력의 정당성은 피치자의 동의에 근거한다고 선언했고, 헌법 전문에서 헌법 제정자가 인민임을 명시했다. 그러나 헌법 기초자들은 미국이 공화국이지 민주국은 아니라는 점을 강조했다. 그들은 민주주의를 인민에 의한 직접 통치라고 생각하고, 그것은 통치자를 인민의 감정에 지배당하게 하기에 부당하다고 보았다. 당시 기초자들은 대부분 유산자 계급으로 지주와 소상인들의 이익을 옹호했고, 주에 의한 급진적 입법을 막고자 연방의 권한을 강화하고 의회의 권한을 약화시키고자 했다. 또한 헌법 제정이 급속하게 이루어지고 그 절차도 비밀리에 행해져서 민주적이었다고 보기 어렵다. 그럼에도 헌법 제정은 당시 기준으로는 민주적으로 제정되었고, 그 뒤 계속적으로 민주주의가 추구되었음을 부정할 수는 없다.

이론적으로도 민주정은 대표정이고, 대표자는 인민의 감정에 지배되지 않고 독자적으로 인민의 이익을 추구한다는 주장에 의해 연방헌법은 대의제 민주주의라는 원칙이 확립되었다. 그것이 미국 헌법 제1조라고 할 수 있다. 즉 통치의 기본적인 정책 결정 기관인 의회의 하원의원을 인민이 선출하고, 대통령도 간접적이기는 하지만 인민이 선출한다. 그리고 이어 상원도 처음에는 각주의 의회에서 선출하다가 인민에 의해 선출되는 것으로 바뀌었고, 선거권의 범위도 확대되었다. 그러나 50개의 주에서 각각 2명의 상원의원을 뽑는 상원의 존재가 보여주듯이 미국은 완전한 다수자 지배주의를 취한다고 보기 어렵고, 법원의 위헌법률심사에 의해서도 다수자의 의사는 제한된다고 볼 수 있다.

헌법 제1조는 입법권을 의회에 주면서, 제2조에서는 집행권을 대통령에게, 제3조에서는 사법권을 법원에 두는 권력분립의 원칙을 규정한다. 그러나 그것은 엄격한 권력분립이 아니라, 견제와 균형에 의하는 것이다.

유럽 최초의 헌법은 폴란드 헌법

1787년에 제정된 미국의 헌법에 이어 세계에서 두 번째로 제정된 성문헌법이자 유럽 최초의 성문헌법은 프랑스 헌법이라는 주장이 있으나, 이는 사실이 아니다. 프랑스 헌법보다 4개월 먼저인 1791년 5월 3일에 제정된 폴란드-리투아니아 헌법이 세계 두 번째이자 유럽 최초의 헌법이다.

지금도 폴란드는 유럽의 곡창지대로 유명하지만, 16세기에는 농업으로 최대의 번성기를 보냈고, 대농장주인 귀족들이 국왕을 선출하는 귀족 공화정을 실시했다. 이후 귀족들의 세력은 더욱 커졌고 잦은 전쟁으로 인해 국력이 쇠퇴했음에도 18세기 초까지 폴란드-리투아니아를 지배한 것은 대귀족들이었다. 대귀족들의 특권을 제거하기 위한 개혁으로 1791년 헌법이 제정되었다.

폴란드 헌법 제1조는 로마 가톨릭 신앙을 '주요 종교'로 인정했지만, 모든 종교에 대한 관용과 자유를 보장하고, 삼권분립과 법치주의 원칙을 명시했다. 그리고 국왕에게는 입법권을 부여하지 않았으며, 의회를 대표하는 총리가 관장하는 '왕실 평의회'(현재의 내각)가 행정을 담당하게 했다. 따라서 입헌군주제와 의원내각제의 융합이라고 할 수 있었다. 명목상 국군의 최고 사령관은 국왕이지만, 대법원장이 의회의 대표자인 총리인 동시에 국군의 최고 직위인 대원수(헤트만) 직책을 겸했다. 현대의 기준에서 보아도 매우 선진적이고 완성도가 높은 민주공화국 헌법이었다.

사적 재산의 자유를 제한하고 공공복지를 강하게 내세웠던 헌법에 따라 자신들의 기득권을 잃을 것을 두려워했던 폴란드의 귀족들은 러시아와 결탁해서 타르고비차 연맹을 결성했고, '우리의 자유와 재산'을 지키기 위해 러시아군을 공화국으로 불러들였다. 당시 유럽 여러 나라에서도 그 헌법을 위험시하여 폴란드는 1792년 예카테리나 2세가 이끄는 러시아 제국의 공격을 받았고, 동맹이었던 프리드리히 빌헬름 2세의 프로이센에 배신당하며 패전하였다. 그 결과 1793년 제2차 폴란드 분할이 이루어져 폴란드의 영토 가운데 일부는 러시아 제국과 프로이센에 편입되었고, 헌법도 결국 1793년 11월에 의해 폐지되었다.

1919년부터 1939년까지의 폴란드 제2공화국에서는 3개의 헌법이 제정되었으나, 제2차 세계대전이 끝난 후, 폴란드는 소련 주도의 동구 공산권에 편입되었으며, 새롭게 세워진 폴란드 인민공화국은 바르샤바 조약기구의 주도국으로 참여하며 냉전을 더욱 심화하는 데 일조했다. 그러나 1980년대 말부터 공산주의가 균열의 조짐을 보이고, 냉전이 종결되자 결국 공산주의 정권도 무너지며 폴란드는 대통령제 민주공화국으로 새롭게 탄생하였다. 현행의 1997년 헌법 이전에는 폴란드 인민공화국 헌법이 있었고, 1992년부터 1997년까지는 1992년 소헌법에 의해 통치되었다. 1997년 헌법 제1조는 '폴란드 공화국은 모든 시민의 공동선을 추구한다.'는 것이다.

3장

프랑스 헌법
_혁명이 낳은 헌법의 질곡

프랑스의 파시즘과 민주주의

아무리 나쁜 사람이라고 해도 사람이 죽었다는 소식에 기뻐해서는 안 된다고들 한다. 그러나 이 책을 쓰는 동안인 2025년 1월 7일, 프랑스 파시즘의 상징적 인물인 장 마리 르 펜이 죽었다는 소식에 나는 기뻐했다. 프랑스 파시즘을 대표하는 '국민연합'(RN)의 전신인 '국민전선'(FN)을 창당했던 그는 현재 '국민연합'의 지도자이자 하원 원내대표인 마린 르 펜의 아버지다. 외국인 증오와 인종차별, 특히 이슬람 혐오와 반유대주의로 유명한 아버지 르 펜은 2002년 대선에서 17퍼센트의 지지율로 2위를 차지했다. 딸 르 펜도 2012년 대선에서 18퍼센트에 가까운 득표율을 보였고, 총선에서는 압도적인 지지율로 당선되었으며, 2014년 지방선거에서도 압승했다. 같은 해 유럽의회 선거에서는 25퍼센트의 득표율로 세상을 놀라게 했다. 2024년 6월에 유럽의회 선거에서 압승했으나 같은 해 11월 13일, 예산 횡령 혐의로 재판을 받게 되어 2027년 대선 출마가 어려워졌다는 뉴스도 반가운 소식이겠다.

전후 프랑스에서 파시즘이 부활한 원인 중 하나로 17년간 계속된 식민지전쟁의 실패를 꼽을 수 있다. 인도차이나 전쟁(1945~1954)과 알제리 전쟁(1954~1962) 이후 '청년국가'(JN) 운동이 반유대주의를 표방하며 테러 활동을 한 것을 비롯하여 다양한 파시즘 단체들이 준동했다. 특히 1968년 5월의 학생 봉기에 대한 대중의 반발, 그리고 알제리에서 송환된 이민들이 그런 준동을 자극했다.

프랑스인들은 자국에 파시즘이 존재한 적이 없다고 말하지만, 과거에도 있었고 현재에도 있다. 가령 나치가 프랑스를 점령했을 당시 수립된 비시 정부(Vichy Regime)는 단순한 괴뢰정권이 아니라 프랑스 내부의 파시즘 세력이 주도한 정권이었다. 또한 미테랑을 비롯한 프랑스의 여러 정치인이 파시즘에 협력했다는 주장도 제기된 바 있다. 그뿐 아니다. 1930년대에는 '불의 십자가단'(Croix de Feu)을 비롯한 수많은 파시스트 단체가 활동했다. 이들은 민주주의, 의회주의, 사회주의에 반대하며 극단적인 민족주의 이념에 사로잡혀 있었고, 회원 수만 해도 수백만 명에 달했다.

사실 나치가 지배한 프랑스에서 레지스탕스가 저항하여 프랑스를 해방시켰다는 이야기는 허구에 가깝다. 레지스탕스가 없었던 것은 아니지만, 그것만으로 프랑스가 해방된 것은 아니다. 마치 일제강점기에 우리 선조의 독립투쟁이 없었던 것은 아니지만, 독립투쟁이 일본군을 물리친 것이 아니라 연합군에 의해서 일본제국이 패망하였기에 독립한 것과 같은 이치다. 더 심각한 문제는 파시즘이 과거의 문제가 아니라 지금도 계속되고 있다는 점이다. 인종차별주의와 극단적인 내셔널리즘을 주장하는 르 펜의 '국민전선'을 비롯한 여러 파시즘 집단이 그 세력을 계속 강화해 나가고 있다.

한국에서는 프랑스가 민주주의 대명사로 알려져 있다. 흔히 근대 민주주의의 기초를 마련한 것으로 평가되는 1789년 프랑스혁명부터 시작하여 1968년 68운동 등을 다룬 책이나 영화, 게다가 프랑스에서 살았던 한국인들이 쓴 프랑스 관련 이야기들(가령 홍세화의 '톨레랑스'나 목수정의 '생활 좌파' 이야기 등)을 읽으면 열등감을 느낄 정도로 프랑스는 톨레랑스로 넘치고 좌파적 삶이 일상화되어 있는 듯이 보인다. 그러나 내가 아는 프랑스는 반드시 그렇지 않다. 프랑스는 영국 못지않은 식민지 침략의 만행을 저지른 나라이고, 빈부 격차도 심해서 상위 10퍼센트와 상위 1퍼센트가 각각 전체 자산의 60퍼센트, 25퍼센트를 소유할 정도다. 이러한 상황에서 르 펜 부녀 같은 파시스트가 등장한 것이다. 그 점에서 프랑스는 영국이나 미국, 또는 과거에 파시즘 국가였던 이탈리아나 미국과 같다. 물론 한국의 파시즘화도 빈부 갈등에서 비롯되었다.

프랑스 헌법 제1조

프랑스 헌법 제1조는 '공화국의 기본원리'를 다음과 같이 규정한다.

1항 프랑스는 불가분의, 비종교적, 민주적, 사회적 공화국이다. 프랑스는 출생, 인종, 종교에 따른 차별 없이 모든 시민이 법 앞에서 평등함을 보장한다. 프랑스는 모든 신념을 존중한다. 그 조직은 지방분권화된다.
2항 법률은 선거에 의해 선출된 의원직 및 공직, 그리고 직업적 및 사회적 요직에 대한 남녀의 평등한 접근을 촉진한다.[21]

제1조 1항은 분리의 불가능성, 세속성, 민주성, 사회성이라는 프랑스의 헌법 및 공화국의 네 가지 원리를 규정한 것이다. 첫째, 분리의 불가능성은 제3조 2항 '인민의 어떤 부분도, 어떤 개인도, 주권의 행사를 자기를 위해 독점할 수 없다.'는 것이고, 제3조 1항의 '국민(국가)의 주권은 인민에 속하고, 인민은 그 대표를 통하거나 국민투표의 방법으로 주권을 행사한다.'는 것을 뜻한다. 나아가 프랑스 본토와 해외 전역에서의 법과 권리 및 의무의 일관성, 그리고 국어가 단일 공용어인 프랑스어임을 뜻한다.
둘째, 공화국의 세속성이란 종교의 자유와 종교에 대한 국가의 중립, 모든 시민의 법 앞의 평등으로 나타난다.

셋째, 민주성은 기본적 자유와 평등, 선거의 보편성과 평등 및 비밀의 보장으로 나타난다.

넷째, 사회성은 인권선언에 의해 자유롭고 평등한 권리의 보장, 특히 가장 불우하고 취약한 계층에 대한 국가의 지원과 교육, 주택, 고용 및 건강 분야의 사회적 응집력을 장려하여 기회균등을 촉진하는 것이다.

제1조 2항은 공직에 대한 남녀평등 참여를 규정한 그 전 헌법 제3조 5항을 제1조로 이동하고 내용을 보충한 것으로, 정치 분야 이외의 사회경제적 영역에서도 남녀평등 참여를 규정한 것이다.

제1조는 제1장 '주권' 앞에 나오는 유일한 조문으로 '공화국의 기본원리' 조항이라는 특이한 위치를 차지한다. 제1장은 제2조(공화국의 언어, 국기, 국가(國歌), 표어, 원리), 제3조(국민주권과 선거), 제4조(정당 및 정치단체)로 구성되고, 제2장은 공화국 대통령(제5~19조), 제3장은 정부(제20~23조), 제4장은 국회(제24~33조), 제5장은 국회와 정부의 관계(제34~51조의2), 제6장은 조약 및 국제협정(제52~55조), 제7장은 헌법원(제58~63조), 제8장은 사법권(제64~68조), 제10장은 정부 구성원의 형사책임(제68조의 1~68조의 3), 제11장은 경제사회환경평의회(제69~71조), 제11장의 2는 권리옹호관(제71조의 1), 제12장은 지방공공단체(제72~75조의 1), 제13장은 뉴칼레도니아에 관한 경과규정(제76~77조), 제14장은 프랑스어권 및 제휴 협정(제87~88조), 제15장은 유럽연합(제88조의 1~88조의 7), 제16장은 개정(제89조) 조항이다. 그리고 1789년의 '인간 및 시민의

권리선언'과 2004년의 '환경 헌장'이 더해진다.

제1조가 '공화국의 기본원리'이지만, 거기에 제2조 4항의 '공화국의 표어는 자유, 평등, 우애로 한다.'와 동 5항의 '공화국의 원리는 인민의, 인민에 의한, 인민을 위한 정치이다.'를 더해 헌법의 기본원리로 보는 것이 일반적이다. 나아가 제3조 1항 '국민(국가)의 주권은 인민에 속하고, 인민은 그 대표를 통하거나 인민 투표의 방법으로 주권을 행사한다.' 2항 '인민의 어떤 부분도, 어떤 개인도, 주권의 행사를 자기를 위해 독점할 수 없다.'까지를 헌법의 기본원리로 볼 수 있다.

이상은 1958년 10월 4일 제정되고, 2013년 12월 13일에 최종 개정된 프랑스 제5공화국 헌법의 내용인데, 프랑스 헌법은 1791년의 헌법 이래 15회나 제정되었고, 그 마지막인 제5공화국 헌법은 2024년까지 25회 개정되었다.

영국과 프랑스의 헌법 비교

앞의 제1장에서 보았듯이 영국에는 성문헌법이 없지만, 프랑스에는 지금까지 5개 공화국의 헌법이 만들어졌고, 각 공화국의 헌법도 여러 차례 개정되었으며, 최초의 헌법 앞에도 헌법에 버금가는 인권선언이 있었다. 따라서 공화국의 횟수나 헌법의 횟수, 그리고 헌법 개정의 횟수는 그 어떤 나라의 경우보다 많다. 반면 영국에는 단 하나의 공화국도, 헌법도, 헌법 개정도 없었다는 점에서 프랑스와 매우 대조적으로 법률, 판례, 관습 등의 형태로 실질적인 의미의 헌법이 존재한다. 두 나라는 헌법뿐만이 아니라 법제도 전체에서 대조적이다. 영국에서는 법제도를 폐지하거나 단절하지 않고 근대적으로 재해석하면서 시대 변화에 적응하여 점진적으로 민주주의를 전개한 반면, 프랑스에서는 단절과 급진 속에서 공화제와 왕정과 황제정을 되풀이했다.

앞 제1장에서 보았듯이 영국 헌법의 특색인 헌법전의 결여, 의회주권, 법의 지배는 어느 것이나 기존 체제에 대한 혁명이 아니라 점진적인 개혁이고, 그것도 타협의 산물인데, 이를 부정적으로 보면 제대로 된 시민혁명이 존재하지 않은 것이라고 할 수 있다. 시민혁명의 부재라는 점은 뒤에서 보는 독일이나 일본, 한국을 비롯하여 소위 근대화가 늦은 나라의 일반적인 현상이지만, 그런 나라들과 영국을 비교할 수는 없다. 영국은 근대화가 가장 먼저 진행된 나라이기 때문이다.

프랑스와 영국은 그 외의 점에서도 매우 대조적인 나라다. 가령 영국과 프랑스 양국의 역사적인 가장 중요한 차이점으로 영국에는 국왕 제도가 아직도 유지되고 있지만, 프랑스에서는 1793년 루이 16세 부부를 기요틴으로 처형했다는 점을 들기도 한다. 그러나 프랑스보다 144년이나 더 빠른 1649년에 영국에서도 찰스 1세를 처형했다. 또한 제도적 차원에서 프랑스에서는 중앙정부에 소속되어 보수를 받는 관료 계급이 발달한 반면, 영국에서는 자발적으로 관리하는 지방제도가 성장했다고 비교하는 견해[22]가 있다.

풍물의 측면에서 비교하는 경우도 있다. 가령 프랑스를 여행한 사람이면 베르사유 등에서 기하학적으로 배치된 깎고 다듬고 쓸고 닦아 잘 관리되고 정돈된 정원을 보지만, 영국에서는 그런 정원을 볼 수 없다. 영국의 정원은 야생 그대로 자연 속에서 아름다움을 살리는 정원이다. 그러니 베르사유같이 웅장하고 화려한 궁전은 영국에 없다. 에펠탑처럼 거대한 상징물도 영국에는 없다. 이는 베르사유를 지은 태양왕이라는 별명의 루이 14로 상징되는 절대 왕정과 일찍부터 입헌군주제로 전환한 영국의 상대적으로 허약한 왕정의 차이로도 설명될 수 있다.

프랑스혁명과 인권선언

프랑스 헌법의 역사를 알기 위해 제5공화국 헌법 제1조 앞에 나오는 다음의 헌법 전문부터 읽어보자. 다음은 한국 법제처에서 번역한 것이다.

프랑스 국민은 1789년 인권선언에서 정의되고 1946년 헌법 전문에서 확인 및 보완된 인권과 국민주권의 원리, 그리고 2004년 환경헌장에 정의된 권리와 의무를 준수할 것을 엄숙히 선언한다.
프랑스 공화국은 위의 원리들과 각 국민의 자유로운 결정에 의거하여 공화국에 결합하려는 의사를 표명하는 여러 해외 영토에 대해 자유, 평등 및 우애의 보편적 이념에 기초하여 그들의 민주적 발전을 위해 구상된 여러 새로운 제도를 제공한다.

법제처에 의한 위 전문 번역에서 '국민'이란 peuple과 nationale을 구별하지 않고 번역한 것인데 이는 각각 '인민'과 '국민'으로 구분해 번역하고, 국민은 '국민주권'에서만 사용하고 나머지 '국민'이라는 번역어는 모두 '인민'으로 바꾸는 것이 옳다. 여하튼 위 전문을 보면 1789년 인권선언이 프랑스 헌법의 출발점임을 알 수 있다. 앞에서 보았듯이 영국에도 대헌장이나 권리청원 및 권리장전 같은 인권에 관련된 역사적인 문서들이 있었다. 그러나 인권선언을 비롯한 프랑스 헌법들이 만들어지는 과정은 영국의 경우와는 비교할 수 없을 정도로 혁명을 통해 다이나믹하게 전개된다. 그래서 대부분의 세계사 책에서는 영국이나 미국의 혁명에 비해 프랑스의 혁명이 상세하게 설명된다.

1788년 미국 헌법이 성립되고 1년 뒤인 1789년 7월 14일, 파리 사람들이 바스티유 감옥을 습격하고, 국왕의 군사 쿠데타를 저지하면서 프랑스혁명이 터졌다. 미국 혁명이나 헌법이 프랑스혁명에 직접적으로 영향을 주었다고는 할 수 없어도, 자유 의식을 고취한 점에서 간접적으로나마 영향을 주었음을 부정할 수는 없다.

당시 프랑스 사회는 절대 왕정이 지배한 앙시앵 레짐(구체제)하에 있었다. 18세기에 프랑스는 스페인 왕위 계승 전쟁(1701~1714),

미국 독립 전쟁(1775~1783)을 비롯한 여섯 차례의 전쟁을 치렀으나, 그것들이 프랑스의 국익에 도움이 되기는커녕 재정만 낭비하는 결과를 빚었다. 전쟁으로 인한 과세는 국민의 대부분(98퍼센트)인 노동자와 농민에게 커다란 부담이었으나, 귀족과 성직자들은 세금을 한 푼도 내지 않았다. 조선시대에 양반이 세금을 내지 않고 군역을 면제받은 것과 마찬가지였다. 경제를 살리기 위해 귀족과 성직자들에게도 과세하려고 하자 그들은 반발하고, 삼부회 소집을 요구했다. 귀족과 성직자 및 평민의 대표들이 참석하는 삼부회는 175년 만에 열렸으나 대표 선출 과정에서 평민들의 불만이 터져 나왔다.

1789년 4월부터 6월까지 베르사유에서 열린 삼부회가 교착 상태에 빠지자 평민 대표들은 국민의회를 조직했지만 국왕에 의해 베르사유 밖으로 쫓겨난다. 평민 대표들은 궁전 부근의 테니스코트에서 의회를 열고 헌법이 제정될 때까지 해산하지 않겠다고 선언했다. 왕은 개혁적 각료들을 해임하고 2만 명의 군인을 파리에 집결시켰다. 7월 14일, 절대군주제의 상징인 바스티유 감옥을 무장 평민들이 습격했다. 세 시간의 교전 끝에 83명이 사망한 뒤 감옥 문이 열렸다. 파리 시내 곳곳에 바리케이드가 세워졌고, 자치위원회의 주도로 새 시장이 선출되었으며, 민병대(국민군) 사령관으로 라파예트(Marquis de La Fayette, 1757~1834)가 임명되었다. 루이 16세는 군대를 철수하고 파리를 방문하여 사태를 진정시키려 했으나 혁명은 전국으로 확산되었다. 특히 소작민들이 총과 함께 낫,

쇠스랑 등 농기구를 들고 성을 약탈하고, 자신들을 얽매었던 문서를 불사르며, 영주와 지주들을 습격하여 '대공포' 사태가 벌어졌다. 그 결과 140년간 철옹성이었던 절대군주제가 4일 만에 붕괴되고, 혁명이 시작되었다.

제헌의회(국민의회)는 8월 4일 봉건제 폐지를 선언한 뒤, 8월 26일에는 인권선언을 발표하였다. 그것은 먼저 모든 정치적 결합(국가)의 목적은 인간의 자연적 권리를 보전하는 데 있다는 전제에 근거하여 자연적 권리(자유, 소유, 안전, 압정에 대한 저항)의 체계를 분명하게 밝혔다.(제2조) 이어 "자유란 타인을 해치지 않는 모든 일을 할 수 있는 것"(제4조)이라고 정의하고, 자유(정신적 자유권), 안전(신체적 자유권), 소유(경제적 자유권)에 대한 구체적 규정을 두었다. 정신적 자유권에 대해서는 종교상의 이슈를 포함하는 의견의 자유 및 표현의 자유(제10~11조), 안전에 대해서는 체포 및 구금의 법정절차주의, 죄형법정주의, 무죄추정주의(제7~9조)가 정해졌다.

또한 소유권에 대해서는 "소유는 불가침의 신성한 권리이므로 공적 필요성이 명백하게 인정되고, 적법한 절차를 거쳐 정당한 보상이 사전에 이루어진 경우에만 제한될 수 있다."(제17조)라고 규정하고 있다. 이는 부르주아적 소유의 신성함과 불가침성을 확립한 점에서 부르주아 헌법의 인권 원리의 핵심이 된다. 그러나 1789년 8월 4~11일의 봉건제 폐기선언 제2조와 제4조에서도 마찬가지로 규정되어 봉건적 재산도 보장의 대상이 된 점에서 반봉건 혁명

인간과 시민의 권리 선언

의 한계를 보여주었다.

　인권선언에는 이상의 자연적 권리와 별개로 시민의 권리가 규정되었다. 즉 시민의 입법참가권, 평등한 공직취임권(제6조), 조세결정권(제14조), 공무원에 대한 보고청구권(제15조) 등의 정치적 권리들이다. 특히 제6조에는 "법은 일반의사의 표명이다. 모든 시민은 스스로 또는 그 대표를 통하여 그 제정에 참여하는 권리를 갖는다."고 하여 시민의 입법참가권을 보장한다. 제16조에서는 권력분립의 원칙과 관련하여 중요하게 평가되고 있는 조항이 있다. 즉, "권리의 보장이 확보되어 있지 않고, 권력의 분립이 규정되어 있지 아니한 모든 사회는 헌법을 가지고 있지 아니하다."라는 규정이다.

　그런데 인권선언의 인간에서 여성은 제외되었고, 여성의 참정권은 20세기 중엽까지 인정받지 못했다. 이는 혁명기에는 무시되었던 유대인이나 식민지 노예의 권리가 19세기 중엽에 인정된 것보다 훨씬 더 늦은 것이었다.

1791년 헌법과 절대군주제 폐지

　인권선언 발표 후 제헌회의는 헌법 제정을 서둘렀다. 그러나 루이 16세는 봉건제 폐지와 인권선언의 재가를 거부하며 군대를 베르사유로 이동시켰다. 그 뒤 베르사유에서 혁명의 상징인 삼색기를 외국군이 훼손하는 사건이 터졌다. 이에 분노한 파리 시민들, 특히 빵값 폭등으로 분노한 7천여 명의 여성들이 시청에 모여 '빵을 달라!'고 외치며 베르사유 궁전을 향해 행진하였다. 이에 루이 16세는 인권선언을 재가하였으나, 여성들은 다음 날 궁전에 난입하여 국왕의 파리 귀환을 요구했고, 국왕 일가는 군중들과 함께 파리로 갔다. 그 후 루이 16세는 입헌군주로서의 역할만 하게 되었고, 국민회의가 정국을 주도하였다. 그러나 1791년 6월 파리를 탈출한 루이 16세 일가가 체포되어 파리로 압송되자 의회는 왕권을 중지시켰으나, 국왕 폐위와 재판을 요구하는 시위대를 국민방위대가 무자비하게 진압하여 수십 명이 사망하는 학살 사건이 발생했다. 1791년 9월 3일, 제한 선거와 입헌군주제를 골자로 한 새로운 헌법(1791년 프랑스 헌법)이 공포되었다.

　인권선언 제3조는 권력의 원천이 군주가 아니라 국민에게 있다고 선언했다. 이를 광의의 국민주권 원리라고 할 수 있다. 그러나 국민 중에서 누가 어느 정도로 주권을 행사하는가에 대해서는 명확하게 규정되지 않았다. 인권선언 제6조가 장 자크 루소(Jean-Jacques Rousseau, 1712~1778)의 영향으로 모든 시민의 입법참가권을 규정했기 때문에 국민주권 원리를 루소가 주장한 협의의 '인민주권'으로 볼 수도 있었다. 그러나 인권선언이 채택된 이후 열린 제헌의회에서는 부르주아 남성(능동 시민)만이 참여할 수 있는 제한선거제가 논의되었고, 결국 1791년 헌법에서 공식적으로 채택되었다. 당시 프랑스 인구는 약 2,600만 명이었으며, 성년 남성 700

만 명 중 능동 시민으로 인정된 사람은 약 430만 명이었다. 그러나 간접선거제로 인해 실제로 투표권을 행사할 수 있는 '선거인'은 불과 4만 명에 불과했다.

제헌헌법은 "주권은 단일하고, 불가분이며, 불가양으로 시효에 의해 소멸하지 않는다. 주권은 국민에게 속한다."고 규정하여 국민주권 원리를 선언하고, "모든 권력은 국민에게서만 나온다. 그 국민은 위임에 의해서만 그것을 행사할 수 있다. 프랑스 헌법은 대표제를 취한다."고 하여 국민대표제를 채택했다. 그리고 인권선언 제16조에 근거하여 입법, 행정, 사법의 삼권이 분립하는 통치기구를 완성했다.

이처럼 제헌헌법에서는 국가권력인 주권이 모든 국적 보유자인 국민에 속한다는 협의의 국민주권 원리를 채택했다. 따라서 국민 자체는 본래 의사결정 능력이 없고, 주권의 행사는 의사결정 능력을 갖는 대표에게 위임되게 되었다. 그 결과 주권의 귀속 주체와 행사 주체가 분리되어 국민주권 원리와 대표제가 결합되었다. 그리고 국민대표는 '명령적 위임의 금지'에 의해 국민의 의사에서 독립하여 행동할 수 있고, 국민대표와 국민 사이의 '강제적이고 명령적인 위임 관계'는 부정되어 이른바 순수대표제가 확립되었다.

제헌헌법으로 프랑스는 입헌군주국이 되고, 왕권신수설을 버린 국왕은 '국가 대표'의 지위에서 세비를 받는 하나의 관료로 규정되었다. 입법의회는 일원제로, 745명의 의원으로 구성되며, 임기는 2년으로 한다고 규정되었다. 제헌헌법의 내용은 혁명파와 반혁명파의 타협이 낳은 것이며, 혁명의 혼란 종식이 목적인 헌법이라고 할 수 있었다. 이 헌법에 의해 첫 번째 선거가 실시되었다. 선거를 통해 절대군주제가 폐지되고, 의회주의와 입헌군주제가 채택되어 새로운 의회인 입법의회가 구성되었다. 입법의회에는 중도파가 340석, 입헌군주제를 지키려는 온건파가 240석, 공화제를 주장하는 자코뱅파가 130석을 차지했다. 그때 온건파인 지롱드파는 우측, 급진파인 자코뱅파는 좌측에 앉아 각각 우파, 좌파라고 부르는 관행이 생기게 되었다.

제1공화국 헌법과 나폴레옹의 등장

1791년 헌법은 소득 기준에 따라 선거권을 제한했으며, 이에 따라 프랑스 국민 대다수를 차지하던 농민과 빈민은 정치에서 배제되었다. 이로 인해 불만이 쌓였고, 결국 1792년 8월 10일 이들은 루이 16세가 거주하던 튈르리 궁전을 습격하여 왕을 체포했다. 이로써 자산을 가진 사람들에게만 선거권을 부여했던 1791년 헌법은 사실상 무효화되었고, 이를 기반으로 구성된 입법의회 역시 해산되었다. 이후 1792년 9월, 프랑스 역사상 최초로 모든 성인 남성에게 선거권이 주어지면서 국민공회(National Convention)가 탄생했다. 국민공회는 루이 16세를 처형하고, 새로운 헌법을 기초하기 시작했으며, 1793년 6월 24일 새로운 헌법이 제정되었다. 헌법 초안 공모에는 300여 개의 초안이 제출되었는데, 특히 지롱드파의 콩도르세(Condorcet)와 자코뱅파의 로베스피에르(Robespierre)의 초안이 주목받았다. 그러나 지롱드파가 정치적으로 축출된 후, 로베스피에르의 초안이 최종적으로 채택되어 새로운 헌법으로 확정되었다.

1792년 9월 국민공회 설립부터 1804년 5월까지를 제1공화국이라고 한다. 1792년 9월 25일, 공화국이 "통합적, 불가분적"으로 선언되었다. 그리고 새 헌법의 정식 명칭은 '공화력 1년 헌법'이지만 1793년 헌법은 태양력의 호칭으로, '자코뱅 헌법' 또는 '몽타뉴 헌법'이라고 불린다(몽타뉴는 산악파를 의미한다). 최초로 인민투표에 의해 성립하고 "자유의 제4년, 평등의 원년"이라고 불린 혁명 상황을 반영한 급진적이고 민주적인 헌법이었다. 헌법의 처음에 명기한 인권선언에서는 모든 권리의 근본으로 평등권을 규정하고, 사회보장권과 같은 현대적 사회권을 규정했다.

1791년 프랑스 헌법과 다른 큰 특징으로 '인민주권' 원리를 들 수 있다. 그것을 단적으로 나타내는 것이 "주권은 인민에 속한다."(인권선언 제25조), "주권자인 국민은 프랑스 시민의 총체이다."(헌법 제7조) 등인데, 이로써 시민 스스로 주권을 행사할 수 있게 되고, 21세 이상 남자의 보통선거권이 인정되었으며, 일정 조건을 충족하는 외국인은 참정권을 갖게 되었다. 또 의회가 채택한 법안을 두고 올바른 절차에 따라 시민들이 반대하는 경우, 유권자의 집회를 개최하여 직접 심의를 진행한다는 직접민주주의 조항도 채택되었다. 민주주의적 권력이 집중되는 원리로 입법부가 집행위원회(정부)를 선출하는 것도 주목받았다. 이 헌법은 인민투표에 의한 압도적인 지지로 통과되었지만, 혁명의 강화를 이유로 결국 실시되지는 않았다. 그러나 뒤에 20세기 사회주의 헌법과 수정자본주의 헌법의 제정 시에 중요한 참고 자료가 되었다.

1793년부터 1794년까지 로베스피에르가 주도한 공포정치는 1794년 '테르미도르의 쿠데타'로 종결되었다. 이후 혁명의 혼란을 수습하고자 온건 공화국 체제를 구축하려 했으나, 정부는 네오 자코뱅과 왕당파 사이에서 흔들리며 안정을 찾지 못했다. 이러한 반동적 상황 속에서 1795년 '공화력 3년 헌법'이 제정되어 이원적 총재 정부가 성립되었다. 이 헌법의 인권선언에는 시민의 의무가 포함되었지만, 1793년 헌법에서 규정했던 사회권과 저항권 조항은 삭제되었다. 또한, 주권의 주체를 '시민의 총체'라고 명시했으나, 조세 요건을 시민 자격의 기준으로 삼아 제한선거제와 간접선거제가 부활하면서 다시 1791년 헌법 체제로 회귀하게 되었다. 1795년 헌법은 프랑스 최초의 공화국 헌법으로 철저한 삼권분립을 채택하여 극단적인 분권 구조를 형성했으나 매우 비효율적이었다. 특히 행정부와 입법부 간의 대립이 극심했다. 이에 총재 정부는 스스로를 방어하기 위해 쿠데타를 일으켜 선거를 무효화할 필요가 있는 상황에 이르게 되었다.

결국 나폴레옹 보나파르트의 '브뤼메르 18일'의 쿠데타에 의해 총재 정부는 붕괴되고, 이 헌법을 대신한 새로운 '공화력 8년 헌법'(1799년 프랑스 헌법)이 제정되어 통령정부가 성립되었다. 이어 1804년 인민투표에 의해 나폴레옹이 황제로 취임했다. 그리고 1814년 왕정복고에 의해 군주제의 흠정헌법인 1814년 헌장이 제정되었고, 1815년의 나폴레옹 백일천하 때는 황제헌법전 부가법이 제정되었으나, 나폴레옹 퇴위 후 루이 18세기 즉위한 뒤 1814년 헌장이 부활했다. 이처럼 군주제-공화제-황제제라는 패턴은 혁명기 이후 세 차례나 반복되었다.

제2공화국 헌법과 사회주의 운동

프랑스 제2공화국은 1848년 2월부터 루이 나폴레옹 보나파르트가 황제 즉위를 선언한 1852년 12월까지 이어진 프랑스의 공화국을 말한다. 그것이 성립하기 전 1830년 7월혁명으로 루이 필립이 국왕이 되고, 국왕과 국민 사이의 협약헌법인 1830년 헌법이 성립했다. 7월왕정이라고 하는 입헌군주제 시기에는 내각이 국왕과 의회 양자의 신임을 필요로 하는 이원적 의원내각제가 성립했다. 또한 7월왕정 후반부터 보통선거권 요구 운동을 배경으로 사회주의가 나타났다.

그 결과 1848년 2월혁명으로 프랑스 제2공화국이 성립되었다. 같은 해 11월 제정된 제2공화국 헌법에서는 무상 초등교육과 노동권을 포함한 인권선언과 함께, 보통선거로 선출된 대통령과 단원제(일원제) 의회가 규정되었다. 그러나 12월 대통령에 당선된 루이 나폴레옹 보나파르트는 재선이 금지된 헌법 조항에 반발하여 1851년 12월 쿠데타를 일으켰다. 이후 인민투표를 통해 나폴레옹 3세로 즉위하면서 다시 황제제를 부활시켰고, 그의 통치는 1875년까지 이어졌다. 소농층을 기반으로 한 제2제정기는 자본주의의 황금기로 평가되었으나, 1870년 보불전쟁에서 패배하면서 제국은 몰락했다. 이어 1871년 파리코뮌(Paris Commune)이 발발하여 노동자 대표들이 인민주권과 명령적 위임제를 위해 투쟁했으나, 결국 정부군에 의해 탄압되었다. 사회주의와 인민주권주의를 결합하려 했던 파리코뮌은 실패로 끝났으며, 이후 제3공화국이 성립되었다.

제3공화국 헌법과 의회중심주의의 확립

제2제국이 전복된 후 수립된 프랑스 제3공화국은 1875년 제정된 세 개의 헌법적 법률에 의해 성립되었으며, 1940년까지 존속했다. 공화제의 기반이 약했던 초기에는 불안정했으나 점차 안정되었고, 1884년에는 공화정 체제를 개정할 수 없도록 명문화되었다. 주권자의 선거를 통해 선출된 의회는 민의를 반영하는 민주적 정통성을 갖춘 기관으로 중시되었으나, 명령적 위임이 금지됨으로써 주권자보다 우위에 있는 기관으로 인정되었다. 또한, 대통령의 의회해산권이 사실상 정지되면서 의회는 행정부에 대해 우위를 점하게 되었다. 나아가, 법률이 일반 의사의 표현으로 간주되어 위헌법률심사제가 인정되지 않았으며, 이는 단순히 사법권뿐만 아니라 재판기관에 대해서도 의회의 우위를 확립하는 결과를 낳았다. 이러한 흐름 속에서 의회 중심주의가 확립되었다.

이 시기에 인권선언도 황금기를 맞이하여, 공적 자유라는 실정적인 여러 권리가 법률을 통해 보장되었다. 그러나 제1차 세계대전 이후 정치적 불안정이 심화되었고, 특히 1929년 세계 대공황 이후 공화제의 기반도 약화했다. 1936년에는 인민전선 내각이 수립되었으나, 제2차 세계대전에서 프랑스가 독일에 패배한 후, 1940년 페탱 내각이 비시 체제를 수립하면서 제3공화국 헌법은 65년 만에 막을 내렸다.

직접적 의사결정 절차를 도입한 제4공화국 헌법

1940년 6월, 샤를 드골(Charles de Gaulle)은 런던에서 자유 프랑스 위원회를 조직하고, 대독(對獨) 항쟁 지속을 주장했다. 이후 1944년 8월 25일, 파리가 연합군에 의해 수복된 후, 그는 14개월간 (1944~1946) 임시정부의 대통령으로 프랑스를 통치했다. 1945년 11월 성립된 제헌제정국민의회에서 드골은 강력한 대통령 중심제 헌법을 주장했으나, 의회에서 받아들여지지 않자 1946년 1월 사임했다. 드골은 제3공화국의 정치적 불안정이 1940년 패배를 초래했다고 보고 강력한 정부 체제를 요구했지만, 비시 정부에 대한 부정적 여론과 레지스탕스 활동으로 국민의 지지를 받은 공산당의 반대로 그의 제안은 거부되었다. 공산당은 프랑스대혁명(1789)의 공화주의 전통을 계승해야 한다고 주장하며 드골의 강한 정부 구상에 반대했다.

그 결과, 제헌의회는 변화된 사회적 현실을 반영한 인권선언, 단원제(일원제) 의회, 집행권의 종속 등을 특징으로 하는 1946년 4월 19일 헌법 초안을 제정하여 국민투표에 부쳤으나, 공산당에 대한 반감 등으로 부결되었다. 이에 따라 일부 수정을 가하고, 인권선언을 포함한 하원 우위의 양원제 의회 구조를 도입한 새로운 헌법이 제2차 헌법제정국민의회에서 채택되었다. 이 헌법이 바로 프랑스 제4공화국(1946~1958)의 헌법이다.

프랑스 제4공화국의 최초 헌법 초안은 1946년 5월 국민투표에서 부결되었으며, 이후 10월 국민투표를 통해 새 초안이 확정되었다. 제3공화국은 1930년대에 여러 위기를 겪었음에도 불구하고, 1875년부터 이어진 의원내각제 기반의 공화정 체제가 나름의 안정성을 인정받았다. 이에 따라 제4공화국에서도 의원내각제 체제가 유지되었다. 제4공화국 헌법은 전문에서 "프랑스는 사회적 공화국이다."라고 명시하며, 다양한 사회권을 보장했다. 그리고 제3조에서 "국민의 주권은 인민에게 속한다."고 규정하여 인민주권 원칙을 표방하면서, 헌법 개정에 인민의 직접적인 의사결정 절차를 도입했다.

제4공화국은 전후 복구를 추진하면서 사회보장 제도를 확립하고, 북대서양조약기구(NATO)와 유럽 공동체(European Community)에 가입함으로써 프랑스를 서방 동맹에 편입시켰다. 그러나 안정적인 집권 세력 구축에는 실패했다. 확실한 다수당이 존재하지 않았기 때문에 온건파들이 연정을 통해 내각을 유지했으나, 정치적 합의를 이루는 데 어려움이 많아 내각 교체가 빈번했다. 그럼에도 불구하고 제4공화국 체제 자체는 유지되었다. 하지만, 제국주의 시대가 종말을 맞이하던 1954년, 프랑스군이 인도차이나 전쟁에서 패배하면서 우익 세력들의 불만이 고조되었다. 같은 해 발발한 알제리 독립전쟁이 정치적 위기를 심화시키며, 결국 프랑스는 제5공화국 체제로 이행하게 되었다.

현행 제5공화국 헌법의 특징

1958년 10월 4일 현재의 헌법이 제정되면서 프랑스는 제5공화국이 되었다. 제5공화국 헌법의 가장 큰 특징은 대통령의 강력한 행정권이다.[23] 제5공화국 헌법을 '대통령제에 기운, 의원내각제와 대통령제의 중간 형태'라고 하는 이유다. 대통령의 임기는 처음에는 7년이었으나 2000년 개헌으로 5년으로 단축되었다. 대통령은 수상과 장관을 임명 및 해임할 수 있으며, 내각을 주재하고 의회를 해산할 수 있다. 다만 의회에 대해 직접적인 책임을 지지는 않는다(의회에 대한 책임은 수상이 지고, 의회의 불신임에 의해 파면된다). 나아가 국군을 통수하고, 비상사태조치권을 발동하며, 일정한 법률안을 인민투표에 부의하는 등 막강한 권한을 갖는다. 국민이 선출하는 대통령은 2008년 개헌을 통해 3선이 금지되었으며, 이에 따라 최대 임기는 10년(5년×2회)이 되었다.

두 번째 특징은 행정의 이원제이다. 행정권이 우위인 통치 구조 속에서, 행정권을 대통령과 수상이 담당하므로 대통령과 수상 및 의회 다수파가 각각 상이한 당파에 속하면 헌정에 중대한 장애가 올 수 있고, 실제로 그런 적이 많았다.

세 번째 특징은 인민주권 원칙에 따라 인민투표를 도입하여 일정 부분 직접민주주의를 실현한 점이다. 1995년 헌법 개정을 통해 인민투표의 범위와 대통령의 권한이 확대되었으나 이에 대한 비판도 제기되었다. 대통령이 인민투표를 활용하여 독재적 권한을 강화하는 플레비시트(독재자에 대한 신임투표)로 기능할 위험성이 있다는 지적이다. 역사적으로 나폴레옹 1세와 3세가 이를 이용한 전례가 있기에 경계할 필요가 있다는 것이다. 이러한 비판을 반영하여 2008년 헌법 개정에서 대통령의 인민투표 발안권 독점을 폐지했다. 개정된 제도에 따르면, 국회의원 5분의 1과 유권자의 10분의 1이 지지할 경우, 인민 발안에 의해 인민투표에 회부할 수 있도록 변경되었다. 이를 통해 인민투표가 특정 지도자의 권력 강화를 위한 수단이 되는 것을 방지하고, 국민의 직접적인 정치참여 기회를 확대하는 방향으로 제도가 보완되었다.

네 번째 특징은 인권 보장 규정의 미비이다. 1958년 헌법은 전문에서 1789년 인권선언을 통해 보장된 자유, 소유, 안전, 저항의 권리와, 1946년 헌법 전문에 규정된 사회권을 존중한다고 명시했다. 그러나 이러한 전문(前文) 규정만으로는 인권 보장이 충분하다고 보기 어렵다는 한계가 있다. 한편, 기존에 대통령 등 통치권력에 대한 심사를 위해 설치된 헌법위원회가 1970년대 이후부터 인권 보장 기관으로 기능하며, 헌법적 인권 보호의 역할을 수행해 왔다.

1971년 이전에는 행정권이나 사법권이 법의 일반원칙을 준수하여야 했지만 입법권에는 별다른 제약이 없었다. 선출되지 않은 법관이나 다른 임명직 공무원이 국민으로부터 선출된 의원으로 구성된 의회에서 의결한 법률을 무효화시킬 수 없다고 여겨졌다. 1971년 헌법원은 헌법 전문에 명시된 인권선언이 천명한 원칙을 위반하는 법률에 대해 위헌결정을 선고하였다. 당시에는 이것이 사법 쿠데타로 여겨졌으나 이 결정은 현재의 헌법원에 의한 위헌심사의 기반이 되었다.

제헌헌법 이후 프랑스에서는 군주제와 공화제 등이 번갈아들어서면서 지금까지 총 16번의 헌법 제정이 있었고, 현행 헌법은 제정 후 지금까지 총 25번 개정되었는데, 개정 회수가 240년 역사의 미국 헌법과 거의 비슷한 수준이다. 2024년 3월의 25차 개정에 의해 프랑스는 낙태권을 보장하는 유일한 국가가 되었다.

프랑스 헌법이 한국 헌법에 미친 영향

프랑스 헌법은 한국의 유신헌법 제정에 영향을 주었다. 박정희는 1968년 '3선 개헌'을 하고 1969년 말 헌법학자 한태연에게 '드골 헌법'으로 불리는 프랑스 제5공화국 헌법에 규정된 긴급조치권과 간접선거 방법에 관해 자문한 바 있고, 그 후 실무진들을 프랑스, 스페인, 대만에 보내 대통령의 통치권 사례를 연구시켰다. 그리고 1971년 4월부터 1972년 10월 사이에 유신헌법을 준비한 개헌작업팀이 모델로 고려한 것은 핀란드의 이원 집정부제, 대만의 계엄령과 일당독재, 프랑스 드골 헌법의 긴급조치권이었다. 대만의 국민투표제는 통일주체국민회의 모델이 되었다. 그리고 주인도네시아 대사는 수하르토의 국회의원 임명제에 관한 보고서를 올렸는데, 이는 유정회의 모델이 되었다.

1972년 5월 이후락 중앙정보부장의 평양 방문 직후 중앙정보부, 법무부, 청와대가 주도하여 8월에 기본적인 개헌 작업이 완료되었다. 1795년 프랑스 헌법부터 시작하여 프랑스 헌법의 특징이 된 이원집정부제는 뒤에서 보듯이 독일의 바이마르 헌법을 거쳐 한국의 제헌헌법에서부터 현재의 1987년 헌법까지 통치구조의 형성에 가장 깊은 영향을 주었다. 대통령과 국무총리가 존재하는 이원집정부제와 대통령 중심의 집행부 체제는 1948년의 제헌헌법 이후 지금까지 4·19 이후의 짧았던 제2공화국의 의원내각제 시기를 제외한 74년간 기본적으로 유지되어 왔기 때문이다. 그러나 한국 헌법의 정부 형태를 이원집정부제로 보는 견해는, 외국에서는 볼 수 있어도 한국에서는 보기 어렵다. 한국에서는 기본적으로는 대통령제이되 내각책임제를 가미한 것으로 보는 견해가 일반적이다.

핀란드 헌법 제1조

핀란드 헌법 제1조는 '헌법'을 다음과 같이 규정한다.

> 핀란드는 주권공화국이다.
> 핀란드의 헌법은 이 헌법 행위에 의해 제정되었다. 헌법은 인간 존엄성과 개인의 자유와 권리의 불가침성을 보장하고 사회에서 정의를 증진한다.
> 핀란드는 평화와 인권 보호 및 사회 발전을 위한 국제 협력에 참여한다. 핀란드는 유럽연합의 회원국이다.

제2조는 '민주주의와 법치주의'를 다음과 같이 규정한다.

> 핀란드의 국가 권력은 의회가 대표하는 국민에게 있다.
> 민주주의는 개인이 사회 발전과 생활 조건에 참여하고 영향을 미칠 수 있는 권리를 수반한다.
> 공권력의 행사는 법률에 근거해야 한다. 모든 공적 활동에서 법률은 엄격히 준수되어야 한다.

이하 제3조 '의회제와 권력'을 비롯하여 분립 핀란드 헌법은 정부 구조와 조직을 정의하고, 핀란드 시민의 기본권을 보장한다. 핀란드는 1917년 러시아에서 독립을 선언한 후, 1919년 최초의 헌법을 제정했다. 당시 헌법은 이원정부제하에서 대통령이 의회해산권 등 강력한 권한을 갖고 총리의 권한을 압도했지만, 2000년 헌법에서는 대통령의 권한을 줄이고 의회와 총리의 권력을 강화하여 강한 대통령에서 대통령과 총리의 균형적 관계로 변화하였고, 현재 점점 더 의원내각제에 가까워지고 있는 단계를 거치며 헌정 현실의 변화를 경험하고 있다.

2011년 개정된 현행 헌법에서 국민이 선출하는 대통령과 의회의 신임을 받는 총리가 권력을 분점한다. 대통령의 임기는 6년으로 국민 직선을 통해서 선출되며, 1회에 한해서 연임이 가능하다(헌법 제54조). 대통령은 총리지명권, 대외명령권, 조기 총선 실시 명령권, 법률안제안권과 환부권(헌법 제58조)[24], 고위공직자 임명권, 국군통수권, 특별사면권(일반 사면권은 의회의 권한) 등을 갖는다. 총리는 의회에서 선출하고 유럽의회에서 정부를 대표하며 대통령 직무대행권 등을 갖는다. 헌법재판소는 설치되어 있지 않고, 최고법원인 대법원에서 헌법재판 기능을 수행하고 있다. 헌법위원회는 핀란드 의회 산하 위원회로, 헌법과 헌법과 관련된 문제를 다룬다.

오스트리아 연방헌법 제1조

제1차 세계대전이 끝난 뒤 1919년 제정된 오스트리아 연방헌법 제

1조는 "오스트리아는 민주공화국이다. 그 권력은 국민으로부터 나온다."고 하여 한국 헌법 제1조와 유사하다. 한스 켈젠의 초안을 근거로 1920년에 제정된 오스트리아 연방헌법은 여러 차례의 개정 이후 이원정부제를 형성했는데, 대통령이 국민에 의해 직선투표와 결선투표로 선출되고, 연임은 가능하지만 3선은 금지된다. 명예직과 비슷한 독일에 비해서는 대통령의 권한이 더 강한 편인데, 독일 대통령은 정당 간 의견 조율 권한만 있는 반면 오스트리아 대통령은 국군통수권과 거부권도 행사할 수는 있으나, 실질적 권한은 약한 편이고 의례적인 존재에 불과하다. 입헌군주제에서 왕의 역할을 선출된 대통령이 하는 정도로 통상적으로는 대통령의 권한 행사가 총리를 비롯한 내각의 동의나 승인을 받아야 하므로 상당한 제약을 받는다. 대통령은 법안에 대한 거부권이 없다. 정부 수반은 총리이고, 총리가 국정을 제대로 수행하지 못하여 국민의 신임을 잃었을 경우, 대통령령이나 국민의회에서의 불신임 결의로 총리가 물러나게 할 수 있다.

의회는 양원제를 채택하고 있는데, 하원에 해당하는 국민의회(Nationalrat)는 183석으로 구성되며 16세 이상의 오스트리아 국민이라면 국민의원들을 선출할 수 있다. 권역별 비례대표제를 채택하고 있으며, 행정구역에 따라 39개의 선거구로 나누어 선거구마다 인구비례로 1석에서 4석까지를 선출한다.

오스트리아는 삼권분립에 기초하여 양원제로 이루어진 입법부, 총리를 필두로 하는 행정부와 함께 사법부가 상당한 권력을 가지고 있다. 특히 1919년 세계에서 두 번째로(체코슬로바키아와 거의 동시에) 헌법재판소에 의한 사법심사가 인정되었다. 헌법재판소는 의회에서 통과된 법률의 합헌성, 연방 장관 및 기타 행정 기관의 규정의 합법성, 그리고 마지막으로 하급 행정법원의 판결을 통한 개인의 헌법적 권리 침해 혐의를 조사하고, 연방과 회원국 간의 분쟁, 다른 법원 간의 경계 분쟁, 연방 대통령의 탄핵을 재판하는 점에서 한국 헌법재판소와 유사하다.

4장

스페인 헌법
_프랑코 파시즘과 민주주의

스페인의 파시즘과 민주주의

파시즘은 주로 독일과 이탈리아의 1930년대를 중심으로 논의되지만, 두 나라 이상으로 심각한 파시즘의 나라는 스페인이었다. 독일의 히틀러는 12년간(1933~1945), 이탈리아의 무솔리니는 21년간(1922~1943) 집권했지만, 스페인의 프랑코는 39년간(1936~1975) 집권했다. 1975년 프랑코의 죽음은 1979년 박정희의 죽음과 비교되기도 하는데, 39년을 지배한 프랑코에 비하면 박정희는 그 반도 안 되는 18년 만에 끝났다. 프랑코나 박정희에 대한 이런저런 국내외의 평가가 있지만, 둘 다 공과가 있다는 것이 중평이다. 요컨대 경제를 발전시킨 공이 있으나[25], 독재라는 과오를 범했다는 식이다. 그러나 이러한 평가에는 문제가 있다. 정확하게 말하자면 '독재를 했기에 경제가 발전되었다.'고 해야 하기 때문이다. 여하튼 스페인에서는 프랑코 죽음 후 바로 민주화가 이루어져 현행 1978년 헌법이 제정되었으나, 한국에서는 박정희 사후 다시 전두환 군사 정권이 독재를 했고, 그 후에야 노태우 정권에 의해 1987년 헌법이 제정되었다. 이것이 스페인과 한국의 차이이다.

그러나 지금도 스페인에는 파시즘이 부활하고 있다. 2013년에 생긴 극우의 '복스'(Vox) 당은 2019년 총선에서 10퍼센트 이상을 득표하여 24명의 하원의원을 당선시켰고 같은 유럽의회에도 진출했다. 카탈루냐와 바스크의 독립에 반대하며 강력한 중앙집권을 주장하는 점에서 프랑코를 연상시키는 복스 당은 보호무역주의와 이민 반대 및 동성애자 인권 거부를 주장한다.

스페인 헌법 제1조와 프랑코 파시즘

스페인 헌법의 제1조는 다음과 같다.

1항 스페인은 사회적, 민주적 법치국가이며, 법질서의 최고 가치는 자유, 정의, 평등 및 정치적 다원주의이다.
2항 주권은 스페인 국민에게 있고, 국가의 모든 권력은 국민으로부터 나온다.
3항 스페인 국가의 정부 형태는 의회군주제로 한다.

1, 2항을 보면 민주공화국인데, 3항에서는 '의회군주제'라고 한다. 이를 입헌군주제라고도 한다. 위 제1조의 정신을 알 수 있는 헌법의 전문은 다음과 같다.

스페인은 정의, 자유 및 안전의 확립과 스페인을 구성하는 모든 자의 행복의 촉진을 도모하고, 그 주권을 행사하며, 다음에 대하여 그 의지를 선언한다. 헌법과 법률 내에서 공정한 경제적·사회적 질서에 따라 민주적 공동생활을 보장한다. 인민의 의지의 표현으로서의 법의 지배를 보장하는 법치국가를 공고히 한다.
모든 스페인 국민과 민족의 인권, 문화, 전통, 언어 및 제도의 행사를 보호한다.
모두를 위한 인간다운 생활을 보장하기 위하여 문화 및 경제 발전을 촉진한다.
선진화된 민주사회를 확립한다.
세계의 모든 민족 간의 평화적인 관계 및 효과적인 협력 강화에 이바지한다.
이에 따라 의회는 다음의 헌법을 승인하며 스페인 인민은 이를 비준한다.

20세기 유럽에서 스페인은 1978년 마지막으로 민주주의 국가가 된 나라로 평가받는다. 1975년, 독재자 프란시스코 프랑코가 사망한 후 총선을 통해 선출된 스페인 의회가 헌법 초안을 작성하고 승인하는 절차를 진행했으며, 결국 3년 만인 1978년 새로운 민주헌법이 제정되었다.

1978년 제정된 스페인 헌법은 스페인 역사에서 일당이 아니라 여러 정당의 타협으로 제정된 최초의 헌법이었다. 헌법 제정에 따라 프랑코 정권의 모든 기본법률(즉, 프랑코 체제의 헌법)뿐만 아니라 다른 주요 역사적 법률과 새 헌법에 모순되는 모든 기존 법률을 폐지했는데, 이 점도 한국과 다르다. 또한 1978년의 스페인 헌법은 1987년 한국 헌법 제정 시 참조된 사례 중 하나였다. 특히 헌법 제9조의 '인간의 존엄과 가치' 조항은 스페인 헌법 제10조 1항과 일본 헌법의 영향을 받은 것이라고 문홍주는 회고한 바 있다.[26]

스페인의 코르테스 민주주의

서양에서 스페인은 1978년 마지막으로 민주주의 헌법을 제정했지만, 역사적으로 의회민주주의는 12세기 스페인에서 처음 시작되었다. 이는 13세기에 시작된 영국보다 1세기나 빠르고, 프랑스 대혁명(1789)보다 약 600년 이상 앞선 것이었다. 따라서 의회제도가 영국인이 세계에 최초로 선물한 최고의 민주주의 정치제도라는 19세기 이래 영국인의 주장은 과장된 것이라고 볼 수 있다. 그러나 스페인인들은 영국인들과 달리 자기들이 서양 최초로 의회제도를 만들었다고 주장하지 않는다.[27] 이는 혹시 의회제도의 기원이 이슬람의 영향을 받아 형성되었기 때문 아닐까?

　7세기부터 이슬람은 스페인을 포함한 지중해 연안의 여러 지역을 지배했고, 9세기에는 이탈리아까지 점령하여 기독교인들의 공포는 더욱 커졌다. 1188년 스페인 왕은 이슬람에 맞서 전쟁을 수행하기 위해 귀족과 주교와 시민으로 구성되는 최초의 의회인 코르테스(Cortes)를 소집했다. 영국의 마그나카르타가 나온 1215년보다 27년 앞선 일이었다. 최초의 코르테스에서 왕은 전쟁과 관련된 문제를 논의하기 위해 귀족, 주교, 시민 등 '훌륭한 사람들'과 협의하고 조언을 받겠다고 약속했으며, 귀족과 주교들도 왕을 위해 노력하겠다고 약속했다. 참석자들은 주거와 재산의 안전, 사법절차의 준수, 법률 존중 등의 원칙에 합의하였으며, 코르테스를 지속적으

마드리드에 있는 1978년 헌법 기념비

로 운영할 것을 약속했다.

코르테스의 소집과 합의 과정은 이해관계가 다른 사람들 사이의 정치적 타협이 민주주의라는 진실을 알려주었다. 신분이 다른 사람들이 서로 공정하게 경쟁한다고 약속했기에 설령 이해관계가 충돌한다고 해도 절대로 무력에 호소하지 않고, 정치적 타협에 이를 수 있다고 하는 신념의 표출이었다. 이는 아테네 사람들이 민주주의란 단일한 배경과 감각을 가진 사람들 사이에서만 가능하다고 주장했던 바를 뒤집은 것이기도 했다.

그 뒤로 코르테스 제도는 영국을 비롯한 유럽 여러 나라에 영향을 미쳤으며, 일부 국가에서는 17세기 혹은 18세기 초까지 유사한 형태로 존속했다. 그러나 스페인에서는 절대주의 체제가 등장하면서 코르테스의 영향력이 대폭 축소되거나 사라졌다. 다만, 당시의 의회제도는 오늘날의 민주주의와는 개념적으로 차이가 있으며, 현대적 의미의 민주주의로 볼 수는 없다는 점에 주의할 필요가 있다.

스페인은 1812년에 최초로 헌법을 제정했다. 당시 이베리아 반도 전쟁으로 혼란에 빠졌던 스페인은 의회(코르테스)를 카디스로 이전했으며, 나폴레옹 전쟁의 영향 아래 자유주의 세력이 득세하여 헌법을 제정했다. 이 헌법은 카디스 헌법이라 불리며, 군주의 권한을 제한하는 입헌군주제를 기반으로 했다. 이후 1873년 스페인 최초의 공화국(제1공화국)이 수립되었으나, 정치적 혼란 속에서 단 1년 만인 1874년에 붕괴되었다.

1931년 헌법은 제2공화국의 헌법으로 1939년 프랑코 집권 시까지 시행되었다. 이는 국가 원수와 정부 수반이 모두 민주적으로 선출된 스페인 역사상 두 번째 시기였다. 모든 시민의 평등한 권리에 기반한 세속적 민주주의 시스템과 지역적 자치, 여성 참정권, 세속적 결혼 및 이혼을 도입한 이 헌법은 국가가 사유재산을 수용할 수 있도록 허용하고, 모든 사람을 위한 무료 의무 교육제도를 확립했고, 예수회를 해체했다.

프랑코 독재체제와 민주주의

박정희는 자신이 지배한 한국의 정치체제를 '영도적 민주주의', '한국적 민주주의'라고 불렀다. 반면 프랑코는 '유기체적 민주주의'(Democracia orgánica)라고 불렀다. 프랑코가 제정한 첫 번째 헌법은 '1938년 3월 9일 노동헌장'으로 파업 금지, 근무일 및 휴식 규정, 노동 치안 판사 및 수직 노조의 창설을 규정했다. 즉, 고용주와 노동자를 동등하게 결집시키고(실제로는 합의를 불가능하게 만들었음), 둘 다 국가의 결정에 종속시켰다. 그러나 이 법이 노동자와 그 가족에게 도덕적이고 존엄한 삶을 보장하기 위해 다음과 같은 조치를 마련한 점은 긍정적으로 평가할 수 있다. 최저임금을 규정하여 생활을 보장하고, 가족 수당을 확립했으며, 직장에서의 건강 및 위생 조건을 고려하여 사고 예방과 안전을 도모했다. 또한, 임의적 해고와 강제 실업으로부터 노동자를 보호하고, 노령, 장애, 출산, 산업재해, 직업병, 결핵, 강제실업 등 다양한 경우에 대비한 사회보험을 도입했다. 이와 함께 고령 노동자를 위한 충분한 퇴직금 지급도 보장했다. 이 법은 1958년 단체협약법을 통해 부분적으로 수정되었으며, 프랑코 사후 민주주의적 노동 법령이 제정될 때까지 스페인의 노동관계를 계속 규제하는 역할을 했다.

 1938년 8월에 내전에서 승리하자 프랑코는 자신이 원하는 모든 법률과 법령을 공포할 수 있는 권한을 스스로에게 부여하고, 내전이 공식적으로 종료된 1939년에는 통합 팔랑헤(Falange, 20세기 스페인의 극우 정치운동이자 정당)만이 유일한 스페인 내 합법 정당이라고 선포하고, 1942년에는 의회창설법(정부 조직법)을 제정하여 모든 권력을 중앙정부와 카우디요(Caudillo, '강력한 지도자'를 의미하지만, 역사적으로는 독재적이고 권위주의적인 성격을 띤 군사 지도자를 지칭하는 경우가 많다)에 집중시켰다. 처음부터 직접 선거로 뽑히지 않고 프랑코에 의해 임명되었던 의원들의 의회는 단순히 자문기구로 전락하고, 모든 법률은 정부에 의해 상정되었다. 기존 스페인 제2공화국이 카탈루냐, 바스크 지역에 주었던 자치권도 당연히 폐지되었고, 모든 지방 정권의 수장들은 프랑코가 임명했다.

 프랑코 정권은 전통적으로 파시즘 정권으로 분류되지만, 최근에는 파시즘보다 단순히 권위주의 독재정권으로 간주하려는 추세다. 프랑코 정권이 어떤 하나의 통일된 이념을 갖춘 것이 아니라 지주와 가톨릭과 군부 등 다양한 보수 세력들이 각각 다양한 목표를 가지고 결합한 것이기 때문이다. 프랑코도 아나키즘과 공산주의에 격렬한 반감을 드러냈을 뿐 그 밖의 특별한 정치적 지향점은 갖고 있지 않았다. 그러나 모든 우익을 결합시키고 파시즘의 많은 부분을 차용하였다는 점에서 프랑코 정권을 파시즘 국가로 분류하는 견해는 여전히 남아 있다.

히틀러, 무솔리니, 스탈린 등의 정권에 비해 프랑코 정권은 존속 기간이 40년 가깝게 압도적으로 길다. 또한 제2차 세계대전과 함께 사라졌거나 이후 새로 나타난 독재정권들과 달리 대전 이전과 이후의 세계를 모두 겪었다. 따라서 파시즘이라거나 아니라거나 하는 일방적 단정에는 문제가 있다. 집권 초기에는 억압과 폭력에 의지한 독재국가에 불과했으나, 1950년대부터 독재국가가 되어 능력주의에 기반한 관료 엘리트들에게 국정을 위임하기 시작한 이후로는 '권위주의적 우파' 정권에 가까워졌다고 할 수 있다. 이념적으로도 더 유연해져서 1967년에는 종교의 자유를 인정했고, 1973년에는 동독이나 중국과도 수교했다.

표면적으로나마 민주주의를 내세우는 현대 독재정권과 달리 프랑코 정권은 서구식의 민주주의를 완전히 부정했다. 모든 정치적 결사와 노동조합을 폐쇄하고, 좌파로 추정되는 사람들은 모조리 투옥했으며, 표현의 자유 역시 인정하지 않아서 언론이 정부를 조금이라도 비판했다가는 바로 폐간되고 신체와 생명의 위협을 받을 각오까지 해야 했다. 프랑코는 또한 직접 조직한 비밀경찰을 통해 사회 곳곳을 감시하면서 반정부적인 움직임이 나타나는지

안 나타나는지를 늘 감시했다. 경제가 성장하고 서방권과 교류하면서 그런 경향은 점차 완화되었고, 1960년대에는 대학가에서 반정부적 지식인들이 나타나기 시작했다.

  1975년 유럽의 마지막 군사독재자 프랑코가 사망한 뒤에 스페인 왕정이 복고되었으며, 현 국왕인 후안 카를로스 1세의 영단으로 스페인에서는 입헌군주제에 기반한 민주주의가 시작되었다. 1979년 스페인 국민들은 처음으로 보통선거에 참여하였고, 프랑코 정권 때 수감됐던 양심수들이 석방되었다. 또한 언론의 자유·결사·정치의 자유가 허용되었고, 1978년 스페인 헌법이 선포되었다.

5장

독일 헌법
_히틀러 파시즘과 민주주의

독일의 파시즘과 민주주의

2025년 2월 23일에 치러진 독일 총선에서 반이민과 친러시아 성향의 극우 정당 '독일을 위한 대안'(AfD)이 20.4퍼센트라는 역대 최고의 득표율을 보여 2위를 기록, 149석을 차지했다. 그 대표는 다음 총선에는 1위가 될 것이라고 자신했다. 지지 기반인 옛 동독을 완전히 석권하여 4년 전 총선보다 두 배의 지지율을 기록했기 때문에 그냥 하는 소리라고 보기는 힘들다. 1위는 기독민주당·기독사회당(CSU) 연합으로 28.6퍼센트의 지지율을 보여 보수 정권이 다시 들어서게 되었는데, 이를 특히 환영한 것은 트럼프였다. 옛 공산당이 지배한 옛 동독지역이 극우를 지지하는 점은 유럽에서 공통으로 나타나는 현상인데 그 원인은 경제적 낙후에 있다. 국내 경제가 심각한 위기에 처했는데 난민 수용이나 유럽 통합이

웬 말이냐는 식이다. 경제적 불안이 파시즘의 주요 원인인 점은 과거 히틀러 집권 때와 유사하다. 1930년대에도 제1차 세계대전에서의 패배로 인한 부채와 대공황 때문에 극단적인 인플레이션이 발생하여 화폐 가치가 폭락하고 실업이 만연하면서 폭력과 선동을 중심으로 한 히틀러와 나치당 같은 파시즘 정당이 득세했다.

제1차 세계대전의 패배로 독일 제국의 군주정이 종식되고, 1919년 바이마르 공화국이 수립되면서 세계적으로 가장 진보적인 헌법 중 하나로 평가받는 바이마르 헌법이 제정되었다. 그러나 바이마르 공화국 정부는 경제 위기와 정치적 불안정 속에서 어려움을 겪었다. 이러한 혼란 속에서 급부상한 것이 나치당(NSDAP)이다. 나치당은 1930년 총선에서 18퍼센트의 득표율을 기록하며 주요 정당으로 부상했고, 1932년 총선에서는 37퍼센트의 득표율을 얻어 제1당이 되었다. 그 결과, 1933년 1월 30일 아돌프 히틀러가 독일 총리(Reichskanzler)로 임명되었다. 당시에도 바이마르 헌법은 여전히 유효했으나, 히틀러는 이를 악용하여 점차 권력을 집중시켰다. 1933년 3월에는 수권법(Ermächtigungsgesetz, 전권위임법)을 통과시켜 입법 권력을 장악했고, 1934년에는 대통령 힌덴부르크 사망 후 총리와 대통령 직위를 통합하며 자신을 '총통'(Führer)으로 선언, 독재체제를 확립했다.

제2차 세계대전이 끝난 뒤 미국 점령지역에서 실시한 여론조사 결과, 독일인의 15~18퍼센트가 나치즘을 지지하는 것으로 나타났다. 그러나 1950년에는 3퍼센트가 지지한다고 답했다.(팩스턴, 398)

1951년에는 당시 최대 극우 정당인 사회주의제국당이 니더작센주의 일반투표에서 11퍼센트의 지지율을 보였으나, 이듬해 네오나치 성향을 이유로 선거 참여를 금지당했다.(팩스턴, 399) 1964년에는 극우단체들이 연합해서 만든 '독일국가민주당'(NPD)의 세력이 급격하게 커졌으나 선거에서 크게 두각을 나타내지는 못했다.

2022년 12월 7일, '독일을 위한 대안'의 전직 국회의원, 시의원들과 현직 판사, 특수부대 출신 군인들이 참가한 쿠데타 모의 사건은 히틀러 이전의 독일제국의 왕정복고를 획책한 '애국 연합'(Patriotische Union)이 권력 탈취를 위해 내란을 유발한 것이었다. 그 아이디어의 원천은 2021년 미국 국회의사당 습격이었다. 당시 관련자 다수가 체포되고, '독일을 위한 대안'의 해산도 논의되었으나 보수 정당의 반대로 무산되었다. 이후 '독일을 위한 대안'은 해산은커녕 더욱 세력을 늘리게 되었다. 독일에서는 1956년 공산당이 헌법재판소에 의해 강제 해산된 것이 유일한 정당 해산이었다.

독일 기본법 제1조_인간 존엄성과 세계 평화

독일의 헌법에 해당하는 기본법[28] 제1조는 '인간 존엄의 보호'를 핵심 원칙으로 규정하고 있다. 내용은 다음과 같다.

1항 인간의 존엄은 불가침이다. 이를 존중하고 보호하는 것이 모든 국가권력의 의무이다.
2항 독일 인민은 불가침, 불가양의 인권을 세계 모든 공동체의 평화와 정의의 기초로서 인정한다.
3항 이하의 기본권은 직접 효력을 갖는 권리로서 입법, 행정, 사법을 구속한다.

독일 기본법이 헌법 제1조에서 기본권(인권)을 가장 먼저 규정한 이유는 제2차 세계대전 당시 나치 정권에 의해 벌어진 참혹한 인권 유린에 대한 반성과 관계가 깊다. 전쟁 이후 독일 기본법을 제정하면서 나치는 헌법을 악용하여 독재체제를 구축했고, 이에 따라 인권 보호를 최우선 가치로 삼는 것이 필수적이라는 결론을 내린 것이다. 따라서 독일 기본법은 '인간의 존엄성'을 헌법 제1조에서 규정함으로써 이를 국가의 최우선 원칙으로 삼았다.

또한 기본권을 나열하기만 했던 바이마르 헌법과 달리, 독일 기본법 제1조 1항에서는 그것을 '존중하고 보호하는 것이 모든 국가권력의 의무'라고 규정하고, 제20조 제4항에서 "이러한 질서의 제거를 감행하는 이에 대하여, 다른 대응 수단이 가능하지 아니한 경우, 모든 독일인은 저항할 권리를 가진다."고 저항권을 명문으로 규정하여 나치 정권에 의해 일어났던 헌정질서 파괴를 방지하고 있다. 또한 제79조 제3항은 "연방이 주로 나뉘는 것을 저해하거나, 입법 시 주의 원칙적인 협력에 지장을 초래하거나, 제1조 및

제20조에 규정된 원칙들에 반하는 기본법 개정은 허용되지 아니한다."라는 규정을 두어 핵심적인 민주주의 원칙과 인권 보호 조항이 개정을 통해 폐기되는 것을 원천적으로 차단하였다. 이 밖에도 독일 기본법은 바이마르 헌법과 달리 국제 협력을 중시하는 원칙을 포함하고 있다. 예컨대, 제24조부터 제26조에서는 '국제기구에 일정한 국가 주권(Hoheitsrechte)을 법률로 이양할 수 있도록 하고, 국제법의 우위를 인정하며, 침략전쟁을 금지하는 원칙'을 명시하였다. 이를 통해 독일은 국제 평화 질서에 적극적으로 기여하는 국가로 자리잡고자 했다.

이러한 기본권 존중의 정신은 제1조 앞에 나오는 전문에서 다음과 같이 규정된다.

독일 국민은 신과 인간에 대한 책임을 의식하고 통일 유럽에서 동등한 권리를 가진 구성원으로서 세계평화에 이바지할 것을 다짐하며, 헌법제정권력에 의하여 이 기본법을 제정하였다. 바덴-뷔르템베르크, 바이에른, 베를린, 브란덴부르크, 브레멘, 함부르크, 헤센, 메클렌부르크-포어포메른, 니더작센, 노르트라인-베스트팔렌, 라인란트-팔츠, 자르란트, 작센, 작센-안할트, 슐레스비히-홀슈타인과 튀링엔주의 독일인은 자유롭게 자기결정권을 가지며, 독일의 통일과 자유를 성취하였다. 이로써 이 기본법은 모든 독일 국민에게 적용된다.

이렇게 기본법 전문은 헌법제정권력이 독일인에게 있음을 밝히면서, 유럽연합의 구성원인 독일이 세계평화에 적극적으로 나설 것임을 천명하고 있다. 이는 독일 헌법의 기본이념이 평화주의에 기초하고 있음을 선언하면서, 동시에 세계평화에 기여하는 것이 헌법의 최우선 과제임을 분명히 한 것이다. 또한 독일 연방을 구성하는 각 주의 명칭과 주민들을 열거하면서, 기본법의 효력이 미치는 장소적, 인적 범위도 명확히 하고 있다.

독일 기본법은 제1조를 비롯하여 제19조까지의 제1장에서 기본권을 규정한 뒤, 제2장에서 제11장까지 국가 조직에 관하여 규정한다. 기본권으로는 인격권, 평등권, 신앙·양심의 자유와 고백의 자유, 집총 거부권(양심적 병역거부), 의사 표현의 권리, 예술 및 학문 연구의 자유, 혼인과 가족, 어머니의 권리, 사생아의 보호, 학교 제도, 집회·결사의 자유, 서신의 비밀, 거주 이전의 자유, 직업의 자유, 병역의 의무, 주거의 불가침, 재산권과 상속권, 사회화, 국적 박탈의 금지, 망명권, 청원권, 군인의 기본권 제한, 기본권의 상실, 기본권의 보호 등을 규정하고 있다. 또한 바이마르 공화국의 지나치게 분열된 다당제 민주주의나 제3제국의 권위주의의 출현을 방지하기 위해 대통령의 권한을 약화하고, 의회와 법원의 권한을 강화했다.

독일 기본법은 2014년 12월 23일까지 개정 회수가 총 60회에 달한다. 이렇게 빈번한 개정이 가능한 이유는 다른 나라의 법률 수준에 해당하는 내용이 기본권 조항 중에 있다는 것과 우리와 달리 기본법 개정에 있어 국민투표 절차를 두고 있지 않은 데 기인하는 바가 크다.

독일 헌법의 역사

독일은 영국이나 프랑스와 마찬가지로 오랜 역사를 가지고 있지만, 단일한 통일국가로서의 독일은 비교적 최근에 형성되었다. 19세기까지는 다양한 왕국, 공국, 도시 국가 및 자유도시로 구성되어 있었는데 그것들은 신성 로마 제국이라는 정치적 연합으로 19세기 초 나폴레옹 전쟁이 끝날 때까지 지속되었다. 1815년 나폴레옹이 패배한 후 39개의 주권 국가로 구성된 독일 연방이 신성 로마 제국을 대신하여 등장했으나 그것은 정치적 연합이라기보다는 조약 공동체와 유사했다. 1814년 빈회의 최종의정서였던 독일동맹규약이 의회주의적인 헌법 제정을 요구하자, 남부의 바덴 등에서 프랑스의 1814년 헌장을 모델로 한 입헌군주제 헌법을 제정하고, 북부에서는 벨기에 협약헌법을 모델로 둔 헌법이 1830년대부터 제정되었다.

1848년 프랑스 2월혁명의 영향으로 독일 각지에서도 폭동이 발생하면서 기본권 보장과 통일된 독일 국가 수립을 요구하는 3월 혁명이 시작되었다. 같은 해 프랑크푸르트 국민의회는 독일 국민의 기본권을 보장하는 제국법을 통과시켰다. 이는 독일 역사상 처음으로 인권과 시민권에 법적 구속력을 부여한 법률로 법 앞에서의 평등, 표현의 자유, 사형제 폐지 등의 권리를 명시하였다. 이러한 조항들은 이후 독일 헌법에 지속적인 영향을 미쳤다. 1년 후인 1849년 프랑크푸르트 국민의회는 프랑크푸르트 헌법을 채택하였으며, 이 헌법은 독일 통일을 목표로 한 최초의 헌법적 시도였다. 프랑크푸르트 헌법은 직접 선출된 하원(Volkshaus)과 연방국에서 파견한 대표로 구성된 상원(Staatenhaus)으로 이루어진 양원제 의회를 규정하였다. 그러나 이 헌법에 따른 독일 통일 시도는 실패로 끝났다. 대부분의 독일 연방국 군주들이 주권을 포기하기를 거부하였으며, 특히 프로이센 왕 프리드리히 빌헬름 4세는 국민의회가 제안한 독일 황제 칭호를 거부하면서 독일 통일 운동은 좌절되었다. 결국, 프랑크푸르트 국민의회는 해산되었고, 독일 통일은 이후 1871년 프로이센 주도로 독일제국이 형성될 때까지 실현되지 못했다.

1866년 오스트리아-프로이센 전쟁의 결과로 독일 연방이 해체되었고, 1867년 오토 폰 비스마르크의 주도 아래 북독일 연방이 형성되면서 새로운 헌법이 제정되었다. 이 헌법은 각 주의 대표로 구성된 연방의회(Bundesrat)와 보통 선거권을 가진 남성들에 의해 선출되는 제국의회(Reichstag)를 설립하였다. 북독일 연방은 프로이센을 중심으로 한 국가 연합이었으며, 이는 이후 독일 통일의 기초가 되었다. 1871년 프랑스-프로이센 전쟁에서 프랑스가 패배한 후, 독일제국(Deutsches Kaiserreich)이 수립되었다. 그러나 독일

제국 헌법은 새로운 헌법이 아니라, 기존 북독일 연방헌법을 일부 수정한 형태로 유지되었다. 따라서 독일 통일 이후에도 북독일 연방의 헌법 체계가 지속되었으며, 강력한 황제(카이저)의 권한과 제한적인 의회 체제가 유지되었다.

독일제국은 1871년부터 지속되었으며, 제1차 세계대전 동안 극심한 전쟁을 겪은 후, 1918년 독일 혁명이 일어나 독일이 공화국을 선언하면서 붕괴되었다. 이처럼 독일의 근대화 과정은 영국, 미국, 프랑스에서 나타난 전형적인 시민혁명(프랑스혁명 등)과는 달랐다. 독일에서는 아래로부터의 대중 혁명이 아니라, '위로부터의 개혁'(Revolution von oben)을 통해 정치적·사회적 변화가 이루어졌다. 이 때문에 독일의 근대화는 '미완성의 시민혁명' 또는 '지체된 시민혁명'으로도 평가된다.

바이마르 헌법 제1조

1918년 혁명 이후, 독일제국의 헌법은 후고 프로이스가 초안한 바이마르 헌법으로 대체되었다. 바이마르 헌법 제1조, 즉 '독일국은 공화국이다. 국가권력은 국민으로부터 나온다.'는 조항에서 한국 헌법 제1조가 탄생했다. 그 앞에 나오는 독일 헌법 전문은 다음과 같다.

독일 국민은 국가를 자유롭고 정의롭게 개선하여 이를 공고히 하며 국내 및 국외의 평화를 보호 및 유지하고 또한 사회의 진보를 촉진시키려는 의지에 충만하여 이 헌법을 제정하였다.

바이마르 헌법은 세계에서 가장 민주적이고 자유로운 헌법이라는 평가를 받았다. 이 헌법은 제정 직후부터 동구권의 여러 헌법에 영향을 미쳤으며, 아시아에서는 일본과 중국의 헌정 제도와 이론에 많은 자극과 모범이 되었을 뿐만 아니라, 제2차 세계대전 이후 독일 각 주의 헌법을 비롯하여 동독, 이탈리아 등에도 여전히 모델로서 위력을 과시한 바 있다. 한국에서도 제헌헌법을 기초한 유진오는 1949년에 발간한 그의 『헌법해의』(憲法解義)에서 외국의 입법례로 바이마르 헌법을 자주 인용했다. 제헌헌법의 인간다운 생활을 할 권리, 사회정의의 원칙을 비롯하여 여러 가지 생존권에 관한 규정, 재산권의 행사는 공공복리에 적합하게 행사할 의무 외에도 경제질서에 관한 많은 규정이 바이마르 헌법의 영향을 받은 것이다.

바이마르 헌법은 독일제국이 제1차 세계대전에서 패배한 후 연합국의 압박 속에서 제정된 독일 최초의 민주적 헌법이었다. 그러나 군주제를 지지하는 세력이 여전히 많아서 새로운 공화국 체제가 정착하는 데 난항을 거듭해야 했다. 또한, 심각한 경제난 속에서 바이마르 헌법이 보장한 사회권 조항들은 실질적인 효과를 거두기 어려웠다. 예를 들어, '인간다운 생활을 보장한다'(제151조),

'노동의 기회를 가지지 못한 자에게 필요한 생활비를 지급한다'(제163조)는 규정이 포함되었으나 재정적·경제적 여건이 뒷받침되지 않아 현실적으로 적용하기가 힘들었다. 이러한 조항들은 실질적인 법적 구속력을 갖기보다는 '프로그램 규정'으로 간주되었으며, 직접적인 법적 효력이 없는 선언적 조항으로 해석되었다. 이러한 해석 방식은 이후 한국 헌법을 비롯한 여러 나라에서도 영향을 미쳤으며, 사회적 기본권 조항이 법적 강제성을 가지기보다는 정책적 목표로 여겨지는 경향이 나타났다.

바이마르 헌법은 비례대표제를 통해 선출된 제국의회와 지역 대표로 구성된 상원격 의회로 이루어진 양원제 의회를 유지했다. 또한 보통 선거권의 최소 연령을 25세에서 20세로 낮추어 보다 넓

1923년 제헌절 브란덴부르크 문에 모인 군중들

은 유권자층을 확보하였다. 통치 구조는 미국식 대통령 직선제, 영국식 의원내각제, 그리고 스위스식의 직접민주제를 혼합한 형태로 이원집정부제에 가까운 구조였다. 그러나 이러한 혼합된 정부 형태는 불안정성을 초래했다. 내각이 의회의 불신임으로 쉽게 해산될 수 있었으며, 대통령과 수상(총리) 간의 권한 충돌이 발생하는 등 정부 운영이 원활하지 않았다. 바이마르 헌법은 10년 동안 국민의 신뢰를 얻으며 시민의 자유로운 문화생활과 경제적 번영을 가져왔다. 그러나 1929년의 대공황, 베르사유 조약의 엄격한 평화 조건, 그리고 지속적인 정치적 불안정이 결합되면서 바이마르 공화국과 헌법은 점차 약화되었다. 결국, 이러한 불안정성은 1933년 히틀러와 나치당이 권력을 장악하는 배경이 된다.

바이마르 헌법을 일제강점기에 일본 학자들을 통해 배운 조선인이 유진오를 비롯한 법학자와 법률가들이었고, 그들이 제헌헌법의 제정에 이론적으로 기여했다. 그리고 그들에게 배운 법학자들이 일본을 통하지 않고 직접 독일 헌법을 공부하기 위해 독일에 유학하고 돌아와 헌법을 가르치고 제헌헌법 이후의 헌법 개정에 참여했다. 그들 중에는 독일의 헌법 이론, 가령 카를 슈미트의 결단주의, 루돌프 스멘트(Rudolf Smend)의 통합이론 등을 한국에 소개하면서 자신의 학설로 삼는 이들도 있었다. 그러나 독일학자들의 이론이 나치의 권력 장악과 불법 체제의 정당화에 기여했듯이 한국 학자들의 견해도 유신 전후의 왜곡된 헌법의 정당화에 기여했다. 독일 학자들과 마찬가지로 한국 학자들도 상당수가 반민주주의자였기 때문에 빚어진 일이다.

　나치 지배에 저항한 법학자나 법률가가 극히 드물었고 대부분 동조하거나 침묵한 것 이상으로 한국의 헌법학자들이나 법률가들은 그 이상으로 동조하거나 침묵했다. 그리고 나치에 부역한 자들이 나치 멸망 이후에 대부분 공직이나 법관직이나 교수직을 유지했듯이, 한국에서도 유신 체제가 끝난 뒤에도 아무런 변동이 없었다. 물론 독일에서는 체제가 바뀌었으나, 한국에서는 크게 바뀌지도 않았다. 그리고 한국 유학생들은 그런 독일 교수들에게 배우고 한국에 돌아왔다. 그래서 나치 이론이 유신 체제를 정당화하는 이론으로 사용되어도 선진 독일 이론이라는 이유로 합리화되었다. 바이마르 헌법이든 독일 기본법이든, 한국 헌법의 막강한 대통령제라는 근본적인 문제점에 비추어 검토되어야 했음에도 불구하고 말이다. 특히 제48조의 국가긴급권 규정은 히틀러의 집권과 통치를 가능하게 했던 것 아닌가?

　바이마르 정부에 대한 불만이 쌓이면서 마침내 나치당이 1930년대 집권당이 된다. 일련의 실패한 내각 이후, 파울 폰 힌덴부르크 대통령은 1933년 1월 아돌프 히틀러를 독일 총리로 임명했다. 한 달 후인 1933년 2월 제국의회 방화 사건 이후, 제국의회는 3월 23일 수권법을 발표하여 히틀러에게 무제한적인 입법권을 부여했다. 히틀러는 이 새로운 권한을 사용하여 중앙집권적 전체주의 정부를 구성했다. 히틀러 치하에서 세 차례의 제국의회 선거가 치러졌지만, 투표는 익명이 아니었고 후보는 나치와 '초대 후보'의 단일 명단으로 제한되었다. 나치 통치하에서 독일은 제2차 세계대전을 일으켰고, 이는 1945년 5월 8일 독일의 무조건 항복으로 끝났다.

독일은 반성하고 있는가?

2024년 1월, 독일이 인종학살(제노사이드) 혐의로 국제사법재판소(ICJ)에 제소된 이스라엘을 지지하기로 하자 나미비아가 이를 정면으로 비판하고 나섰다. 나미비아는 1900년대 초 독일 식민지였던 시절 독일로부터 인종학살 피해를 입었기에 당연한 비판이었다. 그러나 독일과 일본의 전후 청산을 비교하면서 일본을 비난하고 독일을 편드는 등, 항상 독일에 우호적인 한국의 언론이나 지식인들은 이 문제에 대해 모두 침묵했다. 독일은 나미비아에 대해 사과한 적이 없다. 한국에 대한 일본의 사과는 홀로코스트가 아니라 나미비아에 대한 독일의 사과와 비교되어야 한다. 일본이나 독일이나 식민지 침략에 대해서는 사과하지 않는다. 영국이나 미국도 마찬가지다.

나는 1990년 초에 두 달 동안 통일 이후의 동독지역을 여행하면서 그곳의 폐허와 함께 소위 스킨헤드라는 폭력적인 인종차별을 경험한 적이 있다. 그 뒤 독일에 갈 때마다 우경화가 점점 심해진다는 인상을 받았다. 물론 우경화는 독일만의 현상이 아니라 유럽 전반의 문제점이다. 그러나 독일의 극우 정당인 '독일을 위한 대안'은 나치 옹호 발언으로 유럽 다른 나라 극우 정당들로부터도 따돌림을 당할 정도로 극단적이다.

네덜란드 헌법 제1조

네덜란드 헌법 제1조는 독일 기본법 제1조처럼 다음과 같이 인권의 기본인 평등권을 규정한다.

> 네덜란드 왕국 안에 있는 모든 사람은 평등한 상황에서 평등하게 대우된다. 종교, 신념, 믿음, 정치적 의견, 인종, 성별 혹은 기타 그 어떤 사유에 기초해서도 차별 대우는 허용되지 아니한다.

1579년 네덜란드 공화국 기본법이라는 이름으로 처음 도입했고 1794년 네덜란드 왕국 헌법이 성립하여 이때부터 헌정 체제로 본다. 그러나 근대적 의미의 헌법은 1815년 8월 24일 제정된 네덜란드 왕국 헌법으로 세계에서 세 번째로 제정된 헌법이다. 1848년 헌법 개정으로 의회민주주의 제도가 도입되었다. 현행 헌법은 1948년 제정되었으며 네덜란드 왕국 헌장(네덜란드 헌법)의 이중 체제도 이때 만들어진 것이다. 1983년, 네덜란드 헌법의 가장 최근의 주요 개정이 이루어졌는데, 헌법 본문을 거의 완전히 다시 작성하고 새로운 시민권을 추가했다. 1997년, 2005년 두 차례 개정하였다. 헌법은 사법부가 헌법에 위배되는 법률과 조약을 시험하는 것을 금지하는데, 이는 입법부의 특권으로 간주되기 때문이다. 네덜란드에는 헌법재판소가 없다.

체코슬로바키아 헌법 제1조

1920년 체코슬로바키아 헌법 제1장 '일반조항' 제1~2조는 다음과 같다.

제1조
1항 인민은 체코슬로바키아 공화국의 모든 국가권력의 유일한 원천이다.
2항 이 헌법은 주권자인 인민이 어떤 기관을 통하여 법률로 자기의 의사를 표현하고, 이러한 법률의 집행을 규정하며, 인민의 권리와 자유를 보장한다. 이러한 제한은 이들 정부 기관에 부과되며, 이는 이 헌법에 의하여 보장된 모든 권리를 인민에게 보존하기 위함이다.

제2조
체코슬로바키아 국가는 민주공화국이며, 그 공화국에서 선출된 대통령이 된다.

바이마르 헌법이 제정되고 1년 뒤인 1920년 체코슬로바키아 헌법이 제정되었는데 그 제2조에서 자국을 민주공화국으로 규정하여 한국 헌법 제1조의 모법으로 여겨진다. 이 헌법은 제1차 세계대전으로 오스트리아-헝가리 제국이 붕괴한 이후 1918년에 독립한 체코슬로바키아 제1공화국의 헌법으로 1938년 독일에 병합될 때까지 존속했다.

이 헌법의 정부 형태를 의원내각제라고 보는 견해가 있지만, 순수한 의미의 의원내각제와는 다른 이원집정부제라고 보는 것이 타당하다. 왜냐하면 대통령이 내각의 수상뿐만 아니라 내각위원들을 임면(任免)하고, 내각회의를 주재하며, 의회해산권과 법률안거부권[29]을 갖는 등 막강한 권력을 행사하기 때문이다. 그리고 정부가 제출한 법안을 의회가 부결하는 경우, 정부는 국민투표에 부칠 수 있는데, 이는 유일한 직접민주주의 규정이다. 체코슬로바키아의 1920년 헌법에 나오는 대통령 간선제는 우리의 제헌헌법에 반영되었다.

의회의 구성은 양원제로 하고, 각 원의 의원은 보통, 평등, 직접, 비밀선거에 의하여 비례대표제의 원리에 따라서 선출한다. 양원 중 일원이 해산되거나 그 소속 의원의 임기가 만료된 때로부터 양원이 새로 개회할 때까지와 기타 양원이 정회 또는 폐회 중인 경우, 24명의 의원으로 구성된 위원회가 긴급조치(의결)를 할 수 있는 예외적인 경우를 규정하고 있다.

의회의 권한 중에서 대통령, 국무총리 또는 기타 정부 구성원에 대한 탄핵권이 있다.(제34조) 탄핵을 위한 하원의 결정은 의원의 3분의 2가 출석한 상태에서 3분의 2 이상의 찬성을 필요로 하고, 상원이 소추 법원으로 탄핵에 회부되는 절차는 법률로 정한다. 이 조항은 한국의 제헌헌법 준비 과정에서 행정연구반의 초안 제12조에 그대로 계수되었다. 또한 체코 헌법 제41조의 정부와 양원의 법률안 제출권은 행정연구반 초안 제14조에 계수되었다. 대통령이 탄핵되는 등의 경우 권한대행은 국무총리로 하는 것도 한국의 제3공화국 헌법에 계수되었다.

체코 헌법에서는 "정부는 하원에 대해 책임을 지며, 하원은 정부에 대한 불신임 투표를 실시할 수 있다. 이러한 투표는 전체 회원의 과반수 이상이 출석하고, 50퍼센트의 과반수를 득표하고, 점호로 투표하는 경우에 유효하다."(제75조)고 규정하는데 이는 행정연구반 초안 제38조와 제39조에 계수되었다. 단 한국의 경우 과반수가 아니라 3분의 1이었다.

사법부에 위헌법률 심사제도를 두고 있고, 배심제도를 취하며, 사소(私訴)를 인정한다. 직업 법관의 임기는 종신이지만, 법률에서 정한 연령에 달한 경우에는 유효한 선언으로 퇴직을 명할 수 있다. 기타 시민의 헌법상 권리에 대하여 자세하게 규정하면서, 소수자를 보호하고 그들의 모국어 사용을 인정한다.

1920년 헌법에 의해 제2공화국이 수립되었으나 독일의 괴뢰국에 불과했고, 1945년 4월에 제3공화국이 출범했다. 체코슬로바키아는 1968년 '프라하의 봄'의 실패 이후 동유럽 공산주의 국가 중에서 전체주의적 성격이 가장 강했고 공산정권의 강압적인 통치가 마지막 순간까지도 지속되어 민주화는 가장 늦은 1989년에 시작되었다. 1990년 3월 개헌에 의해 그전 헌법에 명시되었던 공산당의 '주도적 역할' 조항이 삭제되면서 공산당의 일당독재 근거가 완전히 사라지고, 제1공화국 헌법의 의회민주주의로 돌아갔다.

스위스연방 헌법 제1조

스위스연방 헌법 제1조는 다음과 같다.

> 1항 모든 주는 민주적 헌법을 가진다. 주 헌법은 주민(州民)의 동의를 받아야 하고, 주민의 다수가 요구하는 경우에는 개정되어야 한다.
> 2항 주 헌법은 연방에 의하여 보장되어야 한다.

제1조가 민주적 헌법에 대해 규정한 반면, 그 앞의 전문에서는 스위스 국민과 주 당국이 '창조, 개방, 연대의 자유와 민주주의, 독립과 평화, 타인 존중과 공정성과 다양성의 중시'라는 가치를 준수해야 한다고 규정한다. 특히 개방에 대한 강조는 내부 고립주의를 지향한 이전 스위스 헌법과 극적인 대조를 나타내고, 또한 이전의 책임과 미래 세대의 권리를 강조한다. 전문을 읽어보자.

> 전능하신 신의 이름으로! 스위스 국민과 주(Cantons)는, 창조에 대한 책임을 유념하고, 세계를 향한 개방 정신과 연대 정신

으로 자유와 민주주의, 독립과 평화를 강화하기 위한 우리의 연대를 새로이 할 것을 결의하며, 타인을 존중하며 공정성을 중시하는 가운데 다양성 속에서 함께 삶을 영위할 것을 다짐하며, 공동의 경험을 자각하고, 미래 세대에 대한 우리의 책임을 인식하고, 스스로 자유를 행사하는 자만이 자유로우며, 국민의 힘은 약자의 복지를 척도로 평가됨을 인식하며, 여기 다음의 헌법을 제정한다.

전문과 제1조는 다음 제2조의 '목적' 조항에서 더욱 구체적으로 명시된다.

1항 스위스연방은 국민의 자유와 권리를 보호하고, 국가의 독립과 안전을 보장한다.
2항 스위스연방은 국가의 공공복지, 지속가능한 발전, 내적 단결 및 문화적 다양성을 촉진한다.
3항 스위스연방은 모든 시민에게 가능한 한 최대한의 기회평등을 보장하기 위해 노력한다.
4항 스위스연방은 천연자원의 영속적인 보존을 보장하고 정의롭고 평화적인 국제질서를 증진하기 위하여 노력한다.

스위스연방의 헌법은 1948년에 처음 제정된 이후 현재는 1999년 4월에 제정된 것인데, 1960년대까지는 전국 단위 선거에서 여성들에게 투표권이 주어지지 않은 것으로 유명했다. 독일과 영국에서 1918년, 프랑스에서 1944년, 1948년 첫 선거부터 여성에게 완전한 참정권이 부여된 한국보다도 늦었다.

스위스는 직접민주주의가 실행되는 거의 유일무이한 나라다. 스위스의 국민투표는 국민발안, 의무적 국민투표, 선택적 국민투표, 3가지로 분류할 수 있다. 국민투표는 3~4개월마다 한 번, 몇 가지 안건을 패키지로 진행한다. 국민발안은 헌법 개정을 위해 국민이 발의하는 것으로, 1년 6개월간 10만 명의 서명을 받아야 하고, 국민 과반수와 칸톤 과반수가 찬성해야 한다.

의무적 국민투표는 헌법 개정이나 특정 국제기구 가입을 위해 정부가 발의하고, 국민 과반수와 칸톤 과반수가 찬성해야 한다. 그리고 선택적 국민투표는 국회에서 이미 통과된 법안이나 정책을 바꾸기 위해 국민이 발의하고, 백일간 5만 명의 서명을 받고, 국민 과반수가 찬성해야 한다. 이상 연방 차원의 국민투표뿐만 아니라 주나 자치체 차원의 주민투표도 있다.

헝가리 기본법 제1조

헝가리 기본법 제1조는 다음과 특이한 형식으로 규정된다.

A. 우리나라의 이름은 헝가리이다.
B. 1. 헝가리는 독립적이고 민주적인 법치국가이다.
   2. 헝가리의 정부 형태는 공화국이다.

3. 권력의 원천은 국민이다.
   4. 권력은 국민이 선출한 대표를 통하여 행사하거나, 예외적인 경우에는 직접 행사한다.
   C. 헝가리 국가의 기능은 권력분립의 원칙에 기초한다.

2011년 4월에 제정된 헝가리 기본법은 민주주의적 틀에서 자유선거를 거쳐 채택된 헝가리 최초의 헌법이다. 이는 1949년 헝가리 인민공화국이 건국될 때 처음 채택되어 1989년에 대폭 개정된 1949년 헌법을 계승한 것이다.

6장

멕시코 헌법
_중남미 파시즘과 민주주의

멕시코 파시즘과 민주주의

인종차별, 외국인 혐오, 극우 극단주의 등을 특징으로 하는 파시즘은 멕시코를 비롯하여 중남미에서도 준동하고 있다. 제국주의가 지배한 식민지 시대부터 비롯된 인종차별, 특히 흑인과 원주민에 대한 차별은 그들을 경제적 자원과 수준 높은 교육으로부터 소외시켜 흔히 농업 및 노동 계급에 머물게 하는 반면, 피부색이 밝은 백인 멕시코인은 지배 엘리트층을 구성한다. 원주민의 71퍼센트가 빈곤 속에 살고 있다는 정부 보고가 있고, 2017년의 전국 차별 조사에 따르면 응답자 10명 중 3명은 이 나라의 원주민이 그들의 문화 때문에 빈곤에 시달리고 있다고 믿고 있었다.

이러한 차별은 폭력으로 이어졌다. 2019년에는 최소 117명의 성소수자가 살해당했으며, 이 숫자는 계속 증가하고 있다. 또한 멕시코 전역에서 여성을 겨냥한 성별에 기반한 살인을 일컫는 '페미사이드'(femicide)가 성행하고 있다. 휴먼라이츠워치에 따르면 2023년 9월 현재 10만 명 이상이 공식적으로 실종되었다. 멕시코는 또한 언론인과 인권 운동가에게 세계에서 가장 치명적인 국가 중 하나다.

현 대통령인 클라우디아 셰인바움 파르도(Claudia Sheinbaum Pardo)는 최초의 멕시코 여성 대통령으로서 멕시코시티 시장 시절부터 여성과 성소수자의 권리를 증진하는 다양한 정책을 추진해왔다. 멕시코에서 동성 결혼은 2010년 멕시코시티에서 처음 합법화되었으며, 이후 여러 주에서 이를 허용하는 법 개정이 이루어졌다. 2015년 6월, 멕시코 연방대법원은 동성 결혼 금지법이 위헌이라는 판결을 내렸고, 이후 각 주에서 법 개정이 진행되어 2022년 10월까지 멕시코 전역의 31개 주와 멕시코시티에서 동성 결혼이 합법화되었다. 또한, 2021년 멕시코 대법원은 만장일치로 낙태를 범죄화하는 것이 위헌이라고 판결하여 여성의 권리를 확대하는 데 기여했다.

멕시코에서는 네오나치와 파시스트 운동이 부활하고 있지만, 그 규모는 브라질이나 아르헨티나 같은 남미국가들에 비하면 훨씬 작다. 2022년 멕시코 상원은 인종적 우월성이나 증오에 기초한 사상을 퍼뜨리거나 인종주의적 동기로 폭력행위를 선동하는 사람에게 최대 3년의 징역형을 선고하는 법안을 승인했다. 그럼에도 수많은 동성애 반대, 낙태 반대, 외국인 혐오 단체가 준동하고 있다.

멕시코 헌법 제1조_인권의 기본이념

영국, 미국, 프랑스, 스페인, 독일에 이어 이탈리아나 다른 유럽 국가가 나오지 않고 멕시코가 나와서 놀라는 독자들이 있을지 모른다. 멕시코는 1824년에 최초의 성문 연방공화국 헌법이 제정된 점에서도 1919년에 최초의 공화국 헌법을 제정한 독일보다 1세기나 앞서지만, 우리나라 헌법에 영향을 준 1919년의 바이마르 헌법보다 2년 앞선 1917년에 사회권을 규정한 최초의 20세기형 진보적 헌법을 제정한 나라이다. 멕시코 헌법은 바이마르 헌법은 물론 1918년의 소련 헌법의 모델이 되었다. 앞에서 보았듯이 멕시코는 민주주의 지수가 81위인 나라로서 지금은 문제가 많지만, 과거

1824년 헌법 전면 표지

에는 상당히 진보적인 나라였다. 1917년 멕시코 헌법은 오늘날에도 여전히 유효하며, 전 세계의 진보적 헌법의 모델이 되어 왔다. 멕시코 헌법은 그 진보성을 증명하듯이 제1편 제1장 '인권과 보장' 제1조에서 다음과 같이 인권의 기본이념을 규정한다.

멕시코 연방공화국에서는 모든 사람이 이 헌법과 멕시코를 당사국으로 하는 국제조약에 명시된 인권을 향유하고 인권 보호를 보장받아야 하며, 헌법에 규정된 경우 또는 상황을 제외하고는 권리 행사가 제한 또는 정지되지 아니한다. 인권 관련 법규는 이 헌법 및 해당 분야의 조약에 의거하여 언제나 사람에 대한 가장 광범위한 보호에 유리하게 해석되어야 한다. 모든 당국은 관할 부분에서 보편성 · 상호의존성 · 불가분성 · 상호연관성 · 진보성에 의거하여 인권을 신장시키고 존중 · 보호 · 보장할 의무를 진다. 따라서 각 주는 법률이 정하는 바에 따라 인권침해를 예방 · 조사 · 처벌 · 개선하여야 한다. 멕시코 연방공화국에서 노예제도는 금지된다. 해외에서 멕시코 영토로 들어오는 노예는 입국 자체로 자유를 얻고 법률의 보호를 받는다. 출신 민족이나 국가 · 성별 · 연령 · 장애 · 사회적 지위 · 건강 · 종교 · 견해 · 성적 지향 · 혼인 여부 또는 그 밖에 인간의 존엄성에 반하거나 개인의 권리와 자유를 제한 또는 축소할 목적의 어떠한 차별도 금지된다.

이어 제2조는 "멕시코는 단일국가로서 분할될 수 없다."라고 하면서 원주민에 대해 상세히 규정한 뒤 인권에 관해 세부적으로 규정한다. 즉 제3조는 교육의 권리와 모든 교육의 무상을 규정하면서 성직자의 감독 없이 무상의, 의무적이고 세속적인 공교육을 확립하고, 멕시코 국가를 세속화한 점에서 중요하다. 이어 제4조는 법 앞의 평등과 건강 보호를 받을 권리 등, 제5조는 직업 선택의 자유와 노동계약, 제6~7조는 사상과 표현의 자유, 제8조는 청원권, 제9조는 집회 결사의 자유, 제10조는 무기 소지의 자유, 제11조는 거주 이전의 자유, 제12조는 특권의 폐지, 제13~25조는 재판을 받을 권리와 신체의 자유를 각각 규정한다. 이어 제26~27조는 소유권, 제28조는 독점 금지를 각각 상세하게 규정한다.

이어 제2장은 국민(제30~32조), 제3장은 외국인(제33조), 제4장은 참정권 등을 행사하는 시민(제34~38조)을 규정한다. 인권 조항은 제6편 '노동 및 사회복지'의 제123조가 노동권, 노동계약, 1일 8시간과 6일 노동제, 최저임금제, 동일 노동 동일 임금 원칙, 이익분배참여권[30], 노동자의 단결권, 파업권, 노동재해에 대한 보상을 받을 권리, 사회보장 등을 규정하는 것으로도 이어진다.

제2편에서 국가 구조를 규정하면서 제1장 '국가 주권과 정부 형태'의 제39조에서 "국가의 주권은 본래 국민에게 있다. 모든 권력은 국민으로부터 나오고 국민의 이익을 위하여 행사된다. 국민은 항상 정부의 형태를 변경할 수 있는 불가양의 권리가 있다."고 규정한다. 그리고 제40조에서 "대의제, 민주주의, 대중주의, 연방, 공화국"임을 선언하고 제41조에서는 헌법에 따른 주권 행사인 선

거를 규정한다. 제2장은 '연방 및 영토의 구성'(제42~48조), 제3편 제1장 권력분립(제49조), 제2장 입법부(제50~79조), 제3장 행정부(제80~93조), 제4장 사법부(제94~107조), 제4편 중대한 행정 과실 또는 부패행위와 국가재산과 관련된 공무원 및 개인의 책임(제108~114조), 제5편 멕시코주 및 멕시코시티(제115~122조), 기타 제7편은 일반적 고려 사항(제124~134) 제8편은 헌법개정(제135조), 제9편 헌법의 불가침성(제136조)을 규정한다.

카우디요 민주주의

멕시코 헌법의 역사를 살펴보기 전에 중남미(라틴아메리카)의 민주주의 발전 과정을 간단하게나마 살펴볼 필요가 있다. 1492년 10월 12일, 크리스토퍼 콜럼버스가 아메리카 대륙에 도착하기 전까지 중남미에는 마야, 아즈텍, 잉카 문명을 비롯한 다양한 고대 문명이 번성했다. 이들 문명은 2만 년 이상의 역사를 가진 고유한 사회·경제·정치체계를 형성했으나, 16세기 이후 스페인과 포르투갈의 식민지배가 시작되면서 급격한 변화가 발생했다. 유럽인들은 원주민을 착취하고 대규모 플랜테이션 경제를 도입했으며, 아프리카 노예들을 강제 이주시켜 노동력으로 활용했다.

그러나 19세기 초, 중남미에서 본격적인 독립운동이 전개되었다. 쿠바와 푸에르토리코를 제외한 대부분의 스페인령 아메리카 지역은 무장투쟁을 통해 독립을 이루었으며, 브라질은 포르투갈로부터 독립한 후, 19세기 후반에 군주제를 폐지하고 공화국이 되었다. 독립 이후에도 정치적·경제적 불안정이 지속되었으며, 외세의 영향력이 강하게 작용했다. 특히 영국과 미국은 중남미 지역에서 경제적·정치적 개입을 지속했으며, 20세기에는 미국이 더욱 노골적으로 개입하여 여러 차례 쿠데타와 정권교체를 지원하거나 주도했다. 이러한 외세의 개입과 내부의 정치적 불안정은 중남미 국가들의 민주주의 발전에 지속적인 도전 과제가 되었다.

『헌법의 탄생』에는 중남미의 독립혁명을 이끈 시몬 볼리바르(Simón Bolívar, 1783~1830)가 중남미 헌법 형성의 주요 인물로 등장한다. 그는 베네수엘라의 독립운동가이자 군인이자 대지주로 그란 콜롬비아(Gran Colombia)의 초대 대통령이자 공화주의적 급진주의자였다. 또한 남아메리카 6개국(베네수엘라, 콜롬비아, 에콰도르, 페루, 볼리비아, 파나마)을 독립시킨 해방자로서 한때 독재자로 군림한 영웅이었다. 볼리바르는 식민지배로부터 독립을 이끌었다는 점에서 '해방자'라는 긍정적인 평가를 받기도 하지만, 카를 마르크스가 말했듯이 "가장 비겁하고, 횡포하며, 비참한 악당"이라는 부정적인 평가를 받기도 한다.

여하튼 그의 활약만으로 중남미 헌법의 전부를 말할 수는 없다. 그가 해방자인 것은 분명한 사실이지만, 그 점만을 강조하는 것은 문제다. 왜냐하면 중남미 헌법의 근본적인 문제는 헌법과 민주주의가 상반된다는 것인데, 그 원인의 하나가 영도자를 강조하는 '카우디요 민주주의'에 있기 때문이다(카우디요란 스페인어로 지도자, 영도자를 의미하는 단어로, 어원은 머리를 의미하는 라틴어 capitellum이다). 물론 그런 상반 현상은 중남미만의 문제는 아니다. 앞에서 본 독일이나 뒤에서 살필 한국을 위시한 아시아에서도 볼 수 있는 문제이기 때문이다. 그러나 중남미에서는 그 지역 전체가 헌법이 제정된 19세기 초부터 지금까지 그 문제점에서 벗어나지 못하고 있다. 주권재민이니 국민주권이라는 명분 아래 군주제가 폐지되었으나, 그곳의 상류 엘리트들은 대의민주주의라는 가면을 쓰고 자기들의 권력욕만을 채웠다. 국민의 이름으로 대의제를 유지하는 '카우디요 민주주의'가 그들에게는 최선의 정부 형태였다. 헌법과 선거는 그들의 권력을 뒷받침하는 것이고, 경찰과 군대는 무력으로 그들을 지지했다. 이러한 카우디요 민주주의와 헌법의 문제를 단적으로 보여주는 곳이 아이티다.

1801년 아이티 헌법과 그 이후

1492년 크리스토퍼 콜럼버스가 아메리카 대륙을 침략한 이후 그곳에서 수백 회의 반란이 일어났지만, 1791년에 일어났던 아이티(생도맹그)의 반란만이 영원한 독립을 성공적으로 이뤄내 아프리카계 아메리카인의 역사에서 중대한 전환점이 된다. 1492년 크리스토퍼 콜럼버스가 히스파니올라섬을 발견한 이래, 섬의 원주민이었던 타이노 족과 아라와칸 족 등 토착민들이 학살과 질병으로 몰살당한 뒤, 아프리카에서 흑인들을 데려와 노예로 일하게 한 사람들이 바로 아이티 인들의 선조이다. 아이티는 처음에 스페인의 식민지였으나 1697년 이후 프랑스령이 되었다. 1789년 프랑스혁명 당시 생도맹그는 전 세계 설탕의 40퍼센트를 생산하는 프랑스 최고의 식민지였다. 혁명 2년 뒤인 1801년 아이티 흑인들이 투생 루베르튀르의 지도하에 노예 해방 혁명을 일으켜 7월 8일, 헌법을 선포했다.

1801년 헌법은 영토, 주민, 종교, 도덕, 인권, 문화 및 상업, 입법과 입법부, 정부, 법원, 행정, 군대, 재정 등 13개 장, 77개 조로 이루어졌다. 그중 제2장의 제3조는 "이 영토에는 노예가 존재할 수 없으며, 예속이 영원히 폐지되었다. 모든 인간은 자유롭게 태어나고, 살고, 죽으며, 프랑스인이다."라고 규정한다. 이어 제4조는 "피부색에 관계 없이 모든 인간은 모든 직업에 종사할 자격이 있다.", 제5조는 "미덕과 재능에 근거한 것 외에는 어떤 구별도 존재하지 않으며, 공공 기능을 수행하는 데 법이 부여한 어떤 우월성도 존재하지 않는다. 법은 처벌이든 보호이든 모든 사람에게 평등하다."고 규정한다.

그리고 '사회 속의 인간'이라는 제4장의 제12조는 "헌법은 자유와 개인의 안전을 보장한다. 누구도 공공장소에서 체포 및 구금을 명령할 수 있는 권한을 법에 의해 부여받은 공무원이 발급한 공식적으로 명시된 위임장이 없이는 체포될 수 없다."고 규정하고, 제13조는 "재산은 신성하고 침해할 수 없다. 모든 사람은 스스로 또는 그의 대리인을 통해 자신에게 속한다고 인정되는 재산을 처분하고 관리할 자유로운 권리가 있다. 이 권리를 거부하려는 사람은 사회에 대한 범죄를 저지른 것으로 간주되며, 자신의 재산으로 어려움을 겪는 사람에 대한 책임을 져야 한다."고 규정한다.

투생 루베르튀르가 나폴레옹에게 이러한 진보적인 내용의 헌법을 보내자 나폴레옹은 이듬해 군대를 보내 투생을 체포했고, 투생은 프랑스로 압송되어 옥사했다. 그러나 아이티 사람들은 프랑스군을 물리쳤고 1804년 1월 1일 독립하여 세계 역사상 최초의 흑인공화국이 탄생한다. 그래서 아이티는 아메리카 대륙에서 미국에 이어 두 번째로 독립한 나라이고, 미국보다 62년 앞서서 노예제 폐지를 법령화한 최초의 북아메리카 국가가 되었다.

그러나 아이티 혁명 이후에도 식민지 시대의 사회구조는 완전히 변화하지 못했다. 혁명 이전부터 백인 남성과 아프리카계 여성 사이에서 태어난 혼혈인 뮬라토(Mulatto)들이 존재했으며, 이들은 혁명 이후 새로운 엘리트 계급으로 자리잡았다. 그들은 대부분의 아이티 국민이 농민 계층으로 남아 있는 상황에서 사회적·경제적 특권을 유지하며 계급구조를 형성했다. 또한, 아이티 혁명은 군부의 강력한 정치적 영향력을 초래했다. 결과적으로, 아이티 혁명은 노예제를 철폐하고 세계 최초의 흑인공화국을 탄생시켰으나, 식민지 시기의 불평등한 사회구조와 군부의 정치적 개입이라는 요소는 여전히 남아 있었다. 이러한 구조적 문제는 이후 아이티 정치의 불안정성과 경제적 어려움의 중요한 요인이 되었다.

프랑스는 아이티에 자유를 부여했지만, 마르티니크와 과들루프는 노예제도를 계속했다. 영국은 1808년에 노예무역을 폐지하였고,

1834년에는 영국령의 서인도 제도에서 완전히 노예제도를 폐지했다. 프랑스는 거액의 배상금에 대한 대가로 1834년 아이티를 독립국가로 공식 인정했고, 미국은 1862년에 인정했다. 아이티 혁명은 미국과 영국의 식민지 노예 반란에 영향을 주었다. 아메리카의 많은 노예가 아이티 혁명의 투생 루베르튀르의 행동을 모방하려 했지만 결국은 실패했다. 이후 아이티에서는 헌법이 22번이나 제정되었다. 그중에는 1957년에 대통령이 된 프랑수아 뒤발리에에 의해 채택된 1957년 헌법, 그리고 자신을 종신 대통령으로 임명한 1964년 헌법이 포함된다. 그는 1971년 죽을 때까지 독재자로 군림했다. 현재 아이티는 세계 최빈국 중의 하나다. 아이티의 헌법 실패의 요인이 프랑스 등의 식민 종주국들이 적극적으로 방해한 탓이라고만 할 수는 없어도, 서양의 제국주의에 책임이 없다고는 볼 수 없다.

멕시코 헌법의 역사

아이티와 달리 멕시코에서는 원주민이 서양인 침략자들에게 몰살당하지는 않았으나, 스페인의 지배는 300년이나 이어졌다. 또한 18세기 후반에 벌어진 미국 독립 전쟁과 프랑스혁명, 나폴레옹 전쟁 등의 영향을 받아 뮬라토와 마찬가지 혼혈인 크리올(Criollo, 스페인 태생이 아닌 현지 태생의 백인)을 중심으로 독립의 분위기가 무르익었다.

1808년, 나폴레옹 보나파르트가 스페인을 정복한 후, 스페인 국왕이었던 페르난도 7세를 폐위시키고, 자신의 형인 조제프 보나파르트를 스페인 국왕 호세 1세(José I)로 즉위시켰다. 이에 반발한 스페인 민중 봉기가 일어나면서, 스페인 독립 전쟁(1808~1814)이 발발했다. 이 전쟁의 여파로 라틴아메리카 식민지에서도 신임 국왕(호세 1세)에 대한 충성을 거부하는 움직임이 확산되었다. 1809년부터 1810년까지, 크리올 계층을 중심으로 한 독립 봉기가 본격화되었는데, 이 같은 흐름 속에서 1810년 9월 16일 멕시코에서는 미겔 이달고 신부가 '돌로레스의 외침'(Grito de Dolores)을 통해 스페인 식민 지배에 저항할 것을 촉구하며 독립전쟁을 시작했다. 1820년경 남아메리카에서는 시몬 볼리바르와 호세 데 산마르틴 등의 지도자들이 해방군을 이끌며 각 지역을 해방시켰다. 이들의 노력은 1821년 이후 콜롬비아, 베네수엘라, 에콰도르, 페루, 볼리비아, 아르헨티나, 칠레 등의 독립으로 이어졌다.

　한편 스페인 본국에서는 자유파가 정권을 잡았다. 1821년 9월 15일 보수파 크리올을 중심으로 멕시코 독립을 선언했고, 1823년에는 황제가 퇴위하고 제국이 붕괴하면서 멕시코 연방공화국이 수립되었다. 이어 1824년 10월 4일 멕시코 최초의 헌법이 제정되었다. 새 헌법에서 '공화국은 멕시코 연방이라는 이름을 가지며, 가톨릭을 유일한 국교로 하는 연방공화국'이라고 규정되었다. 1812년 스페인 헌법과 미국 헌법을 모델로 한 1824년의 헌법은 멕시코 연방을 19개 주, 4개 준주, 멕시코시티 연방 지구로 구성했다.

멕시코 내부에서는 중앙집권주의파와 연방주의파 간의 갈등이 격화되면서 정치적 혼란이 발생했다. 이러한 대립 속에서 1847년 헌법 수정안이 통과되었는데, 이는 본질적으로 1824년 헌법을 다시 시행하는 것과 다름없었다. 그러나 1846~1848년 미국-멕시코 전쟁에서 멕시코가 패배하면서 텍사스, 캘리포니아, 뉴멕시코 등을 포함한 영토를 상실하였고, 이후 1857년 2월 새로운 헌법이 제정되었다.

새 헌법은 "모든 인간은 자유롭고, 멕시코 땅을 밟는 것만으로도 자유로워진다."는 선언적인 문구로 시작되었으며, 공식적인 국가 교회를 부정하고 종교의 자유를 보장하였다. 그러나 이러한 개혁은 보수세력의 강한 반발을 불러왔고, 가톨릭교회를 지지하는 세력과 자유주의 개혁 세력 간의 내전(개혁 전쟁, 1858~1861)으로 치달았다. 이 와중에 프랑스가 멕시코 내 보수세력의 요청을 받아들여 1862년 멕시코를 침공하였고, 1864년 오스트리아의 막시밀리안 대공을 제2 멕시코 제국의 황제 막시밀리안 1세로 즉위시켰다. 이로 인해 가톨릭교회가 다시 공식적인 국가 교회로 등장하였다. 그러나 베니토 후아레스가 이끄는 멕시코 공화국군이 프랑스의 개입을 저지하고, 1867년 막시밀리안을 처형함으로써 제2 멕시코 제국을 무너뜨렸다. 이후 멕시코는 다시 세속주의적 공화국 체제로 복귀하였다.

20세기 초에는 가장 큰 정치적 격변이 멕시코에서 일어났다. 1907년 공황의 영향으로 전국에서 노동쟁의가 발발하였고, 1910

년에는 대통령 선거가 치러졌다. 디아스가 상대 후보인 프란시스코 마데로를 체포 감금한 것이 계기가 되어 '멕시코 혁명'이 시작되었다. 판초 비야, 에밀리아노 사파타, 베누스티아노 카란, 알바로 오브레곤 등이 이끈 혁명군은 노선의 차이에도 불구하고 결국 정부군을 물리치고 1917년에 혁명 헌법을 반포하면서 혁명은 끝이 났다. 그러나 지도자들 간의 노선 대립으로 정치적 불안 상태가 이어졌다.

1929년에는 다양한 혁명 세력을 규합한 국가혁명당이 창건되어 1910년 멕시코 혁명정신의 계승을 강령으로 내세웠다. 국가혁명당은 1938년 멕시코혁명당, 1946년 제도혁명당(PRI)으로 바뀌면서 70여 년간 일당독재를 이어갔다. 그러나 2024년에는 멕시코 역사상 최초의 여성 대통령이 등장한다.

쿠바 헌법 제1조

쿠바 헌법 제1조는 다음과 같다.

> 쿠바는 자주 사회주의에 의한 독립을 누리는 노동자의 국가로, 정치적 자유의 향유, 개인적이고 집단적인 복지, 인류의 일치단결을 위하여, 통일된 민주공화국의 형태로 공익과 공공으로써 조직되었다.

한국에서는 쿠바가 무상의료와 무상교육의 성지로 알려졌지만, 내가 직접 본 쿠바의 현실은 반드시 이상향이라고 보기 힘들었다. 무상이기는 했어도 그 수준은 대단히 후진적이었고, 특히 교육은 국가주의가 지배했다. 2019년 10월, 쿠바에서 체제를 근본적으로 바꾸는 대대적인 헌법 개정이 이루어졌다. 즉, 공산당 일당 체제를 유지하면서 사유재산과 시장경제를 처음으로 인정하고, 외국인 투자의 중요성과 인터넷의 역할을 인정하며, 중임(총 10년)만 허용하는 국가평의회 의장(대통령)의 임기 제한 및 연령 제한(60세 이하로 첫 임기 시작), 권력 분산과 정부 운영 감독을 위한 총리직 신설, 국회인 전국인민권력회의를 모델로 한 지방인민회의 폐지 등 지방정부 개편, 성 정체성에 기반을 둔 차별금지 원칙 명문화, 무죄추정 원칙 도입, 결혼은 남녀 간 결합이라는 문구 삭제 등을 포함한 헌법 개정이었다.

칠레 헌법 제1조

쿠바와 달리 칠레에서는 1980년 피노체트 군부에서 제정한 헌법을 개정하려고 한 2022년과 2023년, 국민투표에서 개헌안이 거부되었다. 보건, 교육, 의식주 등의 기초 인권을 비롯해 동물 생명권까지 보장하도록 명문화한 2022년 헌법은 '세계에서 가장 긴 헌법'으로 너무 복잡하다는 비판 속에 칠레 국민의 지지를 얻지 못했다. 그래서 2023년 개헌안은 크게 우회전하였고 이는 피노체트 헌법보다 더 보수적이라는 평가를 받았다. 가령 '태아 생명권 존중' 조항을 신설하여 지금 일부 허용 중인 임신 중절을 완전히 금지할 수 있다고 하여 여성 단체의 큰 반발을 샀다. 삼권분립하에서 대통령제를 취하는 칠레 헌법 제1조는 다음과 같다.

제1장 제도성의 기초
제1조 사람은 자유로우며 동등한 존엄성과 권리를 가지고 태어난다. 가족은 사회의 기초 구성단위이다. 국가는 사회를 조직하고 구조화하는 중간 집단을 인정하고 보호하며 특정 목적을 수행할 수 있도록 적절한 자율권을 부여한다. 국가는 인간을 위해 봉사하고 그 목적은 공익을 도모하는 것으로써 이를 위해 국가는 헌법이 정한 권리와 보장에 따라 국가 공동체의 모든 구성원과 각 개인으로 하여금 최대한 정신적, 물질적 실현을 할 수 있도록 사회적 환경을 조성할 의무가 있다. 국가는 국가의 안전을 보장하고, 국민과 가족을 보호하고, 가족의 안정을 돕고, 국가 제반 부문의 조화로운 통합을 장려하고, 모든 국민이 동등한 기회를 가지고 사회에 참여할 수 있는 권리를 보장할 의무가 있다.

브라질 헌법 제1조

브라질은 남미에서 가장 큰 나라이자 세계에서 면적이 다섯 번째, 인구가 일곱 번째인 대국이고 최근 경제대국으로도 발돋움하고 있다. 1889년 공화제로 변했으나 독재 체제가 오랫동안 유지되다가 1985년 이후 민정으로 이양되었고 2003년 룰라 정부 이후 경제발전을 이룩했다. 대통령제와 다당제 및 비례대표제를 정한 헌법 제1조는 다음과 같다.

> 해체할 수 없는, 주와 지방자치단체의 연합으로 결성된 브라질 연방공화국은 합법적인 민주주의 국가이며, 다음 사항에 기초한다:
> 1. 주권
> 2. 시민권
> 3. 인간의 존엄성
> 4. 노동의 사회적 가치와 자유 경제
> 5. 정치적 다원주의

아르헨티나 헌법 제1조

브라질에 이어 남미에서 면적이 두 번째로 큰 연방공화국인 아르헨티나는 4년 임기의 대통령 중심제 국가이다. 헌법 제1조는 다음과 같다.

> 아르헨티나는 이 헌법에 의해 연방공화국을 대표하는 정부의 수립을 받아들인다.

우루과이 헌법 제1조

한국에는 그다지 잘 알려진 나라가 아니지만 남미국가 가운데 민주주의 지수가 가장 높고 부패가 가장 적은 나라인 우루과이는 5년 단임제 대통령제 국가로 최근 세계에서 가장 가난하고 검소한 대통령인 호세 무히카의 등장으로 주목받았다. 1830년에 제정된 최초의 헌법은 1918년, 1934년, 1942년, 1952년, 1967년에 개정되었지만, 여전히 제헌헌법의 여러 조항을 유지하고 있다. 헌법 제1조는 "우루과이 동방공화국(República Oriental del Uruguay)은 그 영토 내에 있는 모든 주민으로 구성된 정치 연합이다."라고 규정한다.

7장

이탈리아 헌법
_무솔리니 파시즘과 민주주의

이탈리아 파시즘과 민주주의

파시즘의 모국인 이탈리아에서는 2024년 12월 축구경기장에서 독재자 무솔리니의 증손자가 골을 넣자 일부 선수와 관중이 파시스트 경례를 한 사건으로 시끄러웠다. 같은 해 6월에는 집권당의 청년 당원들이 파시즘과 나치 구호를 외치는 사건이 있었지만, 현 총리인 멜로니는 침묵하였다. 총리는 무솔리니를 추종하는 네오파시스트 정당 이탈리아사회운동당(MSI)에서 정치를 시작했다. 1946년에 창당한 MSI는 '무솔리니여, 영원불멸하소서'(Mussolini, sei immortale)의 머리글자를 딴 것이다. 아래에서 보게 될 1948년 헌법에서는 파시스트당의 재건을 금지했다. 따라서 MSI는 연립정부에서 배제되었고 그 뒤로도 약체로 머물렀으나, 1994년에서 2011년까지 집권한 언론 재벌 실비오 베를루스코니를 비롯한 보수

정당 정부에서 재기했다. 베를루스코니는 무솔리니를 이탈리아의 '가장 위대한 정치인'이라고 하면서 그가 세운 수용소들은 모두 '휴양 시설'이었다고 주장했다.

앞에서 살핀 독일에서는 이탈리아에 비해 파시즘 청산이 철저하다고 평가됨에도 불구하고 네오파시즘이 준동하는데, 하물며 과거 청산에 소극적이었던 이탈리아에서 MSI가 꾸준히 성장한 것은 그리 놀라운 일도 아니다. 1972년 전국 선거에서는 득표율이 7.2퍼센트에 이르렀고, 그 뒤로도 계속 성장했다. 무솔리니의 손녀로 포르노 배우 등으로 활동한 알렉산드라 무솔리니가 1992년부터 MSI의 국회의원으로 활동하는 것을 비롯하여 남부를 중심으로 한 네오파시즘 운동은 그 뒤로도 더욱 세력을 키워나가고 있는 실정이다.

이탈리아 헌법 제1조_노동에 기초하다

이탈리아 공화국 헌법 제1조는 다음과 같다.

1항 이탈리아는 노동에 기초한 민주공화국이다.
2항 주권은 인민에게 있으며, 헌법에 따라 그리고 헌법의 한계 내에서 인민에 의해 행사된다.

1948년 이탈리아 공화국 헌법은 '기본원칙'이라는 제목하에 12개 조문을 두고 있으며, 그중 제1조는 한국 헌법 제1조와 유사한 내용을 담고 있다. 그러나 '노동에 기초한'이라는 표현은 민주공화국 헌법 중에서도 특이한 것이다. 이러한 문구가 들어간 배경에는 헌법 제정 당시 제2차 세계대전 이후의 파시스트 정권이 몰락했다는 점과 노동자들의 생활 안정 및 국가 경제 재건이 가장 중요한 국가적 과제였다는 점 등을 들 수 있다. 즉 노동자계급을 국가 재건에 동참시키면서 프랑스 혁명 정신에 의한 사회적 연대와 노동을 인권의 기초로 두기 위해 규정한 것이다. 이러한 역사적 배경은 다음과 같은 설명으로 알 수 있다.

> 우리 헌법이 제정된 곳으로 순례를 떠나고 싶다면 빨치산이 쓰러진 산, 그들이 수감되었던 감옥, 그들이 교수형에 처해진 들판으로 가십시오. 이탈리아인이 자유와 존엄을 되찾기 위해 목숨을 잃은 곳이라면 어디든지, 젊은이들이여, 그곳에 가서 숙고해보십시오. 왜냐하면 그곳이 바로 우리 헌법이 탄생한 곳이기 때문입니다.[31]

아래에서 보듯이 제1조의 구체적인 내용은 사회주의 국가의 헌법보다도 더 상세하고 구체적이다. 제1조 1항의 '노동에 기초한 민주공화국'이란 다음의 제2~4조로 더욱 구체화된다. 즉, 제2조에서 "공화국은 개인뿐만 아니라 사회단체에서 개성을 표현할 인간의 불가침 권리를 인식하고 보장하며, 사회적·경제적·정치적인 연대의 필수적인 의무의 이행을 요구한다."라고 하고, 제3조에서는 "모든 국민은 성·인종·언어·종교·정치적 견해·개인적 및 사회적 조건의 차별 없이 평등한 사회적 존엄성을 가지며 법 앞에 평등하다. 국민의 자유와 평등을 제약하는 경제적 또는 사회적 성격의 장애물을 제거함으로써 인간의 완전한 발전과 국가의 정치적·경제적·사회적 조직에 대한 모든 노동자의 효과적인 참여를 방해하는 것이 공화국의 의무이다."라고 했다. 이어 헌법 제4조는 "공화국은 모든 국민이 일할 권리를 인정하고 이 권리를 유효하게 하는 조건을 촉진한다. 모든 시민은 개인의 잠재력과 선택에 따라 사회의 물질적 또는 정신적 진보에 기여하는 활동이나 기능을 수행할 의무가 있다."고 규정한다. 노동의 권리(노동권)는 이탈리아 노동시장 정책(고용정책)에서 중요한 역할을 하는데, 그 구체적인 내용은 35조 이하에서 규정된다. 이러한 권리 보장은 구체적으로 노동권과 사회보장권을 비롯한 풍부한 사회권 조항의 규정으로 나타난다.

여기서 주의할 점은 이탈리아 헌법에서 '사회권'이란 헌법 제1부 '시민의 권리와 의무' 제2장 '윤리적 및 사회적 권리'에서 가족의 권리, 아동에 대한 부모의 권리와 의무, 혼외자의 보호, 모친과 아동과 청년의 보호(제29~31) 조항을 제외한 건강권(제32조), 학문과 예술 및 과학(제33조), 국립학교와의 균형을 요구하는 사립학교의 권리, 초등교육의 의무와 국가의 무상교육 조성 조치 등 교육(제34조)에 관한 권리를 말한다는 점이다. 반면 우리나라에서 흔히 사회권이라고 하는 것은 이탈리아 헌법 제1부 제3장 '경제적 권리와 의무'(제35조~제47조)에서 노동과 관련된 내용을 규정한 조항(제39~40조)으로 구체화되어 있다.

헌법 제35조는 노동권 조항으로 "공화국은 모든 형태와 관행의 노동을 보호한다. 공화국은 노동자의 교육 및 전문성 발전을 제공한다. 공화국은 노동권을 확립하고 규제하는 것을 목표로 하는 국제 협약 및 조직을 촉진하고 장려한다. 공화국은 공익을 위해 법이 정한 의무에 따라 이민의 자유를 인정하고 해외에 있는 이탈리아 노동자를 보호한다."고 규정한다.

이어 제36조에서 제28조까지는 노동조건권에 관한 조항이다. 제36조는 "노동자는 자신의 업무의 양과 질에 상응하는 임금을 받을 권리를 가지며, 어떠한 경우에도 노동자와 그 가족이 자유롭고 존엄한 생활을 보장받을 수 있는 권리를 가진다. 하루 최대 노동시간은 법으로 정한다. 노동자는 주휴일과 유급 연차를 가질 권리가 있다. 그들은 이 권리를 포기할 수 없다."라고 되어 있는데, 최저임금의 기준을 "노동자와 그 가족이 자유롭고 존엄한 생활을 보장받을 수 있는" 것이어야 한다는 점을 주목할 만하다.

제37조는 "일하는 여성은 남성과 동등한 권리를 가지며, 비슷한 직업에 대해 동등한 임금을 받을 권리가 있다. 노동조건은 여성이 가정에서 필수적인 역할을 다할 수 있도록 해야 하며, 산모와 아이를 적절히 보호할 수 있도록 보장해야 한다. 법률은 유급 노동에 대한 최소 연령을 규정한다. 공화국은 특별 조항을 통해 미성

년자의 노동을 보호하고 동일 노동에 대한 동일 임금을 받을 권리를 보장한다."고 하여 여성과 아동에 대한 동일 노동, 동일 임금을 규정하고, 여성 노동이 가정과 조화를 이루고 산모와 아이의 안위를 보장하도록 명시했다.

　제38조는 "일을 할 수 없고 필요한 생계 수단이 없는 모든 국민은 복지지원을 받을 권리가 있다. 노동자는 사고, 질병, 장애, 노령 및 비자발적 실업의 경우 자신의 필요와 필수품에 대한 적절한 수단을 보장받을 권리가 있다. 노동 능력이 없는 자와 장애인은 교육과 직업 훈련을 받을 권리가 있다. 이 조항에 따른 책임은 국가가 설립하거나 지원하는 단체 및 기관에 위임된다. 민간 부문의 원조는 무료로 제공될 수 있다."고 하여 사회보장권을 규정한다.

　이어 제39조는 단결권 및 단체교섭권 조항으로 "노동조합은 자유롭게 설립될 수 있다. 노동조합은 법률 조항에 따라 지역 또는 중앙 사무소에 등록하는 것 외에 다른 의무를 부과할 수 없다. 가입의 조건은 노동조합의 정관이 민주적 기초 위에 노동조합의 내부 조직을 확립하는 것이다. 등록된 노동조합은 법인이다. 그들은 구성원 자격에 비례하는 통일된 대표를 통해 협약에 언급된 범주에 속하는 모든 사람에게 의무적인 효력을 갖는 단체협약을 체결할 수 있다."고 하고, 제40조는 단체행동권 조항으로 "파업권은 법률이 정하는 바에 따라 행사하여야 한다."고 규정한다.

　이어 법률에 의한 사적 기업의 제한(제41조), 특정 기업의 국유화(제42~43조), 사적 토지 소유의 제한(제44조)이 규정된다. 제41조는 "사적 경제 기업은 자유이다. 그것은 공동선에 반하거나 안전, 자유 및 인간 존엄성을 손상하는 방식으로 수행되어서는 안 된다. 법률은 공공 및 민간 부문의 경제 활동이 사회적 목적을 위해 지향되고 조정될 수 있도록 적절한 프로그램과 통제를 규정해야 한다."고 하고, 제42조에서는 "재산은 공적 또는 사적이다. 경제적 자산은 국가, 공공 기관 또는 개인에게 속할 수 있다. 사유 재산은 법률에 의해 인정되고 보장되며, 법은 사회적 기능을 보장하고 모든 사람이 접근할 수 있도록 사유 재산을 취득하고 향유하는 방법과 그 제한을 규정한다. 법률이 규정하고 보상 조항이 있는 경우, 사유 재산은 일반적인 이해관계의 이유로 몰수될 수 있다."고 되어 있다.

제45조는 협동조합에 관한 조항으로 "공화국은 상호지원적이고 사적 투기를 지향하지 않는 협동조합의 사회적 기능을 승인한다. 법은 적절한 수단을 통해 협동조합을 촉진하고 장려하며, 적절한 점검을 통해 그 성격과 목적을 보장한다. 법은 수공예품을 보호하고 장려한다."고 규정하고 있다. 그리고 제46조에서는 "노동자의 경제적 및 사회적 개선을 위하여, 그리고 생산의 필요성과 조화를 이루기 위하여, 공화국은 노동자가 법률이 정한 방식과 한도 내에서 기업의 경영에 협력할 수 있는 권리를 인정한다."고 하며, 제47조에서는 "공화국은 모든 형태의 저축을 장려하고 보호한다. 공화국은 신용의 운영을 규제하고, 조정하고, 감독한다. 공화국은 주택과 농장 소유를 촉진하고 사적 저축을 통해 주요 국민 기업에 대

한 직간접적인 지분을 소유한다."고 기업 관리에 협력할 노동자의 권리 및 저축의 장려, 보호 등을 규정하고 있다.

이탈리아 헌법 제1부의 제1장은 제13조부터 제28조까지 16개 조항에서 자유권을 규정한다. 즉 신체의 자유(제13조), 주거의 불가침(제14조), 통신의 자유와 비밀(제15조), 이동과 출국과 재입국의 자유(제16조), 집회와 결사의 자유(제17~18조), 종교의 자유(제19~20조), 표현의 자유와 검열의 금지(제21조), 재판을 받을 권리(제22~26조), 무죄추정의 원칙과 전시 군법 이외의 사형 금지(제27조) 등을 규정한다. 그리고 종교의 자유와 관련된 정교분리는 제7~8조에서 규정한다.

제4장은 '정치적 권리와 의무', 즉 참정권에 관한 것으로 투표권(제48조), 정당조직권(제49조), 의회청원권(제50조), 공무담임권(제51조), 그리고 병역 의무와 군대조직의 민주화(제52조), 납세의 의무(제53조), 국가와 헌법 및 법률에 대한 충성 의무(제54조)를 규정한다.

이탈리아 헌법 제1조의 인민주권주의

이탈리아 헌법 제1조 2항의 인민주권주의를 구체화한 조항 중에 직접민주주의적 조항으로는 헌법 제70조에서 최소 5만 명의 유권자가 서명한 법안을 제안할 수 있게 한 것, 제75조의 인민투표

조항에 따라 50만 명의 선거인이나 5개 주의회가 법률 등의 폐지를 요구하면 인민투표를 실시하여 폐지할 수 있게 한 것 등이다. 단 세금, 예산, 사면을 규제하는 법률이나 국제 조약을 비준하는 법률에 대한 인민투표는 인정되지 않는다. 하원의원에 투표할 자격이 있는 모든 시민은 인민투표에서 투표할 권리가 있으며, 자격이 있는 사람의 과반수가 투표하고 유효투표의 과반수가 찬성하면 법률은 폐지된다.

헌법 제2부의 '공화국 조직' 제1장은 의회를 규정하고 있지만, 이탈리아의 정부형태를 의원내각제라고 볼 수는 없다. 이탈리아는 다수 정당 시스템과 비례대표 선거제도라는 두 가지 제도를 취한 결과 영국과 같은 양당제가 아니라 여러 정당의 연합으로 정부를 형성하여 유지해 왔다(연합제 모델). 국민이 직접 선출하는 의원들로 운영되는 의원내각제이지만, 의원들과 지역대표들이 간접선거로 선출하는 대통령에게 의회해산권(제88조)과 수상 임명권(제92조), 법안 서명권, 헌법재판관 3분의 1의 지명권 등 막강한 권한을 부여한다. 특히 대통령은 법안에 대해 거부권을 행사할 수 있으며, 합리적인 의견을 제시하여 의회에 돌려보낼 수 있다. 하지만 이 법안이 다시 통과되면 거부권은 무효화되고 대통령이 서명해야 한다.

이탈리아 탄핵 심판제도는 헌법재판소의 15명 헌법재판관 외에 일반 시민 16명이 참심원으로 참가하여 심판체를 구성한다는 점에서 국민의 참여를 인정한다(제135조 7항). 탄핵 심판이 정치재판이라는 점을 고려하여 전문재판관 외에 일반 시민인 참심 재판관을 추가하고, 또 그 수도 헌법재판관보다 더 많게 한 것이다. 참심 재판관은 의회 양원 합동회의가 9년마다 선정하는 40세 이상의 시민 45명 중 추첨으로 선정되고, 헌법재판관과 동일한 신분보장과 보수를 받고, 그 직무수행 중 표명한 의견이나 표결에 대해 책임을 지지 않는다. 이탈리아의 탄핵심판은 형사재판과 유사하다. 이에 비해 우리 헌법은 "탄핵 결정은 공직으로부터 파면함에 그친다. 그러나 이에 의하여 민사상이나 형사상의 책임이 면제되지는 아니한다."(제65조 제4항)라고 규정하고 있어 탄핵 결정의 효과는 파면에 그치고, 형사재판은 별도로 이루어진다.

이탈리아 헌법의 역사_파시즘과 민주주의

이탈리아 현행 헌법의 독특한 형태를 이해하려면 그 역사적 배경을 먼저 검토해야 한다. 19세기 중반에 접어들면서 프랑스혁명과 나폴레옹의 영향으로 이탈리아에서도 자유주의 국가를 요구하는 목소리가 커졌고, 1848년 사르데냐 왕국에서는 프랑스 헌법을 모델로 한 '알베르토 헌장'이 제정되었다. 이 헌장은 1948년 이탈리아 공화국 헌법이 제정될 때까지 유지되었다.

1861년, 이탈리아반도 서북부 피에몬테를 중심으로 한 사르데냐 왕국이 주도하여 이탈리아를 통일하면서 근대국가로 발전하기 시작했다. 그러나 제1차 세계대전 이후 1922년, 베니토 무솔리니가 정권을 장악하며 1943년까지 독재정치를 이어갔다. 무솔리니 정권은 약 20년 동안 공산주의 세력과 노동조합을 탄압하고, 보통선거제로 구성되던 하원을 폐지한 뒤, 파시스트당과 각종 직능 조합 대표들로 구성된 '파쇼노동회의'를 통해 일당독재 체제를 구축했다.

제2차 세계대전 종전 후 이탈리아에는 세 가지 중대한 과제가 있었다. 첫째, 파시스트들과 그 동조자들의 처벌과 공직 추방, 둘째, 새로운 헌법의 제정, 셋째, 경제 복구였다. 그중에서 가장 어려운 문제는 '숙청'이었다. 한국에서는 '공산주의자를 숙청했다'는 표현은 흔히 쓰지만, 해방 후 문제시되었던 친일 분자를 정리하는 것을 두고 '숙청'했다고는 말하지 않는다. 인민이나 노동이라는 말을 북한 전용어인 것처럼 말하는 경향과 유사한 경향이라고 할 수 있다. 그러나 이탈리아에서는 파시스트 정리를 '숙청'이라고 말한다. 사실 1945년 4월부터 6월까지 3개월 만에 약 1만 5천 명이 살해되었으니 숙청이라고 할 만하다. 반면 남한에서는 친일 분자가 1만 5천 명은커녕 그 천 분의 1인 15명도 살해되지 않았다. 그런데 이탈리아에서도 한국에서와 같이 인민해방위원회가 정상적인 숙청 작업에 착수하자 엄청난 반감이 생겨났다. 특히 법원의 판사들과 배심원들은 피고인 못지않게 자기들에게도 책임이 있음을 알았기에 판결을 거부하여 결국 숙청은 실패했다. 그래서 파시스트 시대의 판사들만이 아니라 관료들이 여전히 득세하여 민주주의 개혁도 실패로 돌아갔을 뿐만 아니라 도리어 레지스탕스들이 범죄를 저질렀다는 이유로 처벌되고 파시스트는 사면되었다. 심지어 무솔리니를 비판한 작가가 군인들의 명예를 훼손했다는 이유로 처벌을 받았다. 1957년에만 국가에 대한 명예훼손을 이유로 550명이 고소되었다.

헌법을 제정해야 파시즘의 대두를 막을 수 있다고 믿은 점도 숙청에 소극적이었던 이유 중 하나였다. 1946년 6월 헌법 제정을 위한 총선거와 함께 실시된 국민투표에서 약 200만 표의 차이로 공화제가 결정되었으나, 공화제를 지지하는 북부와 그것에 반대하는 남부의 대립이 현저해졌다. 제헌의회 선거에서는 전체 556석의 의석 중 기독교민주당(DC)이 207석, 사회당(PSI)이 115석, 공산당(PCI)이 104석을 차지하여 세 개의 정당이 의석의 약 75퍼센트를 석권한 결과, 헌법 제정 활동의 주도권을 잡았다. 제헌의회의 구성에서 알 수 있듯이, 이탈리아 헌법은 우파인 기독교민주당의 이념과 좌파인 사회당과 공산당의 사회주의 이념이 타협한 산물로 반파시즘의 정신을 내포한 것이었다.

제헌의회는 즉시 헌법 기초에 착수하여 1948년 1월 1일 공화국 헌법을 정식으로 공포하였다. 의원내각제가 양원제, 비례대표제, 지방자치제와 함께 채택되었고, 헌법 제1조에 따라 강화된 제40조의 파업권은 '법이 정하는 범위 내에서만 행사되어야 한다.'고 제한되었다. 그 밖에도 당시 헌법에는 모순이 많았다. 공허한 수사에 그치거나 애매한 규정도 많았다. 특히 1931년의 형법과 공안법

1947년 12월 27일, 임시 국가수반 엔리코 데 니콜라가
헌법 제15조 8항에 의거하여 헌법에 서명하고 있다.

이 그대로 유지되는 상황이었기에 헌법은 기능 장애를 일으킬 수밖에 없었다.

그러나 헌법이 개정되었다고 해서 과거의 상징, 수사, 인물, 그리고 기존 제도들이 즉각적으로 변화한 것은 아니었다. 대부분의 요소가 그대로 유지되었다. 이는 독일과 같은 다른 나라에서도 마찬가지였지만, 특히 이탈리아에서는 이러한 현상이 두드러졌다. 따라서 새로운 질서의 도래를 기대했던 사람들의 절망감은 매우 컸으며, 결과적으로 반체제 정당의 성장, 저항운동의 확산, 심지어 테러리즘의 조장으로까지 이어졌다. 헌법 또한 원활하게 작동하지 못했다.

1944년 노동자동맹이 재건되었으나, 1946년에는 기업 측의 대규모 해고를 수용하는 결정을 내렸으며, 개별 기업 단위가 아닌 전국적 차원의 임금협상이 이루어졌다. 이는 사실상 기업 측이 작업장 내 지배권을 확립하는 결과를 초래했다. 노조 측은 이에 대응하여 임금의 '순응률제'[32]를 도입했으며, 이 제도는 1985년까지 유지되었다. 이후 1948년 총선에서 기독교민주당이 다수 의석을 차지하면서, 이탈리아 정치권에서는 이후 40년간 사실상 일당 우위 체제가 지속되었다.

8장

일본 헌법
_천황 파시즘과 민주주의

일본 파시즘과 민주주의

1997년에 조직되어 약 4만 명의 회원을 거느린 일본회의(日本会議)는 일본 최대의 우익단체이자 파시즘 성향을 띠는 조직으로 자민당과 밀접한 연관이 있다. 일본회의는 현행 평화헌법에 기반한 전후 체제를 부정하며, 군대를 공식적으로 인정하는 헌법 개정을 주장한다. 또한 제2차 세계대전 이전의 일본 파시즘적 천황제 체제와 그 사상을 복원하기 위해 수정주의 역사 교육과 제국시대 법제의 부활을 추진하고 있다. 일본 국회의원의 약 40퍼센트에 해당하는 270여 명이 일본회의에 소속되어 있으며, 창립회원 중에는 전 총리 아베 신조가 포함되어 있다. 특히 아베 내각이 출범했을 당시 20명의 각료 중 15명이 일본회의의 회원인 적도 있었다.

일본회의의 선구 조직 중 하나인 '일본을 지키는 모임'은 1974

년에 우파 계열 종교의 집결체로 조직되었다. 특히 제2차 세계대전 당시 '천황 신앙'을 호소하며 전쟁 선동과 선전에 앞장섰는데, 전후에도 헌법을 부정하는 등 신흥종교단체인 '생장의 집'(生長の家)이 일본 신토의 중심인 신사본청과 함께 주도적인 역할을 했다. 또한 일본 전국의 8만여 개 이상의 신사 중 9할 이상을 거느렸고, 신관 자격을 수여하는 신사본청에는 메이지 신궁이나 이세 신궁 같은 부유한 종교법인들이 다수 소속되어 있을 만큼 자금력과 인원동원 능력 또한 탁월하다.

일본회의는 전후 연합군총사령부(GHQ)가 국가신토(神道)[33]를 철폐하면서 탄생한 조직이지만, 실제로는 '메이지의 정치체제와 이념을 부활시킬 발판이 되는 시책을 강하게 지원'하면서 국가신토의 부활을 추구한다. 신관 자격 취득 학과를 운영하는 국학원대학과 신궁황학관대학은 국가신토를 뿌리로 하여 천황이 통치하고 천황을 최고 정신적 통합자로 섬기는 황국 건설을 목표로 한다. 일본회의의 또 다른 선구 조직인 '일본을 지키는 국민회의'는 1981년에 성립되었고, 고등학교 일본사 교과서인 『신편 일본사』를 만들어 일본 교과서 왜곡의 핵심인 복고조 역사관의 전개에 영향을 미쳤다.

일본에서는 '역사 교과서 왜곡' 사태가 심심찮게 벌어진다. 그 결정판이라고 할 수 있는 니시오 간지의 『국민의 역사』라는 책이 최근 일본에서 수십만 권이 팔리는 베스트셀러가 되었다. 그 책은 청일전쟁(1894~1895)과 러일전쟁(1904~1905)에 대해 "제국주의 열강의 조선과 중국에 대한 침략 압력에 대항하여 일본이 용기와 기개를 발휘한 전쟁이었다. 한국 병합은 당시 생각해낼 수 있었던 가장 좋은 조치로써, 국제적인 비난도 없었다. 그것을 일본의 제국주의 전쟁이라고 하는 것은 당치도 않다."(교과서, 28)라고 하거나 "한국 병합에 대해 '한국이 일본을 원망하는 것은 맥락이 통하지 않는 것으로… 원망하려면 일본이 아니라 자국의 지도자들에 대해서가 아닐까?'"(교과서, 55)라고 말한다.

일본은 1868년 메이지유신(明治維新)을 단행했다. 유신이란 용어는 한국에서도 1972년 '시월유신'에서 사용되었는데 이는 일본의 메이지유신에서 영향을 받아 차용된 표현이다. 유신이란 말을 박정희가 사용했다고 해서 일본 측에서 문제를 제기한 적은 없다. 그러나 일본은 두 유신의 역사적 의미가 다르다고 생각했을지 모른다. 여하튼 일본은 메이지유신을 일본 역사에서 대단히 자랑스러운 일로 찬양하는 반면, 한국에서 시월유신을 그렇게 찬양하는 사람은 많지 않다.

일본에서 '메이지유신'은 영어로 Meiji Restoration으로 표기되듯이 복고적인 것과 개혁적인 것을 함께 뜻한다. 일본의 근대 파시즘은 메이지 유신에서 비롯되는데, 그것은 일본의 전통을 기반으로 하여 서구 문명을 수용하려는 정치 운동이었다. 그래서 일본 최초의 역사서라고 하는 『고사기』(古事記)나 『일본서기』(日本書紀)에 근거하여 천황이 천상의 신의 자손이라고 하고 조상제사를 강조한 유교 전통을 신토(神道) 안에 흡수했다. 신토는 야스쿠니 신사(靖國神社)를 비롯한 많은 신사의 창건으로 보급되어 충(忠)과 효(孝)에 기반한 천황 숭배 문화를 정착시켰다. 그리고 1890년 '교육칙어'와 헌법을 반포하여 파시즘에 근거한 국수주의적 국가통합의 기초를 확립했다. 그 후 일본 파시즘에는 우여곡절이 있었고, 그 절정인 제2차 세계대전에서 패배하였으나, 파시즘의 체질은 변하지 못하여 지금까지 유지되고 있다고 해도 과언이 아니다. 일본 파시즘의 상징인 천황은 제2차 세계대전을 벌인 전범으로 히틀러나 무솔리니와 같은 운명을 맞아야 했으나, 번연히 살아서 현행 헌법에서도 메이지 헌법과 마찬가지로 헌법 제1조를 비롯한 제1장에 규정되어 있다.

일본 헌법 제1조_천황

일본 헌법 제1조는 다음과 같다.

천황은 일본국의 상징이며 일본 국민 통합의 상징으로서, 그 지위는 주권을 가진 일본 국민의 총의에 기초한다.

이 책의 머리말에서도 지적했듯이 헌법 제1조에 쓰인 상징이니 총의니 하는 애매한 표현은 법적 문장에서는 거의 사용되지 않는 것들이다. 천황이 제2차 세계대전의 전범이므로 당연히 히틀러나 무솔리니처럼 자살하거나 사형시켰어야 함에도 죽기는커녕 과거처럼 헌법적 존재로 인정하려고 하다 보니 이런 식의 이상한 문장이 헌법 제1조에 들어간 것이다. 천황의 명령으로 모두 자살하는 소위 옥쇄 운운하던 일본인들이야 이를 고마워할지 모르지만, 천황의 이름으로 나라를 빼앗기고 36년간 식민지 지배를 당하면서 수십만 명이 그로 인해 비명을 달리한 한국인의 입장에서는 도저히 이해할 수 없는 헌법 제1조가 아닌가? 아무리 좋아한다고 해도 그렇지, 전범인 천황을 헌법 제1조에 나라의 상징이라고 규정한다니 해도 해도 너무하는 것이 아닌가? 폭력단이 경찰과의 싸움에 패한 뒤에 경찰이 그 중간 간부 몇 명만 처벌하고, 나머지 졸들을 살려두면서 그들의 반항을 달래기 위해 두목을 상징적 존재로

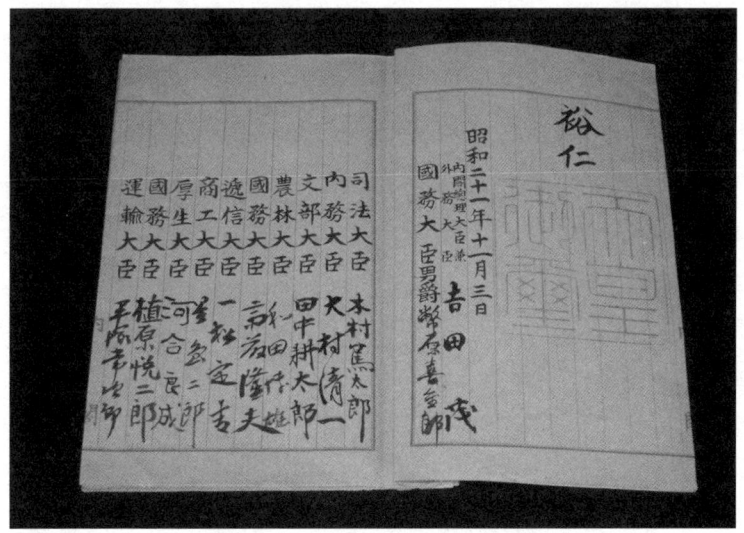

쇼와 천황과 내각 각료가 서명한 일본 헌법

바꾸어 폭력단을 그대로 유지하게 하는 것과 뭐가 다른가? 게다가 제1조 앞의 전문에서 다음과 같이 평화니 전쟁 금지니 운운하면서 그렇게 한다니 웃기는 일이 아닌가?

일본 국민은 정당하게 선출된 국회의 대표를 통하여 행동하고, 우리와 우리의 자손들을 위하여 모든 국민과의 평화적 협력에 의한 성과와 우리나라 전체에 걸쳐 자유가 가져오는 혜택을 확보하며, 정부의 행위로 다시는 전쟁의 참화가 일어나지 않도록 할 것을 결의하고, 이에 주권이 국민에게 있음을 선언하며 이 헌법을 확정한다.
본래 국정이란 국민의 엄숙한 신탁에 의한 것으로서 그 권위는 국민으로부터 나오고, 그 권력은 국민의 대표가 행사하며, 그 복리는 국민이 향유한다. 이는 인류 보편의 원리이며, 이 헌법은 이러한 원리에 기초한 것이다. 우리는 이에 반하는 모든 헌법, 법령 및 조칙을 배제한다.
일본 국민은 항구 평화를 염원하고, 인간 상호 관계를 지배하는 숭고한 이상을 깊이 자각하며, 평화를 사랑하는 모든 국민의 공정과 신의를 신뢰하여 우리의 안전과 생존을 온전하게 지키기로 결의하였다. 우리는 평화를 유지하고, 전제와 예종, 압박과 편협을 지상에서 영원히 제거하고자 노력하는 국제 사회에서 명예로운 지위를 차지하기를 염원한다. 우리는 전 세계 국민이 다 같이 공포와 빈곤에서 벗어나 평화로이 생존할 권리를 가지고 있음을 확인한다.

우리는 어떠한 국가도 자국의 사정만 중시하여 다른 국가를 무시하여서는 아니 되며, 정치 도덕의 법칙은 보편적인 것으로서, 이 법칙을 따르는 것은 자국의 주권을 유지하고 다른 국가와 대등한 관계에 서고자 하는 각국의 책무라고 믿는다. 일본 국민은 국가의 명예를 걸고 전력을 다하여 이 숭고한 이상과 목적을 달성할 것을 맹세한다.

'상징 천황'이라고 하는 말의 황당무계함

일본에서는 헌법 제1조의 천황을 '상징 천황'이라고 한다. 그러나 일본 헌법 제1조의 상징이니 총의니 하는 말은 지극히 애매한 표현이다. 법적 개념으로는 잘 사용하지 않는 매우 애매한 말들로, 한국법은 물론 일본법을 비롯한 외국법에서도 보기 어렵다. 그래도 남의 나라 헌법 제1조이니 이해하려고 노력해보자. 상징이란 추상적인 관념을 나타내는 구체적인 것을 말한다. 가령 국기를 국가의 상징이라고 할 때 국가는 추상적인 것이고 국기는 구체적인 것이다. 마찬가지로 천황을 '일본국'이나 '일본 국민 통합'의 상징이라고 하는 것은 천황을 국기와 같은 존재로 본다는 것이다. 그러나 천황은 국기와 달리 살아 있는 인간이므로 국기와 같은 상징에 그칠 수 없다. '일본국'과 '일본 국민 통합'이란 사실상 같은 말이므로 동어반복에 불과한데, 헌법 제1조에 이런 식의 동어반복을 하다니 참으로 황당하기 그지없다. 어떻게든 천황이라는 존재를 미화시키고자 하는 '눈물겨운' 노력으로 보인다.

'상징'과 '대표'는 명확히 구별되는 개념이다. '대표'는 대표자와 피대표자가 동질적이라는 전제를 바탕으로 하며, 따라서 대표자의 행위는 법적으로 피대표자의 행위로 간주될 수 있다. 그러나 '상징'은 다르다. '상징'은 상징자와 피상징자가 이질적이라는 점을 전제로 하며, 단지 관념적으로 상징하는 것에 그친다. 즉, 상징은 특정한 개념이나 가치를 추상적으로 나타낼 뿐, 법적·실질적 동일성을 전제하지 않는다. 그리고 상징이라고 하는 경우 그것을 물건이 아닌 사람으로 한정하여 말하기란 어려운 일이다. 가령 한국을 상징하는 사람으로 누구를 거론할 수 있는가? 미국을 상징하는 인물로 누구를 말할 수 있는가?

그런데도 일본이 헌법 제1조에 상징이라는 애매한 표현을 사용한 이유는 과거 천황의 막강한 대권을 없애면서도 천황이라는 존재 자체는 그대로 두어야 할 필요 때문이었다. 헌법 제정 당시 일본 국민이나 점령군인 미군이나 일본 정치인들이나, 천황제를 폐지하면 엄청난 혼란이 올 것이라고, 특히 사회주의 세력이 힘을 가질 것이라고 우려하여 그것을 폐지하지는 않고 보존하고자 기어이 상징이라는 표현을 쓰게 된 것이다.

'총의'라는 말도 애매하기는 마찬가지다. 그러나 상징이라는 개념과는 달리, 천황이 국민의 총의에 기초한다는 것은 대표를 방불케 하는 것이므로 상징이라는 말보다 그 내용이 더욱 심각하다.

총의란 '공동체 구성원의 일반적인 동의'를 의미하고 '합리적인 반대 의견이 없는 상태'를 말한다. 일본 헌법 제정 당시 일본인 모두가 단 한 사람의 반대도 없이 천황이 헌법 제1조에 규정되는 것에 반대하지 않았다는 말인가?

여하튼 위 조항을 읽으면 도대체 일본국의 주권은 궁극적으로 누구에게 있다는 것인지 아리송하다는 생각이 든다. 이 규정은 원래 초안에서는 "이 지위는 일본 국민의 지고(至高)의 총의에 기한다."는 것이었는데, 이는 국민주권이라는 말을 가능한 한 피하고자 한 당시 정부의 의향을 나타낸 것이었으나 중의원 심의 과정에서 지금처럼 바뀐 것이다. 그러나 그 문장에서 일본 국민 앞에 그들이 '주권'을 가진다는 것을 더했다고 해도, 그리고 그 대신 '지고'라는 말을 지웠다고 해도 '천황이 국민의 총의에 기초한다.'고 하는 점은 달라지지 않는다. 국민 모두 천황을 떠받든다는 것은 전쟁 전이나 전쟁 이후나 여전하다는 뜻이다. 천황의 최고성, 지고성은 변한 게 없다.

게다가 주권이 국민에게 있다고 하면서도, 천황의 지위는 '국민의 총의'에 기초한다니 천황은 '국민의 주권의 총의'에 기초한다는 존재라고 하는 말이라고 볼 수 있는데, 그렇다면 국민 전체의 주권이 천황에게 있다는 말이 되는 것 아닌가? 그래서 천황은 국가의 상징이자 국민 통합의 상징이라고 하는 것이 아닌가? 만일 그렇게 볼 수 있다면 주권이 천황에게 있다는 전쟁 전의 대일본제국 헌법과 무엇이 다른가?

나는 일본에서 법학박사 학위를 받고, 오사카대학과 고베대학 및 리츠메이칸대학에서 한국법과 일본법을 비교하는 강의를 했으며, 학회 참가나 여타 일로 매년 몇 번씩 일본을 방문했으나, 지금도 도저히 이해할 수 없는 일이 천황이다. 42년 전 일본에 처음 갔을 때 모든 신문이나 방송에서는 천황을 비롯한 그 가족들에게만 '님'이라는 존칭을 사용하는 것을 보고 깜짝 놀랐는데, 그것은 지금도 마찬가지이다. 천황에 대해 비판적인 주류 언론은 하나도 없고, 정당 중에는 공산당만이 비판을 한다. 그러니 공산당원을 뺀 나머지 일본인은 모두 천황과 함께 하는 소위 군민일체(君民一體)의 민족이다.

지금도 왕이 있는 소위 입헌군주제 나라들은 많다. 그러나 일본의 천황은 다르다. 군민일체 천황제의 본질이 변하지 않고 있기 때문이다. 지금도 천황이 나타나면 일본인들은 모두 만세를 부른다. 일본에서 살다 보면 지진을 비롯하여 자연재해를 많이 경험하게 된다. 그런데 재해 현장 보도에서 항상 만나는 것은 천황 부부나 왕족들뿐이다. 총리나 정치인들도 그곳에 가지만 언론에서 대서특필하는 것은 언제 어디에서나 천황 부부뿐이고, 그들의 위로에 대해 황송스럽게 고개를 숙이면서 고마워한다. 그것을 보고 있으면 일본은 아직도 일제강점기 시대의 대일본제국에 사는 나라 같다.

천황은 전범이었으나 처벌받지 않고 그대로 살아남았다. 따라서 일본에는 전쟁책임은 물론 침략 책임이라는 것도 없게 되었다.

천황이 처형당했다면 소위 대동아전쟁은 물론이고 한반도를 비롯한 여러 곳에 대한 침략 책임도 물은 것이 될 수 있었다. 그러나 한반도를 침략하고 전쟁을 일으켜 수십만 조선인을 죽인 천황에게는 아무런 책임이 없다고 하여 침략도 전쟁도 없었던 것처럼 되어버렸다. 그런 일본에 책임을 운운하는 것은 처음부터 있을 수 없는 일이다. 그 책임을 묻자고 하면 천황을 살려준 미국에 묻는 것이 옳지 않을까?

일본의 헌법 개정론

일본인 중에는 일본 헌법이 1945년 미군 점령 시에 미군이 만들어준 것이므로 자기들의 헌법을 새로 만들어야 한다고 주장하는 자들이 있다. 옳은 말이다. 당시 점령군 사령관인 맥아더가 뒤에 일본인은 13세의 어린아이 수준이라고 회고했다고 하지만, 그렇다고 해도 일본의 헌법을 만드는 데 미군이 개입했다는 것은 말이 안 된다. 가령 우리의 제헌헌법을 만드는데 미군이 개입했다고 하면 우리는 받아들였을까? 당연히 아니다. 일본도 마찬가지다. 정말 아무런 이유 없이 일본인을 무시하고 미군이 제멋대로 일본 헌법을 만들었다면 황당하기 짝이 없는 일이다. 만약 그게 사실이라면 그런 일을 용납한 일본인도 황당하기는 마찬가지다.

일본에서도 한국과 마찬가지로 미국은 처음에는 헌법 제정에 직접 개입할 의사가 없었다. 이에 따라 미군은 고노에 후미마로에게 일본 헌법 개정을 추진하게 했다. 그러나 당시 일본 측이 마련한 헌법 개정안은 기존 '대일본제국 헌법'을 부분적으로 수정하는 수준에 그쳤으며, 이는 일본이 수락한 포츠담선언의 요구 사항과 부합하지 않아 채택할 수 없었다. 결국 점령군인 미군은 헌법 개정에 개입하지 않을 수 없었다. 일본이 국가 간 조약인 포츠담선언을 수락했다는 것은 단순한 항복을 넘어 헌법 개정을 포함한 전후 개혁을 실행할 의무를 인정한 것이었다. 그러나 일본 정부가 이러한 개혁을 거부하려 했기 때문에 미군이 직접 개입하여 새로운 헌법 초안을 마련하게 된 터였다.

1945년 일본 정부 측은 헌법 개정의 4대 원칙을 다음과 같이 정했다.

1. 천황이 전권을 가진다는 일본제국 헌법의 기본 원칙을 변경하지 않는다.
2. 의회의 권한을 확대하고, 이에 대한 반작용으로 천황의 권력과 관련된 사항을 어느 정도 제한한다.
3. 국무총리에게 모든 국정에 대한 책임을 지우고, 국무총리는 국회에 대하여 책임을 진다.
4. 국민의 자유와 권리에 대한 보호를 확대하고 적절한 구제 조치를 취한다.

현행 일본 헌법에서의 천황에 관한 조항은 일본제국 헌법과 다르지만, 본질적으로 크게 변하지 않았다고 볼 수도 있다. 천황에 대한 조항은 제1조부터 제8조까지 포함되며, 모두 천황의 지위와 역할에 관한 내용을 담고 있다. 실제로 헌법 제정 당시, 일본의 지배층과 다수 국민은 새 헌법에서도 '국체'(國體)가 변하지 않았다고 인식하며, 일본제국 헌법과 유사한 방식으로 이를 수용했다. 즉, 천황은 여전히 일본 국가의 '상징'이면서도 사실상 '원수'(元首)로 여겨졌다.

 그런데 지난 42년간 그 제1조를 비롯한 천황에 대한 개정 논의가 있기는커녕 그다음의 제9조에 대한 것뿐이다. 소위 개헌파가 미국이 강요한 헌법이라고 하면서 개헌을 주장하는 이유는 일본 헌법 제9조에서 일본의 전쟁 수행권과 군사력 유지권을 포기하는 조항을 없애고 군대를 두기 위해서다. 헌법 제9조에도 불구하고 일본은 자위대라는 이름의 군대를 유지하고 있으며 상당한 미군도 주둔하고 있어서, 사실상 무의미한 논쟁이라는 생각이 들기도 한다.

 그 제9조는 다음과 같다.

1항 일본 국민은 정의와 질서에 기초한 국제 평화를 진심으로 염원하며, 국력의 행사로서의 전쟁과 국제분쟁 해결의 수단으로서의 무력의 위협 또는 사용을 영원히 포기한다.
2항 전항에서 정한 목적을 달성하기 위하여 육군, 해군, 공군 및 기타 군대를 보유하지 아니한다. 국가의 교전권은 이것을 인정하지 않는다.

그러나 위 조항도 제헌 당시에는 "전쟁의 기억이 선명한 국민들에게 천황을 받아들이게 하기 위한 '안전장치'에 불과했으며, 국민들도 '무장하지 않은 천황제'로 받아들였다. 국민주권이나 평화주의가 문자 그대로 수용되었던 것은 아니며, 지배층도 그런 원칙을 가지고 있지 않았다."(교과서, 302~303)

천황제 폐지를 주장한 공산당 헌법 초안

일본의 헌법 개정 논의에서 천황제를 부인한 것은 오직 하나, 1946년 6월에 발표된 공산당의 헌법 초안뿐이었다. 그리고 정말 희한하게도, 일본 헌법을 제정하는 과정에서 일본 공산당이 제안한 초안의 다음 제1, 2조는 지금 한국 헌법 제1조와 같아서, 한국 헌법 제정 과정에서 누군가가 일본 공산당 헌법 초안을 참고한 것이 아닌지 모르겠다는 생각이 든다.

제1장 일본인민공화국
제1조 일본은 인민공화제 국가다.
제2조 일본인민공화국의 주권은 인민에게 있다. 주권은 헌법에 의거하여 행사된다.

공산당 헌법 초안의 전문을 읽어보자.

천황제 지배 체제가 초래한 것은 무모한 제국주의 침략 전쟁, 인류의 생명과 재산에 대한 대규모 파괴, 그리고 인민대중의 비참함으로 가득 찬 궁핍과 기아였다. 이 천황제는 제국 헌법에 의해 제정되었듯이, 천황은 절대 권력을 장악하고 인민의 권리를 철저히 박탈했다. 그것은 특권 신분인 천황을 정점으로 하고, 군벌과 관료에 의해 무장되고, 자본가 지주를 위한 착취와 억압의 체제로서, 노동 인민에 군림하며, 정치적으로는 노예적 무권리 상태를, 경제적으로는 식민지적인 낮은 생활 수준을, 문화적으로는 무지, 편견, 미신, 맹종을 강요하며 끝없는 고통을 초래했다. 이에 반대하는 인민의 목소리는 죽음과 투옥으로 위협을 받고 탄압되었다. 이 전제적인 정치 제도는 일본 민족의 자유와 복지에 결정적으로 반대된다. 동시에 그것은 이웃 식민지와 반식민지 국가들의 해방에 대한 최대의 장해였다. 우리는 고통의 현실을 통해 이러한 오욕과 고통으로 가득 찬 이 전제 정치를 폐기하고, 주권을 인민에게 두는 민주주의 제도를 건설하는 것이 시급하다고 확신한다. 이 방향이야말로 천황제 밑에서 엄청나게 신음해 온 일본 인민과 이웃 나라 인민 사이의 상호 자유와 번영에 기초한 우호 관계를 결정적으로 강화하는 것이다. 여기에 우리는 인민 중에서 선출된 대표자들을 통하여 인민을 위한 정치를 행하는 인민공화정제의 채택을 선언하며, 이 헌법을 결정한다.

천황제는 그것이 어떤 형태를 취하든 절대적으로 인민의 민주주의 체제와 양립할 수 없다. 천황제의 폐지, 기생 지주적 토지 소유제의 폐지와 재벌적 독점자본의 해체, 기본적 인권의 확립, 인민의 정치적 자유의 보장, 인민의 경제적 복지의 옹호에 기조를 두는 이 헌법이야말로 일본 인민의 민주주의적 발전과 행복의 진정한 보장이 되는 것이다. 일본 인민의 압도적 다수를 차지하는 노동 인민 대중을 기반으로 하는 이 인민적인 민주주의 체제만이 제국주의자의 전제적 억압 정치의 부활과 침략 전쟁에 대한 야망을 방지하고, 인민의 궁극적 해방에의 길을 확실히 한다. 그것은 인민의 민주적 조국으로서의 일본의 독립을 완성시키고, 우리나라는 국제 사회의 명예 있는 당연한 위치를 차지할 것이다. 일본 인민은 이 헌법에 인도되면서 정치적 공포와 경제적 궁핍과 문화적 빈곤으로부터의 완전한 해방을 목표로, 전 세계의 민주주의적인 평화 애호 국가와의 영구적인 친목을 이루기 위해, 세계의 평화, 인류의 무한한 향상을 위해, 고매한 정의와 인도를 지키는 것을 맹세하는 것이다.

일본 공산당 헌법안 전문에서는 먼저 대의제와 의회민주주의를 가장 먼저 언급하고 있으며, 이어 국민주권의 원리가 인류 보편의 원리임을 확인하고 있다. 이는 메이지 헌법이 확립한 천황 중심의 군주주권 원칙을 정면으로 폐기하고 앞으로의 일본은 새로운 시대로 진입할 것임을 선언하였다. 일본 공산당 헌법안 전문에서 가장 눈에 띄는 부분은 전체의 3분의 2가량을 할애하여 국제 평화주의와 전쟁의 재발 방지를 다짐하고, 평화 유지가 전제와 압박의 제거와 함께 헌법의 가장 중요한 과제임을 강조하고 있다는 점이다. 이러한 전문 밑에 제1장 외에, 제2장 인민의 기본적 권리와 의무, 제3장 국회, 제4장 정부, 제5장 국가재정, 제6장 지방제도, 제7장 사법, 제8장 공무원, 제9장 헌법 개정을 두었다. 공산당 헌법안은 의원내각제와 3개의 정부 부처를 규정하고 있으며, 국회(입법부), 총리가 이끄는 내각(행정부), 대법원(사법부)을 최고 권력 기관으로 하고 있다.

전제군주와 입헌군주가 뒤섞인 메이지 헌법

1876년 천황이 헌법 초안의 기초를 명령한 뒤 정부를 영국식의 의원내각제로 할 것인가, 프러시아식의 군주주권으로 할 것인가를 둘러싸고 논쟁이 벌어졌고, 1882년 유럽의 헌법 제도를 조사하기 위해 이등박문 등이 파견되었다. 이등 등은 특히 독일 제도를 조사한 뒤 1883년에 귀국하고, 1884년에 헌법 기초를 시작했다. 독일과 마찬가지로 근대화 과정과 자유민권운동에 대한 타협, 군주권 확보라는 움직임의 결과 1889년 2월, 대일본제국 헌법, 즉 메이지 헌법이 제정되어 1947년까지의 메이지 천황 통치 기간에 운용되었다.

메이지 헌법(1889년 제정)의 제1조는 "대일본제국은 만세일계(萬

世一系)의 천황이 이를 통치한다."라고 규정하고 있다. 이어 제2조에서는 "황위는 황실전범이 정하는 바에 따라 황남 자손이 이를 계승한다."고 명시하고 있으며, 제3조는 "천황은 신성하며 침해하여서는 아니 된다."고 규정하고 있다. 또한 제4조는 "천황은 국가의 원수로서 통치권을 총람하고, 이 헌법의 조항에 따라 이를 행한다."라고 되어 있으며, 제5조는 "천황은 제국의회의 협찬으로써 입법권을 행사한다."라고 규정하고 있다.

이처럼 메이지 헌법은 '만세일계'(萬世一系)라는 개념을 바탕으로 천황의 절대적 지위를 규정하고 있다. '만세일계'란, 초대 진무(神武) 천황 이래 일본 황실이 단 한 번도 단절되지 않고 2600년 이상 지속되었다는 신화적 개념을 의미한다. 이러한 관념을 근거로 천황은 모든 권력을 장악하지만 정치적 책임은 지지 않는 통치 형태를 유지하게 되었다. 이는 곧 천황의 신격화를 가능하게 하는 조건이 되었다.

메이지 헌법의 가장 큰 특징은 '국체'(國體)와 '정체'(政體)의 구별이다. '국체'는 천황을 중심으로 한 일본의 본질적 국가 형태를 의미하며, '정체'는 국가 운영의 구체적인 방식, 즉 정치체제를 의미한다. 국체는 변하지 않는 절대적 존재로 간주되었으며, 이에 따라 천황의 지위는 불가침의 것으로 규정되었다. 반면, 정체는 시대에 따라 변화할 수 있는 요소로 간주되었다. 즉, '정체'는 민중의 정치 운동에 따라 변할 수 있지만, '국체'는 절대적이며, 천황의 권위는 변화하지 않는 것으로 간주되었다. 이에 따라 메이지 헌법

체제에서는 국체의 절대성을 유지하는 가운데, 정체의 일부 민권적 요소들이 도입되었으나, 이는 천황 중심의 절대주의 체제하에서 끊임없이 견제당했다. 즉, 국민의 권리는 헌법에 따라 보장되는 것이 아니라, 천황이 '은혜'로 부여하는 것으로 간주되었으며, 이러한 구조는 근대 입헌군주제와는 차별되는 특징을 보였다.

메이지 헌법은 천황을 최고 지도자로, 총리를 정부 수반으로 하는 체제를 규정하면서, 입헌군주제와 절대군주제가 혼합된 형태의 군주제를 도입하였다. 또한, 선출된 하원을 포함한 양원제(兩院制) 국회를 수립하였다. 이 헌법은 군주가 직접 제정하여 국민에게 하사하는 '흠정헌법'(欽定憲法)의 형식을 취하고 있으며, 군주인 천황의 불가침적 절대 권위를 강조하면서도 광범위한 권한인 '천황대권'(天皇大權)을 명시하였다. '천황대권'은 넓은 의미에서는 천황의 통치권 전체를 의미하지만, 일반적으로는 의회의 간섭 없이 천황이 행사할 수 있는 여러 특권을 가리킨다. 즉, 천황은 행정·입법·사법의 모든 분야에서 절대적인 권한을 가지며, 필요할 경우 국민의 기본권까지 제한할 수 있었다. 또한, 메이지 헌법에서는 일본 국민을 '천황의 신민'으로 규정하였으며, 천황의 신성불가침성을 명문화하였다. 이는 천황이 단순한 국가 원수가 아니라 신적인 존재로서 국가와 국민을 지배한다는 개념을 헌법적으로 정당화한 것이다.

모법인 프로이센 헌법에서는 '행정권의 전부와 입법권의 일부가 국왕에게 속하며, 사법권은 오직 법에만 복종한다.'고 규정하여 권력분립과 사법권 독립의 원칙을 명백히 천명하였다. 즉 국왕이 강력한 권력을 가지면서도 일정 부분 견제를 받는 체제였다. 반면 메이지 헌법에서는 '통치권이 전적으로 천황에게 속한다.'고 선언함으로써 군주가 행정·입법·사법의 모든 권한을 보유하는 전제군주제적 성격을 분명히 드러냈다. 이에 따라 입법부인 제국의회도 유명무실한 기관에 불과했으며, 내각총리대신(內閣総理大臣)에 대한 규정 자체가 존재하지 않아 총리가 독립적인 정치적 권한을 보장받을 수 없었다.

메이지 헌법은 군주주권주의(君主主權主義)의 이념에 따라 천황에게 막강한 권한을 부여하였으며, 입헌군주제와 전제군주제가 혼합된 형태를 띠었다. 이러한 특징 때문에 '외견적 입헌주의'(外見的立憲主義)라는 평가를 받기도 한다. 형식적으로는 헌법에 의한 통치구조를 갖추었으나, 실제로는 천황이 절대적인 권력을 행사할 수 있도록 설계된 체제라는 뜻이다. 그러나 천황의 권한이 헌법상으로 매우 강력하게 규정되어 있었던 것과 달리 실질적으로는 반드시 그렇게 작동하지는 않았다. 즉, 천황이 모든 국정을 직접 운영하기보다는 군부와 관료, 정치세력이 국가 운영을 주도하는 경우도 많았으며, 실제 정치구조는 법문 그대로 작동하지 않는 경우가 많았다.

프로이센 헌법은 국민의 천부인권을 적극적으로 확인하고 이를 공공의 이익을 위해 법률로 제한할 수 있음을 덧붙이는 방식을 취했으나, 메이지 헌법의 기본권은 사람이 무(無)권리의 존재로 태어나 천황에게 충성한다는 전제하에 그가 제정한 법률을 통해 소극적으로 부여받는다는 이념을 전제로 한다. 따라서 천황 개인, 실질적으로 일본 정부의 눈 밖에 난 사람은 비국민으로 권리를 무시당했다. 국민을 지칭하는 명칭도 프로이센 헌법에서는 '프로이센인'인 반면 대일본제국 헌법에서는 군주에 복종하는 소극적 개념인 '신민'이었다.

일본이 대만과 조선 같은 식민지를 영유하게 되면서 '일본의 주권자는 천황'이라는 원칙에 따라 이들 지역에도 메이지 헌법이 적용될 수 있는 듯 보였다. 즉, 원칙적으로 천황의 영토 내에서 헌법이 적용되지 않는 곳은 없었다. 그러나 실질적으로는 식민지에서 모든 헌법 조항이 시행된 것은 아니었다. 특히, 본토(內地)의 일본인들과 식민지 주민들을 동등하게 대우하는 조항들은 시행이 유예되었거나, 아예 적용되지 않았다. 대신, 일본 정부는 천황의 권한에 따라 조선과 대만에 총독부를 설치하여 식민지를 '분리 통치'하는 방식을 채택했다. 결과적으로 조선에서는 메이지 헌법이 사실상 적용되지 않았으며, 대신 '조선총독부 법령'이 모든 법률 위에 군림하는 체제가 운영되었다. 조선총독부는 천황의 칙령(勅令)에 따라 입법·행정·사법의 전권을 행사할 수 있었으며, 이를 통해 식민지에서 더욱 전근대적인 억압과 탄압이 이루어졌다.

일본 헌법과 한국 헌법

1983년에 처음 일본에 갔을 때 놀란 점이 많았다. 먼저 박사과정 지도교수는 물론이고 교수들이 한국과 달리 전혀 권위주의적이지 않고 학생들도 교수들이나 학생들과의 관계가 자유롭고 평등한 점에 놀랐다. 신정에 원로 교수의 집에 초대받아 갔는데, 한국식으로 세배하려고 하자 극구 사양하면서 일본에서는 그렇게 몸 전체를 구부려 절하는 경우가 없다고 해서 놀랐다. 세계 최대의 인공 다이아몬드를 생산한다는 대기업 회장 댁을 비롯하여 여러 사람의 집이나 회사를 방문했을 때도 그들 생활의 소박함과 외국인 유학생에 불과한 나와 가족에 대한 예의와 환대에도 놀랐다. 회장이 노동자들과 같은 복장으로 일하면서 회장실보다 더 큰 노동조합 위원장의 방으로 직접 안내를 받았을 때는 감격했다. 당시 일본과 한국은 적어도 권위주의의 극복이라는 점에서는 놀라운 차이가 있다고 느껴졌다. 그러나 가정이나 기업에서는 상하관계가 존재했고, 기업의 동료 사이에서도 집단적 압력이 강하다는 말을 들었다. 대학에서도 사제지간에 이름을 부르는 영미와는 달리 일본에서는 '선생'과 '군'이라는 상하 호칭이 존재했다. 물론 '교수님'과 학생 이름을 부르는 한국과는 다르지만, 거리감은 분명히 존재했다.

지역사회에 반상회가 있는 것은 한국과 같았지만, 반상회를 중심으로 한 지역 단위의 조직 활동은 더욱 활발했다. 초중고도 반을 중심으로 조직되고 대학에서도 반이 아니라 제미(제미나라는 독일어의 준말)라는 이름의 조직이 있다. 유치원부터 대학까지 교복을 입었고 모든 아이가 똑같이 행동하도록 요구받았다. 한국에서는 1980년대 교복 자율화 조치가 잠깐 있었으나, 일본에서는 19세기 후반부터 지금까지 변함이 없고, 150여 년 넘도록 자율화가 시도된 적이 전혀 없었다. 교복이 상징하는 전체주의나 획일주의는 사회인의 회색 정장으로도 이어졌는지 일본에 가면 비슷한 옷을 입은 비슷한 사람들이 흔히 눈에 띈다. 그 기본이 되는 것은 유치원부터 시작되는 반(班) 조직을 통한 경쟁 관계인데, 이는 한국도 마찬가지이다. 아니 모든 남성에게 병역이 요구되는 한국은 그런 조직적 경쟁 관계에 의한 집단주의가 더욱 철저히 뿌리를 내렸는데, 이는 친근한 권력에 의한 지배 기술로서 일반 대중의 무의식 속에 단단히 자리잡고 있는 것 같다.

일본이나 한국이나 집단주의와 함께 개인주의 내지 이기주의가 병존하는 것도 사실이다. 이에 대해서는 여러 가지 분석이 있지만, 일본 헌법에서 볼 수 있는 천황 같은 존재가 한국 헌법에는 없다는 차이점을 무시할 수는 없다. 물론 일제강점기 36년 동안 일본법이 적용된 탓에 해방 이후에도 한국법은 일본법의 영향을 많이 받았고, 법을 운용하는 제도나 실무도 일본 영향을 많이 받아 전반적으로 한국법은 일본법계에 속한다고 해도 과언이 아니다. 특히 관료와 군대는 일본보다 더 전근대적이라는 문제점이 2024년 말의 대통령에 의한 내란으로도 드러났다. 그것을 일제강점기 때 적용된 일본총독부의 법과 제도의 잔재라고만 할 수는 없겠지만, 그것을 충분히 극복하지 못한 탓이라고 보아도 과언은 아닐 터다.

9장

필리핀 헌법
_아시아 파시즘과 민주주의

필리핀 파시즘의 부활

한국에도 널리 알려진 필리핀의 대표적인 지성 월든 벨로(Walden Bello)는 두테르테(Rodrigo Duterte, 1945~)를 필리핀 파시즘의 원조라고 비판한 바 있다. 필리핀의 트럼프로 불리는 두테르테는 유명한 검사 출신이라는 점에서 윤석열과 비슷하지만, 윤석열과 달리 다비오 시의 시장을 22년간 지내면서 개혁에 성공한 경력이 있으므로 검사에서 바로 대통령이 된 윤석열과는 다르다.

두테르테는 대통령 취임 후 강경한 마약 단속 정책을 펼치면서 5개월 만에 마약 관련자 6천 명 이상을 사살하여 지지율을 높였지만, 이러한 방식은 인권침해 논란을 일으켰다. 그 결과 국제형사재판소(ICC)에 고발당하였고, 야당에 의해 탄핵 시도가 이루어졌지만 실패했다. 또한 2017년 5월 반군 진압을 명목으로 계엄령을 선포하였으며, 2019년 2월에는 자신을 비판한 언론인 마리아 레사를 체포하여 언론 탄압 논란을 빚었다. 두테르테의 통치는 필리핀 내에서는 강력한 지도력으로 평가되기도 하지만, 국제적으로는 권위주의적이고 인권을 침해한 지도자로 비판받고 있다. 그의 정치적 유산은 필리핀 사회에 여전히 큰 영향을 미치고 있으며, 후임자인 마르코스 주니어의 정책에도 일정 부분 영향을 끼치고 있다.

필리핀 헌법 제1조

필리핀 헌법 제1조는 다음과 같다.

필리핀은 민주공화국이다. 주권은 국민에게 있으며 모든 정부 권력은 국민으로부터 나온다.

이는 한국 헌법 제1조와 극히 유사하다. 한국 헌법에서 '모든 권력은 국민으로부터 나온다.'고 하는 문장이 필리핀 헌법에서는 '모든 정부 권력은 국민으로부터 나온다.'고 되어 있는 점이 다르지만 내용은 같은 것이다.

필리핀 헌법은 한국 헌법과 마찬가지로 1987년 헌법이라고도 불린다. 1987년에 필리핀 최초의 여성 대통령이자 마르코스의 독재정을 이긴 민주주의자인 코라손 아키노 대통령 행정부에서 제정되었기 때문이다. 1965년부터 21년간 장기 집권한 독재자 페르디난드 마르코스 대통령을 축출했던 '민중의 힘'(People Power) 혁명 이후 집권한 코라손 아키노 대통령은 마르코스 시절에 제정된 1973년 헌법을 폐기하고 새로운 헌법을 마련했다. 이를 위해 1986년, 전직 국회의원, 전 대법원장, 주교, 영화감독 등 다양한 배경을 지닌 50명의 인사로 구성된 헌법위원회를 조직하였고, 위원회는 4개월 만에 헌법 초안을 마련했다. 이 초안은 국민투표에서 유권자의 4분의 3 이상의 찬성을 얻어 1987년 2월 공식 공표되었으며, 현재까지 필리핀의 기본법으로 유지되고 있다.

이처럼 필리핀의 현대사는 독재를 경험한 후 민주화를 이루었다는 점에서 한국과 극히 유사하다. 따라서 필리핀 헌법이 민주주의 가치를 강조하는 것은 당연하지만, 그 내용은 한국 헌법보다 더욱 두드러진 특징을 보인다. 이러한 점은 필리핀 헌법 제2장 '원칙과 국가 정책 선언'(Declaration of Principles and State Policies)에서 명확히 드러난다. 특히, 제2조부터 제10조까지의 내용을 살펴보면 민주주의 원칙이 얼마나 강조되었는지 확인할 수 있다.

제2조 필리핀은 국가 정책의 실현 수단으로서 전쟁을 부인하며, 보편적으로 수용되는 국제법의 원칙을 국내법의 일부로 채택하고 평화, 평등, 정의, 자유, 협력 정책 및 모든 국가와의 우호 정책을 고수한다.

제3조 민간인의 권력은 군보다 항상 우선한다. 필리핀 국군은 국

민과 국가의 보호자이다. 국군의 목적은 국가의 주권과 국가영토를 보존하는 데 있다.

제4조 정부의 첫 번째 의무는 국민에게 봉사하고 국민을 보호하는 것이다. 정부는 국민에게 국가를 방어할 것을 요청할 수 있으며, 이를 수행함에 있어 모든 국민에게 법이 정한 조건에 따라 개인, 군사 또는 국민의 역무를 제공하도록 요구할 수 있다.

제5조 평화와 질서의 유지, 생명, 자유, 재산의 보호, 일반복지의 추구는 모든 국민이 향유하는 민주주의 축복의 핵심이다.

제6조 정교 분리는 침해되지 않는다.

제7조 국가는 독립된 외교정책을 추구한다. 타국과의 관계에서, 주권, 영토 보존, 국익, 자결권이 가장 중요하게 고려된다.

제8조 필리핀은 국익에 따라 영토 내 비핵무기 정책을 채택하고 추구한다.

제9조 국가는 적절한 사회 서비스를 제공하고 완전고용과 생활 수준 향상 그리고 모든 국민의 삶의 질 향상을 추구하는 정책을 통해, 국가의 번영과 독립을 보장하고 국민을 가난으로부터 해방시킬 정의롭고 역동적인 사회질서를 지향한다.

제10조 국가는 국가 발전의 모든 시기에서 사회정의를 추구한다.

이러한 헌법의 기본 정신은 다음과 같은 헌법 전문에서도 볼 수 있다.

필리핀 혁명 정부의 입법 기관인 말로로스 의회

우리, 주권을 가진 필리핀 인민은 전능하신 하느님의 도움을 간청하며, 정당하고, 인간적인 사회를 건설하고, 우리의 이상과 열망을 구체화시키는 정부를 건설하기 위해 공동의 선을 촉진하고, 우리의 유산을 보존하고 개발하며, 우리 자신과 우리 자손의 안전을 보장하고, 법치와 진실, 정의, 자유, 사랑, 평등, 그리고 평화하에서 독립과 민주주의를 축복하기 위해서 이 헌법을 제정하고 공표한다.

필리핀 헌법의 전문에는 한국 헌법에서 볼 수 있는 역사에 대한 언급이 없다는 특징이 있다.

필리핀 헌법의 역사

 필리핀의 인구는 1억 명이 넘는다. 세계에서 12번째로 인구가 많은 나라다. 면적도 한반도의 1.5배로 넓은데 섬이 7천 개가 넘는다. 16세기 초반까지는 여러 섬에 각기 다른 부족들이 살아 통일 국가를 형성하지 못했고, 1565년부터 1898년까지 333년 동안 스페인의 식민 통치를 받았다(필리핀 혁명은 1896년부터 시작되었다).

 1899년 1월에 제정된 필리핀 제1공화국 헌법은 아시아 최초의 공화국 헌법으로 1793년의 프랑스 헌법을 모법으로 한 것이었으나, 필리핀은 1898년부터 1934년까지 미국 연방정부의 사법권하에 있었고, 1935년부터 1946년까지는 미국 자치령이었다. 이후 독립한 필리핀은 공화제를 택하여 아시아권에서는 빠른 경제 발전을 이룩한 국가에 속한다. 특히 1953년에 대통령으로 취임한 막사이사이는 현대 필리핀 역사상 가장 깨끗하고 부패가 없는 행정부를 이끌었던 것으로 유명하다. 그러나 그는 1957년 비행기 사고로 사망했다.

 1965년에 취임한 페르디난드 마르코스 대통령은 '민주공화국'을 내세워 국가를 안정시켰으나, 1972년 9월 계엄령을 선포하면서 언론의 자유를 비롯한 시민적 자유를 제한하였다. 그는 의회를 해산하고, 주요 언론 기관을 폐쇄한 뒤 새로운 헌법을 제정하여 국가권력을 더욱 공고히 했다. 또한 정부형태를 대통령에서 의원내각제로 변경하여 그 자신 1973년 이후에도 장기 집권할 수 있도록 독재의 기틀을 잡았다.

　마르코스는 1981년 계엄령을 해제했지만, 그 뒤로도 독재 체제와 장기 집권을 유지하였기에 본인과 일가의 부정부패는 심화되었다. 이에 따라 국내외에서 거센 비난을 받기 시작해 결국 1986년 사임하고 그 후 코라손 아키노가 대통령에 취임했다.

　아키노 대통령은 새로운 헌법을 제정하여 대통령제와 양원제 의회를 회복함으로써 민주주의를 되살리고 시민적 자유를 보장하는 데 진전을 이루었다. 그러나 정치적 기반이 약하고 분열적이라는 평가를 받았으며, 지속적인 군부의 쿠데타 시도로 인해 정권의 안정과 경제 회복은 완전하게 이루어지지 못했다. 이후 필리핀은 정치적 혼란을 거듭하다가, 2022년 독재자 페르디난드 마르코스의 아들인 페르디난드 '봉봉' 마르코스 주니어(Ferdinand 'Bongbong' Marcos Jr.)가 대통령으로 집권하면서 마르코스 가문이 다시 권력을 되찾았다.

필리핀 헌법과 한국 헌법의 비교

　필리핀 헌법 제3장은 '권리장전'으로 적법절차와 평등한 법의 보호를 받을 권리, 판사의 영장 없이는 수색과 압수를 거부할 권리, 개인정보보호의 권리, 언론 및 표현의 자유, 출판의 자유, 집회의 자유, 청원권, 종교의 자유로운 행사, 거주권과 여행권, 공공의 관심사에 대한 정보에 대한 권리, 협회를 결성할 권리, 법원에 자유롭게 접근할 수 있는 권리, 침묵권과 유능한 법률 자문을 받을 권리, 보석금에 대한 권리와 과도한 보석금 조건에 대한 반대, 인신보호령에 대한 권리, 신속한 재판을 받을 권리, 자기 부죄 거부권, 정치적 신념과 열망에 대한 권리, 잔혹하고 품위 훼손적이거나 비인도적인 처벌 금지, 채무로 인한 징역 없음을 보장하는 보호, 이중 처벌 금지의 권리, 사후법과 형벌법의 금지를 규정한다. 이어 제4장은 국적, 제5장은 참정권을 규정한다. 이러한 조항들은 한국 헌법과 크게 다르지 않지만 한국 헌법보다 그 내용이 훨씬 상세하게 규정되어 있다.

 제6장은 상원과 하원으로 구성되는 입법부가 입법을 위한 조사, 전쟁 상태의 존재 선언, 재정, 과세, 강제수용 등의 권한을 가짐을 규정한다. 제27조는 대통령의 법률안 거부권에 관해 규정하는데, 대통령은 30일 이내에 법률안을 발의한 의회에 반환하고, 해당 의회는 재적의원의 3분의 2가 해당 법안의 통과에 동의할 경우 다른 의회에 전송하여 해당 의회의 재적의원 3분의 2의 승인을 받아 해당 법안을 법률로 제정하게 하는데, 한국과 달리 찬반 의원의 이름을 의사록에 기재하게 한다. 그리고 헌법 제11장에 의해 의회가 대통령, 부통령, 대법원판사, 옴부즈만에 대한 탄핵 권한을 갖는 점도 한국의 탄핵 절차와 다르다. 하원은 재적의원 3분의 1의 찬성에 의해 탄핵을 소추하고, 상원이 심리하고 재적의원 3분의 2의 찬성에 의해 결정한다.

제7장은 행정부를 규정한다. 대통령의 피선거권 연령은 한국과 달리 40세 이상이고, 6년 임기의 단임제로 국민이 직접 선출하며, 부통령을 두어 유고 시 대통령을 대행하게 하되, 부통령의 대행이 불가능하면 상원의장과 하원의장이 대행한다. 침입 또는 반란의 경우 공공 안전상 필요할 때 대통령은 계엄령을 선포할 수 있지만 60일 이내에 만료되고, 48시간 내 의회에 통보하고, 의회는 최소 다수결로 계엄령을 거부하거나 연장할 수 있고, 이를 대통령이 거부할 수 없으며, 대법원은 30일 이내에 계엄령 선언이 정당한지를 검토하는 점도 한국 헌법과 다르다.

제8장에서 규정하는 사법부는 대법원과 하급 법원으로 구성된다. 대법원은 법률의 합헌성, 조약 또는 정부 법령에 관한 모든 사건을 심리할 권한을 갖는 점에서 한국 헌법과 다르다. 제10장은 지방정부를 규정하고, 제9장에서는 공무원위원회, 선거위원회, 감사원이라는 세 개의 독립적인 헌법위원회를 두고, 제11장에서 정부의 윤리적이고 합법적인 행동을 촉진하고 보장하는 기능을 가진 옴부즈만 사무소를 설립할 수 있게 한 것도 한국 헌법과 다른 점이다.

제12장은 국민경제와 재산, 제13장은 사회정의와 인권을 위한 기본 정책과 인권위원회, 제14장은 교육, 과학 및 기술, 예술, 문화 및 스포츠, 제15장은 가족, 제16장 일반조항, 제17장은 헌법의 수정 또는 개정, 제18장은 임시 조항을 규정한다.

베트남 헌법 제1조

베트남 헌법 제1조는 다음과 같다.

베트남사회주의공화국은 육지·도서·영해·영공을 포함하는 완전한 영토를 가진 독립·주권·통일국가이다.

이어 제2조에서는 "베트남사회주의공화국은 인민의, 인민에 의한, 인민을 위한 사회주의 법치국가이다. 국가의 모든 권력은 노동자 계급과 농민과 지식 계층의 연맹을 기초로 하는 인민에게 속한다."고 규정한다. 1980년 헌법에는 '프롤레타리아 독재국가'라는 규정이 있었으나, 1992년 헌법에서는 삭제되고, 2001년 개정에 의해 규정되었다.

아시아에서 최초로 인민민주주의 헌법을 제정한 것은 베트남이었다. 1945년의 독립선언 이후 1946년과 1959년에 각각 베트남민주공화국 헌법이 제정되었다. 한편 남베트남에서는 1956년에 헌법이 제정되었으나, 1976년 7월의 남북통일에 의해 제2조에 다시 베트남사회주의공화국 헌법이 1980년과 1992년에 제정되었다. 이러한 베트남 헌법의 역사는 다음과 같은 베트남 헌법의 전문을 통해 알 수 있다.

수천 년의 역사가 지나는 동안, 베트남 인민은 국가를 세우고 유지하기 위하여 근면하고 창조적으로 일하고, 용감히 투쟁하며, 애국·단결·인의(仁義)·견강(堅强)·불굴의 전통을 단련하여 베트남 문명의 토대를 건설하였다. 1930년부터, 호치민 주석에 의하여 창립되고 단련된 베트남 공산당의 영도하에 우리 인민은 인민의 행복, 민족의 독립·자유를 위하여 고난·희생으로 가득 찬 오랜 투쟁을 진행하였다. 8월혁명이 성공하고, 1945년 9월 2일, 호치민 주석은 독립선언문을 낭독하며 베트남민주공화국의 탄생을 선언하였으며, 이는 곧 사회주의공화국이 되었다. 전 세계 동료들의 도움을 받아 온 민족의 의지와 힘으로, 우리 인민은 민족해방투쟁, 국가 통일, 조국 수호의 위대한 승리를 쟁취하였으며, 국제적 의무를 이행하고, 두오모이(đổi mới) 사업에 역사적 의의를 두고 위대한 업적을 달성하였으며, 국가를 사회주의로 이끌었다. 베트남 인민은 사회주의에 이르는 과도기 동안 국가건설의 강령을 체제화하며 1946년 헌법, 1959년 헌법, 1980년 헌법 및 1992년 헌법을 계승하여 인민의 부, 강국, 민주, 공평, 문명의 목적을 위하여 이 헌법을 수립, 시행 및 보호한다.

태국 헌법 제1조

태국 헌법 제1조는 다음과 같다.

태국은 분할할 수 없는 오직 하나의 왕국이다.

그러나 제2조에서는 '태국은 국왕을 국가원수로 하는 민주주의 통치 체제를 갖춘다.'고 규정한다. 왕국이면서 어떻게 민주주의라고 하는 것일까? 민주주의라는 주장은 다음 제3조에 의해 더욱 명확해진다.

제3조 주권은 태국 국민의 것이다. 국왕은 국가원수로서 헌법 조항에 따라 국회와 내각 및 법원을 통하여 그러한 권한을 행사한다.
국회와 내각, 법원, 독립기관 및 국가기관은 국가의 공동 이익과 전반적인 국민의 행복을 위하여 직무를 수행하여야 한다.

태국은 1932년 전제군주국을 입헌군주국으로 바꾸는 제헌헌법 제정 후 지금까지 18회 개정했고, 2017년 개정된 현행 헌법은 의원내각제라고 한다. 2014년에 쿠데타가 일어나 쁘라윳 찬오차 장군의 주도하에 국가평화유지위원회가 결성되어 현재까지 태국을 통치해 오고 있다.

말레이시아 헌법 제1조

말레이시아 헌법 제1부 '말레이시아 연방의 주, 종교, 법률' 제1조 1항은 다음과 같다.

말레이시아 연방은 말레이어와 영어로 말레이시아라 한다.

이어 주 이름, 영토, 종교, 최고법이 규정되고, 제2부에서 기본적 자유를 규정한다. 1957년에 제정된 말레이시아 연방 헌법은 연방을 입헌군주국으로 규정하며, 말레이시아는 영연방 국가로서 영국식 의원내각제를 채택하여 하원에서 총리를 선출하고 내각을 구성하며, 상원에는 큰 권한이 없다. 입헌군주제, 의원내각제 국가인 만큼, 실권은 총리가 주도하는 내각에 있다. 총리는 형식상 국왕의 임명을 받지만, 국왕은 하원 다수당 당수를 총리로 임명하도록 규정되어 있다.

제2부

20세기 헌법 제1조

10장

이란 헌법
_이슬람 파시즘과 민주주의

이란 헌법 제1조_서구식 헌법에서 이슬람 헌법으로

이란 헌법 제1조는 다음과 같다.

이란의 정부형태는 이슬람 공화국이며, 이란 국민이 진실의 주권과 코란의 정의에 대한 오랜 신념을 바탕으로 1979년 3월 29일과 30일의 국민투표에서 이맘 호메이니가 이끈 이슬람 혁명 승리 이후 실시된 유권자의 98.2퍼센트 이상의 찬성으로 지지한 것이다.

1979년 3월 29일과 30일, 이란 혁명 이후 새로운 정치 체제 도입을 위한 국민투표가 실시되었다. 그 결과, 이란은 군주제에서 이슬람 공화국으로 전환되었다. 이어 1979년 12월 2일과 3일에는 이란의 새 헌법이 국민투표를 통해 채택되었으며, 이는 기존의 1906

년 헌법을 대체하였다. 1906년 12월 30일, 중동 최초의 근대적 헌법으로 평가받는 이란 입헌 헌법이 제정되었다. 이 헌법은 꾸란(이슬람 경전)과 벨기에 헌법을 기반으로 작성되었으며, 입헌군주제 도입과 의회제도 수립을 핵심 내용으로 삼았다. 당시 이란은 까자르(Qajar) 왕조(1789~1925) 치하에 있었으며, 왕실이 서구 열강의 기업에 많은 이권을 제공하면서 국민들의 불만이 고조되었다. 이에 따라 1905년 입헌 혁명이 발생하였고, 1906년 헌법이 제정되었다. 헌법 제정 과정에서는 서구 교육을 받은 지식층, 성직자(울라마), 상인들이 주도적인 역할을 하였다. 1907년 10월, 헌법 보칙이 추가로 가결되었으며, 이 보칙에서는 시아파 이슬람을 국교로 확정하고, 종교 지도자인 울라마의 정치적 역할을 최소화하는 내용을 포함하였다. 최종적으로 107조로 구성된 헌법이 확정되었으며, 이는 이후 이란 정치 발전에 중요한 기초가 되었다.

제1차 세계대전으로 이란은 영국, 튀르키예, 러시아의 각축장이 되어버렸다. 이로 인해 반외세 감정이 극도로 고조되었으며, 정치적 혼란이 심화되었다. 이러한 상황 속에서 1926년 레자 샤 팔레비가 왕위에 오르며 팔레비 왕조(1926~1979)가 출범하게 된다. 팔레비 왕조는 서구식 근대화를 추진하며 종교 지도자들의 권한을 축소하고, 서구식 사법제도를 도입하였다. 또한 1936년에는 여성의 차도르(이슬람 전통 복장) 착용을 금지하는 등 강력한 세속화 정책을 시행하였다. 1963년, 레자 샤의 아들인 모하마드 레자 팔레비는 백색혁명이라는 개혁 프로그램을 국민투표에 부쳐 압도적인 지지를 받았다. 이 개혁안은 토지 개혁, 여성 참정권 도입, 산업 현대화, 교육 개혁 등을 포함하고 있었다. 그러나 성직자층과 전통적 지배계층의 반발을 불러일으켰고 사회적 갈등도 심화되었다. 결국 1979년 2월 12일, 70년 집권의 팔레비 왕정은 막을 내리고 호메이니에 의한 이슬람 혁명이 성공한다. 같은 해 12월 3일, 새로운 이란 헌법이 채택되면서 왕정 체제에서 이슬람 공화국 체제로 전환되었다. 새 헌법은 왕정 체제를 폐지하고, 이슬람의 신정주의적 가치와 체제를 국가 운영의 중심 원칙으로 삼았다.

이란의 신정체제는 시아파 이슬람 사상에 뿌리를 둔 정치 시스템을 기반으로 한다. 핵심 개념은 종교 지도자들이 '움마'(Ummah, 이슬람공동체)를 이끌어야 한다는 것이다. 이는 시아파 전통에서 유래한 통치 이론으로, '숨은 이맘'(Al-Mahdi)의 부재중에는 적극한 이슬람 법학자가 움마를 이끌어야 한다는 교리를 따른다. 시아파 신앙에 따르면 9세기의 12대 이맘(이맘 마흐디)은 신의 명령으로 모습을 감추었는데, 언젠가 돌아와 정의의 시대를 열 것이라고 한다. 이란 혁명 지도부는 이러한 '숨은 이맘' 사상을 혁명의 지속성과 정당성을 부여하는 이념적 토대로 삼았으며, 이는 현재 이란 헌법에도 명시되어 있다. 이란 이슬람 공화국의 헌법은 국민투표로 채택되어 1906년 헌법을 대체했다. 전문가 의회는 정부의 초안과 다양한 사람들의 제안을 바탕으로 헌법을 만들었는데, 이 헌법은 이란 유권자의 99.5퍼센트가 비준했다.

이란 이슬람 공화국 헌법의 전문은 다른 국가에 비해 상당히 길어서 중국 헌법과 쌍벽을 이룬다. 서문에는 항쟁의 선봉(이란 혁명 과정에서 선도적인 역할을 한 이들에 대한 언급), 이슬람 정부(이슬람 원칙에 기반한 정치 체제), 국민의 분노와 희생(팔레비 왕조 타도 과정에서 국민이 치른 대가), 이슬람 정부형태(신정체제를 바탕으로 한 정치구조), 이슬람법 전문가의 통치(성직자 중심의 국가 운영 원칙), 경제는 목적이 아니라 수단(경제의 역할을 국가 운영과 사회적 정의 실현을 위한 도구로 규정), 여성의 지위(이슬람적 가치 내에서 여성의 역할 규정), 국가 방위 및 군대(이란의 군사적 역할과 방어적 성격 강조), 사법부, 행정부, 대중매체, 대표기관(국가 시스템과 제도적 구성) 등이

이란의 헌법 혁명이 조직된 타브리즈에 있는 헌법의 집

언급되어 있다.

이란 사회의 건설은 이슬람의 기준에 부합하는 '오스베'(Osve, 모범사회)를 형성하는 것으로 규정된다. 또한, 이란 정부는 이슬람 세계의 명분을 위해 국가가 무슬림과 빈곤층을 보호하고, 이슬람적 가치를 지키는 것을 책임져야 한다고 선언한다. 1979년 헌법 채택 이후, 이란은 현대화와 서구적 가치관에 도전하는 모든 요소에 대해 샤리아(이슬람 율법)로 대응하는 방식을 채택하게 되었다. 이는 이슬람적 법체계를 국가 운영의 중심 원칙으로 삼겠다는 이란 헌법의 중요한 특징 중 하나이다.

1989년 6월 호메이니가 사망하자 전문가위원회는 당시 대통령이던 하메네이(Khamenei)를 최고지도자 후계자로 선출하였다. 1980년에 공포된 헌법에 대한 문제 제기가 대두된 것은 최고지도자의 자격에 대한 논의가 시작되면서부터. 1979년의 헌법이 1979년의 정치 상황에 대한 법적인 대응이었다면, 10년 후의 1989년의 개정논의는 정치구조에 관한 것이었다. 1989년 6월 3일, 호메이니가 사망하자 전문가위원회는 당시 대통령이던 하메네이를 최고지도자 후계자로 선출하였다. 1989년 14장 177조로 개정된 헌법은 동년 7월 28일 시행된 국민투표에서 95퍼센트의 찬성으로 승인되었다. 개정된 헌법은 총리 직책을 폐지하고 4년 임기의 대통령을 행정부의 수반으로 올려놓았다. 의회도 이슬람의회로 개칭하였다. 이란은 이슬람 공화제를 채택하면서도 입법·사법·행정이 분리되어 있으며 종교 지도자에 의해 감독을 받는 구조로 되어 있다. 민주적 요소로는 대통령과 이슬람의회 의원을 국민이 직접 선출한다는 점이다.

헌법은 처음으로 개정되어 조문이 175개에서 177개로, 장의 수가 12개에서 14개로 변경되었다. 이란 이슬람 공화국의 헌법은 민주주의와 신권적 요소의 혼합으로 간주된다. 그것은 이란의 정치, 사회, 문화, 경제 기관과 그들 간의 관계를 확립한다. 이 헌법은 또한 모든 민주적 절차와 권리보다 우월한 최고지도자와 수호 위원회의 권한을 설명한다.

이슬람을 보는 눈

서구 역사에서 비서양에 대한 편견은 오랜 기간 지속되어 왔다. 이러한 편견은 현대에도 여러 형태로 나타나는데, 특히 미국의 외교정책과 정치적 담론에서 뚜렷하게 드러난다. 대표적인 사례로, 2002년 조지 W. 부시 미국 대통령은 '테러와의 전쟁'의 일환으로 이라크, 이란, 북한을 '악의 축'으로 지목했다. 이는 미국의 지정학적 경쟁 속에서 특정 국가들을 체제적·이념적 위협으로 규정한 대표적인 사례로 꼽힌다. 이후, 2023년에는 미국 공화당 상원 원내대표가 러시아-우크라이나 전쟁 국면에서 중국, 러시아, 이란을 새로운 '악의 축'으로 명명하면서, 서방과 이들 국가 간의 긴장이 더욱 심화되었다.

그 정도는 아니라고 해도 이슬람을 자유와 민주주의에 적대적인 종교로 보는 견해는 아직도 서양은 물론 그 영향권 아래에 있는 한국이나 일본과 같은 나라에서도 뿌리가 깊다. 심지어 이슬람은 물질주의와 숙명론에 젖어 있다는 비판도 있다. 그래서 과거 소위 기독교 선진국에 의한 이슬람 후진국 침략이 정당화된 것과 마찬가지로 지금도 서양권의 이슬람 침략이 정당화되고 있는지도 모른다. 그러나 이슬람은 통치자와 피치자 사이의 비폭력적인 권력의 공유를 인정했고, 이슬람이 시작하는 7세기부터 평등의 공간인 모스크를 중심으로 회의체 민주주의를 일찍부터 구현했다.[34] 나아가 같은 뿌리의 유일신교인 유대교와 달리 선민의식을 처음부터 배제하고 보편적인 윤리관을 수립했다. "꾸란은 집단의 자존심이나 피를 흘리며 지키는 명예심, 또는 다른 편협한 부족 차원의 기준보다 더 큰 기준으로 인간의 삶을 판단해야 한다고 주장했다."(킨, 212) 따라서 미신과 우상 숭배를 철저히 배격했고 "책임을 강조함으로써 사람들의 사회적 행동에 정의의 규칙을 적용해야 한다고 요구했으며, 또한 강한 자의 방종을 제한하고 약한 자에게 관용을 베푸는 정의로운 정치체제를 요구"(킨, 213)했다. 방종의 제한은 사람들만이 아니라 동식물을 포함한 모든 존재에게 해당되었다.

이슬람 사회는 초기부터 평등한 시민들의 공동체를 형성하고, 공동 경영 방식을 통해 경제생활을 영위했다. 따라서 노동자와 자본가라는 계급 분화가 뚜렷하지 않았으며, 빈부갈등 또한 상대적으로 완화된 사회구조를 유지했다. 재산을 소유하는 문제에 있어서도 공동체적 성격을 띠었다. 그 결과 대규모 사업이나 절대주의 체제 같은 것은 존재할 수 없었다. 그러나 19세기 서구 열강의 침략 이후 이슬람 지역에 절대군주와 독재자가 나타나고 자본주의 경제체제가 본격적으로 도입되면서 전통적인 시민사회는 파괴되었다. 특히, 사회적 평등을 유지하는 중요한 제도였던 와크프(Waqf, 자선기금·종교기금 제도)가 약화되거나 폐지되었다. 와크프는 공공시설과 빈민 구제를 위한 기부금 시스템으로, 이를 통해 사회적 불평등을 완화하는 역할을 했으나, 근대화와 서구적 경제 모델 도입 과정에서 그 기능이 대폭 축소되었다.

세계 최초 헌법은 메디나 헌법

『헌법의 탄생』에서 '이슬람 헌법'은 마지막 장으로, 대단히 소략하게 다루어진다. 그러나 이슬람 헌법의 역사를 최초의 성문 헌법이라는 메디나 헌법으로 시작된다고 보면 이 책의 제1장에서 다루어져야 한다. 메디나 헌법은 이슬람의 예언자 무함마드가 622년 메디나(현재의 사우디아라비아 야스리브)에 도착한 후 만들었다. 그것은 무함마드와 무슬림, 유대인, 기독교인, 아랍 이교도를 포함한 메디나의 중요한 부족과 가문 간의 공식 협정으로, 무슬림과 유대교도가 자유롭게 종교를 실천할 수 있다고 명시하여 헌법이 종교적 자유를 권리로 확립한 역사상 최초의 문서라고 여겨진다. 그 밖에도 메디나 헌법은 부족과 무슬림 이주민의 연방을 수립하고 모든 종교, 민족, 부족 집단에 동등한 보호, 권리, 존엄성을 부여하고, 시민의 권리와 의무를 명시했다. 또한 부족 집단의 조직과 지도부, 전쟁, 혈전, 포로의 몸값 지불 등 일련의 부족 문제를 규정했다.

이슬람 국가 헌법들의 제1조

튀니지 헌법 제1조는 "튀니지는 자유롭고 독립적이며 주권적인 국가다. 종교는 이슬람이고, 언어는 아랍어이며, 정부 유형은 공화국이다."라고 규정한다. 이슬람 최초의 현대 헌법은 1857년에 튀니지에서 제정되었다. 그 뒤를 이어 1861년 헌법이 제정되었고, 1956년 프랑스 행정부가 떠난 후에 1959년 헌법으로 대체되었다. 그 뒤 이집트(1919), 리비아(1951), 알제리(1963), 예멘(1991), 팔레스타인은 모두 헌법 제정 절차에 착수했다. 이슬람 헌법에는 다양한 모델이 등장했다. 예를 들어, 사우디아라비아에서는 꾸란이 헌법으로 사용되지만 이집트에서는 샤리아가 주요 입법 근거다.

튀르키예 헌법 제1조는 '국가의 형태'라는 제목하에 "튀르키예 국가는 공화국이다."라고 규정한다. 이어 제2조에서는 '공화국의 성격'이라는 제목하에 다음과 같이 규정한다.

튀르키에 공화국은, 사회의 안정을, 인민의 기대와 정의를 이해하는 가운데, 인간의 권리를 존중하며, 아타튀르크 민족주의에 결합한, 앞서 언급한바 기본 원칙에 입각한 민주적, 세속적, 사회적인 하나의 법치국가다.

1961년 헌법을 대체한 1982년 헌법은 21번 개정되었고, 최근 개정은 2017년에 의원내각제를 대통령제로 바꾸었는데, 대통령이 통제하는 행정, 입법 및 사법권은 민주주의를 약화시킬 수 있다는 우려가 제기되었다. 오스만 제국의 첫 번째 헌법은 1876년에 채택되었고, 1908년에 개정되었다. 튀르키예 헌법은 1921년에 최초로 제정된 뒤 여러 차례 제정되었다.

이라크 헌법 제1조는 "이라크 공화국은 완전한 주권을 지닌 단일·독립·연방 국가이다. 이라크 정부는 공화·대의·내각·민주제이다. 본 헌법은 그 통합의 보증이다."라고 규정하고, 제2조에서는 다음과 같이 규정한다.

　1항 이슬람교는 국교이자 법률의 원천이다.
　1. 이슬람 교리에 저촉되는 법률은 제정할 수 없다.
　2. 민주주의 원칙에 저촉되는 법률은 제정할 수 없다.
　3. 본 헌법에 규정된 권리와 기본적 자유에 저촉되는 법률은 제정할 수 없다.
　2항 이 헌법은 이라크 국민 대다수의 이슬람 정체성을 보장하고 모든 개인의 완전한 종교적 권리를 보장하므로 기독교, 야

지디교, 만디 사바교 같은 종교적 신념과 행위의 자유가 인정된다.

사우디아라비아 헌법 제1조는 "사우디아라비아 왕국은 주권을 가진 아랍 이슬람 국가이다. 그 종교는 이슬람교이고, 그 구성은 전능하신 하나님의 책, 거룩한 꾸란, 예언자의 순나(전통)이다. 아랍어는 왕국의 언어이고 리야드시가 수도이다."라고 규정한다.
팔레스타인 헌법 제1조는 다음과 같다.

팔레스타인 국가는 주권 독립 공화국이다. 그 영토는 1967년 6월 4일 전날 국경을 기준으로 분할할 수 없는 단위이며, 팔레스타인과 관련된 국제 결의안에서 보장하는 권리에는 영향을 미치지 않는다. 이 영토의 모든 거주자는 팔레스타인 법만을 따른다.

11장

러시아 헌법
_차르 파시즘의 부활

러시아 헌법 제1조_소련 헌법과의 차이

1993년에 제정된 러시아 헌법 제1조는 다음과 같다.

1항 러시아연방, 즉 러시아는 공화국 통치 형태를 가진 민주 연방 법치국가이다.
2항 러시아연방과 러시아라는 명칭은 동일하게 사용된다.

위의 2항은 불필요한 중복이므로 더 이상 언급할 필요가 없고, 1항의 설명으로 충분하다. 1항을 보면 러시아는 한국 헌법 제1조를 비롯하여 서구형의 자유민주주의 헌법에서 말하는 민주공화국으로 볼 수 있다. 연방헌법 제7조 1항에서 러시아연방을 '사회적' 국가라고 규정하지만, 이는 '사회주의적'이라는 말이 아니라 프랑스 등의 민주공화국 헌법에서 사용하는 '사회적'이라는 말과 그 의미가 같다. 이는 제7조 1항에서 러시아연방의 정책은 '개인의 가치 있는 삶과 자유로운 발전을 보장해주는 여건의 창조를 목표로 한다.'고 규정하고, 2항에서 러시아연방에서는 '국민의 노동과 건강을 보호하고, 가족, 모성, 부성, 아동, 장애자와 노령자에 대한 국가 지원을 보장하고, 사회적 봉사제도가 발전되며 국가 연금, 수당과 여타 사회적 보호가 보장된다.'고 규정하는 점에서 알 수 있다.

대통령 도서관 헌법 홀에 러시아 초대 헌법이 전시되어 있다.

러시아 헌법 제1조의 의의는 그전 헌법인 1977년 소련(소비에트 사회주의 공화국 연방) 헌법 제1조와 비교할 때 더욱 분명해진다. 그것은 "소비에트 사회주의 공화국 연방은 노동자, 농민, 지식인 및 국내의 모든 인민과 민족의 의사 및 이익을 대변하는 모든 인민의 사회주의 국가이다."라고 규정한다. 여기서 '소비에트 사회주의 공화국'이라고 명시된 점이 1993년 러시아 헌법 제1조와 명백히 다르다. 소비에트란 '평의회·대표자회의'를 의미하는 러시아어로, 러시아 제국 시절에도 자문의회의 명칭으로 사용되었지만, 러시아 혁명 때 노동자·군대·농민의 대의원 소비에트가 형성된 후로부터 '공산주의 성향의 조합'을 뜻하는 특수한 의미를 지니게 된 단어다.

러시아 헌법 제1조를 더욱 명확하게 이해하려면 그 이하의 조문을 반드시 살펴보아야 한다. 우선 제2조는 "개인의 권리와 자유는 최고의 가치를 갖는다. 개인과 시민의 권리와 자유를 인정하고 이를 준수하며 수호하는 것은 국가의 의무이다."라고 규정하고 있다. 이어 제3조는 "1항 러시아연방의 제 민족은 러시아연방 주권의 소유자이며 유일한 권력의 원천이다. 2항 국민은 직접적으로, 또는 국가권력 기구와 지방자치 기구들을 통하여 권력을 행사한다. 3항 국민투표와 자유선거는 국민에 의한 최고의 직접적인 권력 행사이다. 4항 러시아연방에서는 그 누구도 권력을 강탈할 수 없다. 권력의 강탈 또는 취득 행위는 연방법에 따라 소추된다."라고 규정한다.[35]

헌법 제1조를 제도화하는 조문들

러시아 헌법 제1조를 보충하는 조문들을 검토해보자. 먼저 러시아 헌법 제2조의 기본권 원칙 규정은 소련 헌법에는 없었다. 그렇다고 해서 소련 헌법에 개인의 자유와 권리가 규정되지 않은 것은 아니다. 소련 헌법 제2부 '국가와 개인'에 기본권 규정이 있기 때문이다. 그러나 그 기본권은 제39조에서 "소련 시민은 소련 헌법과 소비에트의 모든 법률이 선언하고 보장하는 사회·경제·정치적이고 개인적인 권리와 자유를 완전하게 향유한다. 사회주의 체제는 사회·경제적 및 문화적 발전계획의 수행에 따라 시민의 권리와 자유의 확대, 생활 조건의 부단한 개선을 보장한다. 시민에 의한 권리와 자유의 행사는 사회와 국가의 이익, 다른 시민의 권리에 손실을 주어서는 안 된다."라고 하며, 권리와 자유는 "헌법과 법률의 한도 내"에서 "사회·경제적 및 문화적 발전계획의 수행에 따라" "사회와 국가의 이익, 다른 시민의 권리에 손실을 주"지 않는 범위 내에서만 인정된다.

반면 러시아 헌법 제17조는 "1항 러시아연방에서는 보편적으로 인정되는 국제법상의 원칙과 규범 및 이 헌법에 의해 개인과 국민의 권리와 자유가 인정되고 보장된다. 2항 개인의 기본 권리와 자유는 박탈할 수 없으며 출생 때부터 모든 국민에게 부여된다. 3항 개인과 국민의 권리와 자유의 행사가 타인의 권리와 자유를 침해하는 것이어서는 안 된다."고 규정된다. 또한 제18조는 "개인과 국민의 권리와 자유는 직접적인 효력을 가진다. 개인과 국민의 권리와 자유는 법률의 의미, 내용 및 적용, 입법부 및 행정부의 활동, 지방자치 기구의 활동을 규정한다."고 되어 있다.

이처럼 러시아 헌법에서 인권은 불가침의 천부적인 것이자 직접 효력을 갖는 것으로 인정된다. 또한 제45조는 "1항 러시아연방에서는 개인의 자유와 권리에 대한 국가의 보호가 보장된다. 2항 모든 국민은, 법이 제한하지 않는 한, 자신의 권리와 자유를 보호할 권리를 가진다."고 하여 인권이 입법, 행정, 사법을 구속한다.

물론 러시아 헌법에서도 자유와 권리는 무한한 것이 아니라 최소한의 제한을 받는다. 이를 제55조 3항은 "개인의 권리와 자유는 헌법 체제, 윤리, 건강, 타인의 권리와 법적 이해관계, 국가와 정부의 안전을 보호하기 위해 불가피한 경우에만 연방법에 의해 제한될 수 있다."고 규정한다. 그러나 이는 앞에서 본 소련 헌법의 조항과는 비교할 수 없을 정도로 제한의 폭을 좁힌 것이고, 이는 한국 헌법 제37조의 기본권 제한 규정과 유사하다.

구체적인 기본권의 조문에도 변화가 있었다. 소련 헌법에서는 평등권을 별도의 장으로 상세히 규정하고, 사회권을 자유권보다 먼저 배치했으며, 기본권의 종류도 적었으나, 러시아 헌법에서는 평등권을 기본권 장 속에 비교적 간단히 규정하고, 자유권을 사회권보다 우선 배치했으며, 기본권의 종류도 늘어났다. 특히 신체의 자유가 상세히 규정되고, 사생활에 대한 정보의 보호가 새로 도입되었고, 국적 선택과 거주이전의 자유가 명시되었으며, 언론·출판·집회·결사의 자유에 대한 제한이 없어졌다. 소련 헌법에서 '공산주의의 건설의 목표에 적합할 것'으로 요구된 창작의 자유도 러시아 헌법에서는 그런 적합성 없이 보장되었고, 교수와 학문의 자유도 보장되었다. 또한 소련 헌법에는 없었던 경제활동의 자유와 재산권이 러시아 헌법에서는 보장되었고, 사회권에서도 환경권이 새로이 추가되었다.

국민주권과 관련해서는 소련 헌법과 달리 러시아 헌법에서는 권력분립과 복수정당제가 인정되고, 소련 헌법의 사회주의적 소유에 근거한 국가경제 체제가 러시아 헌법에서는 사적 소유에 기반한 시장경제 체제로 바뀌었다. 그리고 소련 헌법에서는 동질화와 노동이 강조된 반면, 러시아 헌법에서는 자유와 다양성이 강조되었다. 권력 기구에서도 종래 절대적이었던 소비에트가 약화되고, 인민 대의원의 역할이 강조되었다. 또한 소련 헌법에는 없던 대통령제와 헌법재판소가 러시아 헌법에서 도입되었다.

알렉산드라 황후와 라스푸틴

나는 러시아를 서너 번 여행한 경험밖에 없지만, 그곳 사람들의 감정적 기질과 알코올 중독, 그리고 권력에 복종하는 점이나 미신에 젖은 점 등을 잊을 수 없다. 소련이 해체되고 몇 년 되지 않아 그곳을 처음으로 찾았을 때 크렘린 앞의 식당에서 목격한 일은 아직도 기억에 생생하다. 우리 앞에서 다정하게 식사하던 러시아인 남녀 서너 쌍이 별안간 목소리를 높이더니 벌떡 일어나 깨트린 병으로 상대방을 공격하여 순식간에 피까지 흘렸다가 이내 아무 일도 없었다는 듯이 식사를 재개하는 것이었다. 그 뒤 러시아에 갈 때마다 길거리를 배회하는 가난한 러시아인들이 봉투에 숨긴 보드카를 밤낮없이 마셔대거나 벤치에 쓰러져 있는 모습을 보고는 질색하곤 했다. 올랜드 파이지스는 『혁명의 러시아 1891~1991』에서 1917년 볼셰비키혁명이 성공한 뒤 "술에 취한 노동자들과 군인들 수천 명이 상점을 약탈하고 가택에 침입하며, 말쑥한 옷차림의 시민들을 구타하거나 갈취하면서 도시를 휩쓸고 다녔다."고 썼다.[36] 이러한 묘사에 대해 비판도 있지만, 내가 1990년대에 본 러시아는 술에 취한 사람들이 너무나 많아 10대 중반부터 러시아와 그 혁명에 심취했던 나를 절망하게 했다. 소련 해체 후 러시아와 동독을 비롯한 동유럽을 여행하는 동안, 황폐해진 자연과 환경오염과 가난에 지쳐 하루하루 허덕이는 사람들을 보면서, 나는 오랫동안 지녔던 사회주의 혁명의 미망에서 깨어날 수 있었다.

그 뒤로 러시아에 대해 잊고 지내다가 최근 김경율이 대통령의 부인을 마리 앙투아네트에 비교한 것을 보고 다시 러시아를 생각하게 되었다. 그는 "프랑스 혁명이 왜 일어났는가, 마리 앙투아네트의 사치, 난잡한 사생활이 하나하나 드러나면서 감성이 폭발된 것이라고 하더라."고 하면서 한국의 대통령 부인이 값비싼 가방을 받은 사건도 "국민의 감성을 건드렸다고 본다."라고 했다. 대통령

부인이 값비싼 가방을 받은 것이 혁명을 일으킬 정도의 사건이라고 보는 사람은 아무도 없을 것이고, 김경율도 그렇게는 생각하지 않았을지 모른다. 그러나 가방은 한 가지 보기에 불과하다. 전 영부인의 모든 행태가 혁명을 일으킬 정도로 국민의 분노를 산 점을 부정할 사람은 없을 것이며, 위 발언자도 그렇게 생각했을 터다.

    나는 전 대통령의 부인을 러시아의 마지막 황후였던 알렉산드라와 같다고 생각했고, 황후를 타락시킨 라스푸틴 같은 간신 요승들이 그 당사자나 배우자인 전 대통령 주변에 한둘이 아니라 너무나 많다고 생각했다. 라스푸틴은 그를 처음 만난 황후에게 '신의 사람'이란 평가를 받을 정도로 믿음을 주었고, 그 뒤 혈우병으로 인해 사경을 헤매고 있던 황태자를 호전시켜 차르 부부의 절대적인 신임을 받았다. 종교와 외교는 물론 내정까지 간섭하면서 명실상부한 최고 '비선' 권력자로 행세했다. 매점매석은 물론 자기 마음대로 수상과 장관을 임명하고 파면하는 권력을 서슴없이 행사했다. 차르 니콜라이 2세는 정치가 적성에 맞지 않는 인물이어서 차르로 즉위했을 당시 "나는 아직 준비가 되지 않았다."라고 할 정도로 무능한 인물이었으므로 자연스레 라스푸틴에게 의존하게 되었다. 러시아 황후가 라스푸틴을 '신의 사람'이라고 부르고 그가 하는 모든 일은 '성스럽다'고 했듯이 한국의 영부인도 천공이니 명태균이니 하는 자들을 그렇게 불렀고, 반면 대통령을 무능하다고 생각해 그들에게 의존하게 했다. 제1차 세계대전 때 라스푸틴이 신의 계시를 받았다며, 러시아군이 남부 전선에서 싸우면 승리한다고 황후에게 전하자, 차르는 장군과 참모들의 반대를 무릅쓰고 그의 계시를 따랐다가 대패하고 서부 공업지대와 우크라이나까지 모조리 독일군에게 내주어 국가 붕괴 직전에 몰렸다.

피의 일요일 사건과 러시아혁명

그런 요승이 나라를 패망하게 할 정도로 러시아 제국은 전제군주제였다. 차르가 제국의 특권을 행사하는 것은 1832년 '러시아 제국 기본법'에 처음으로 성문화되었기에 그것을 최초의 러시아 헌법이라고 보는 사람도 있지만, 근대적인 의미의 헌법과는 무관했다. 또한 18세기와 19세기에도 다양한 개혁이 제안되었으나 대부분 실패했다.

1905년 1월, 무장하기는커녕 교회에 갈 때 입는 가장 좋은 옷을 차려입고 찬송가를 부르며 '친애하는 아버지' 차르의 초상화를 들고 그에게 청원서를 제출하려고 겨울궁전으로 가던 수천 명의 시위대(주로 도시 노동자와 지식인)에게 제국군이 발포함으로써 발발한 '피의 일요일 사건'으로 혁명은 시작되었다. 이튿날 13만 명의 노동자들이 상트페테르부르크에서 파업했다. 이어 9월, 러일전쟁에서 러시아가 패배하자 혁명은 최고조에 이르렀으나, 결국은 실패했다. 그 뒤에 의회 선거제의 도입, 기본적 시민권의 부여, 입헌군주제의 수립이 제안되었다. 차르는 이에 격렬히 반대했지만, 결국은 마지못해 동의했다. 오스트리아-헝가리, 일본, 프로이센의 헌법을 참고한 러시아 최초의 헌법이 1906년 5월 6일에 공포되어 러시아는 공식적으로 절대 군주제에서 입헌적 국가로 바뀌었다.

1906년 헌법은 서론(제1~3조)에서 러시아가 "하나이고 분리될 수 없다."고 선언하고, 군대와 기타 공공 기관에서 러시아어를 사용하도록 의무화했다. 양원제 의회를 규정했으며, 의회의 승인 없이는 어떠한 법률도 제정될 수 없다고 규정하고, 개인의 기본권을 보장했다. 그러나 자신의 권력 제한을 혐오한 차르는 의회를 해산하고, 토지 소유자가 의원으로 선출되도록 하기 위해 일방적으로 선거법을 개정하는 등 의회와 충돌했다. 결국 1917년 러시아혁명이 발발하면서 의회는 차르의 퇴위를 주도했고, 이는 군주제의 폐지와 케렌스키가 이끄는 러시아 임시정부의 집권으로 이어진다. 그러나 자유주의적인 임시정부는 몇 달 후 10월 혁명으로 전복되었고, 볼셰비키의 등장은 러시아를 소비에트 독재 정권으로 전환시켰다.

소비에트 헌법은 1918년의 레닌 헌법 이후 1924년 헌법, 1936년 스탈린 헌법, 1977년 브레즈네프 헌법, 1988년 고르바초프 헌법 등을 거쳐 1993년의 현행 헌법으로 귀결되었다.

러시아 헌법과 한반도

2024년 3월, 북한에서 헌법을 개정하기 위해 러시아 헌법을 연구 중이라는 보도가 나와서 깜짝 놀란 적이 있다. 왜냐하면 러시아 헌법은 적어도 외양으로는, "러시아는 공화국 통치 형태를 가진 민주 연방 법치국가"라고 규정한 그 제1조부터 우리나라 헌법과 크게 다르지 않은 민주공화국 헌법이기 때문이다. 그런데 2024년 10월, 북한은 헌법을 개정했다고 밝혔으나, 그 내용은 12년 의무 교육에 따라 기존 노동 연령과 선거 연령을 기존 16살과 17살에서 각각 한 살씩 상향 조정한 것에 그쳤고, 따라서 적어도 민주공화국으로의 개헌이 아님은 확실했다. 그리고 이는 북한이 헌법을 개정하여 남북을 '적대적 두 국가'로 명문화하고, 통일 표현을 삭제하는 대신 새로운 국경선을 포함한 영토 조항이 신설될 것으로 관측한 남한 전문가의 의견이 완전히 빗나간 것이었음을 보여주었다.

러시아 헌법은 제1조에서 민주공화국이라고 규정하지만, 실질적으로 민주공화국 헌법이라고 보기는 어렵다. 이는 단적으로 푸틴 대통령의 20년에 가까운 장기 집권이 여러 번의 헌법 개정을 통하여 이루어졌다는 점으로도 알 수 있다. 그러나 적어도 형식적으로는 합헌적인 절차를 따랐다는 것을 부정할 수 없다. 하기야 히틀러의 독재도 바이마르 헌법에 의한 합헌적인 것이 아니었던가? 차르 러시아나 카이저 독일이나 20세기 초엽까지 오랫동안 이어진 절대군주제는 그곳 사람들을 권력에 저항하기는커녕 복종하게 만드는 심성을 형성시켰나 보다.

러시아 헌법의 특징으로 대통령의 권한이 막강한 점이 주로 논의된다. 이는 한국 헌법의 경우와 유사하지만, 러시아의 대통령 권한은 한국의 그것보다 더욱 막강하다. 우선 공통점을 보자. 대통령이 법률안 거부권을 가지며, 이에 대해 의회가 3분의 2의 다수로 재의를 거부하면 그 법률은 성립하지만 그렇지 못하면 폐기된다. 대통령이 사면권을 갖는 점은 양국 헌법에 공통되는 것이지만, 러시아 헌법에서는 의회도 사면권을 갖는 점이 한국 헌법과 다르다. 서구 민주공화국에서 사면권을 의회가 갖는 점에 비춰보면 대통령의 사면권 인정에는 문제가 있다. 한국 헌법과 달리 의회에도 사면권을 인정하는 러시아 헌법은 그나마 서구 헌법을 따른 셈이다. 대통령의 권한 중 또 하나의 중요한 공통점은 비상사태와 계엄령을 선포할 수 있다는 것이다.

그러나 양국 헌법에는 공통점보다는 상이점이 더 많다. 단적으로 러시아 대통령은 하원을 해산할 수 있다.(제84조) 이에 대응하여 의회의 정부불신임권이 인정(2제117조)된다. 또한 대통령 발포권은 양국 헌법에서 공히 인정되지만, 한국 헌법 제75조가 "대통령은 법률에서 구체적으로 범위를 정하여 위임받은 사항과 법률을 집행하기 위하여 필요한 사항에 관하여 대통령령을 발할 수 있다."라고 규정한 것과 달리 러시아 헌법에서는 "대통령의 명령과 포고는 법률에 위배되어서는 아니 된다."(제90조 3항)라고 포괄적으로 인정하여 대통령은 의회의 입법권에 버금가는 광범위한 입법권을 갖는다.

탄핵 등의 경우 국무총리가 대통령 권한 대행을 하지만, 하원

해산권을 비롯하여 국민투표 실시권이나 헌법개정 제안권을 갖지 못한다.(제92조 3항) 대통령 탄핵은 하원 재적의원 3분의 1이 제기하고 대법원이 유죄판결을 내리고 헌법재판소가 탄핵 절차 준수를 확인한 대역죄 등의 중죄에 대해 상하원 재적의원 3분의 2의 찬성에 의해 최종 결정을 하는데, 그 전체 과정은 3개월 이내에 이루어져야 한다.(제93조)

앞에서도 보았듯이 대통령의 탄핵이 제기되는 경우 대통령의 권한대행이 국무총리인 것은 세계 헌법 중에서 한국 헌법과 러시아 헌법뿐이다. 그러나 헌법재판소가 탄핵을 결정하는 한국 헌법과 달리 러시아 헌법에서는 의회가 결정하게 되어 있어서 민주공화국 원리에 더욱 충실하고, 탄핵 결정이 발의 후 3개월로 정해져 있어서 탄핵으로 인한 정치 불안을 신속하게 해결하게 한 점이 다르다. 한국 헌법에서 180일로 정한 것은 러시아 헌법의 기간보다 두 배나 길다.

동유럽의 사회주의 헌법

제2차 세계대전 이후 동유럽의 많은 사회주의국가나 인민민주주의 국가에서 성문헌법이 제정되었다. 사회주의에 이르지 못한 인민민주주의 헌법으로는 1946년의 유고슬라비아 인민공화국 헌법, 1947년의 불가리아 인민공화국 헌법, 1948년의 루마니아 인민공화국 헌법, 1949년의 헝가리 인민공화국 헌법과 독일민주공화국 헌법, 1952년의 폴란드 인민공화국 헌법 등이 있었다. 이러한 헌법들은 1938년의 소련 헌법(스탈린 헌법)의 영향을 받아 노동자 인민의 권력과 사회주의적 기본권을 기초로 하여 사회주의 헌법으로 나아가고자 한 헌법이었다.

그러나 그 대부분은 중앙집권적 독재정권의 억압과 경제 불안 등을 이유로 1980년대 말에 붕괴하고, 헌법 개정에 의해 공화국으로 변했다. 이어 1989년 11월에 동서냉전의 상징이었던 베를린의 장벽이 무너지고, 1991년 말 소련이 해체되어 15개의 독립국으로 분해되고, 그중 발트 3국은 2004년에 EU에 가입했다.

북한 헌법 제1조

현행 북한 헌법은 1972년에 새로 제정된 조선민주주의인민공화국(북한)의 헌법이고, 그 이전에는 1948년 9월 8일 공포된 조선민주주의인민공화국 헌법이 있었다. 북한 헌법에는 원래 전문이 없었으나, 1998년 개정되면서 김일성의 정치사상과 이념 및 업적을 천명하는 '서문'을 신설하였다. "조선민주주의인민공화국은 위대한 김일성동지와 김정일동지의 사상과 령도를 구현한 주체의 사회주의조국이다."로 시작하는 엄청난 길이의 서문은 북한이 기형적인 군주제와 다름없음을 보여준다.

조선민주주의인민공화국(북한) 헌법 제1조는 "조선민주주의인민공화국은 전체 조선 인민의 이익을 대표하는 자주적인 사회주의 국가이다."라고 규정한다. 이는 "공화국 통치 형태를 가진 민주 연방 법치국가"라는 러시아 헌법 제1조보다도 1977년 소련 헌법 제1조에서 "노동자, 농민, 지식인 및 국내의 모든 인민과 민족의 의사 및 이익을 대변하는 모든 인민의 사회주의 국가"라고 하는 규정과 유사하다.

이어 제2~3조에서는 다음과 같이 주체사상을 정치의 지도 이념으로 강조하고 있는데, 이는 소련 헌법에서는 볼 수 없는 북한 헌법 조항이다.

> 제2조 조선민주주의인민공화국은 제국주의 침략자들을 반대하며 조국의 광복과 인민의 자유와 행복을 실현하기 위한 영광스러운 혁명투쟁에서 이룩한 빛나는 전통을 이어받은 혁명적인 국가이다.
>
> 제3조 조선민주주의인민공화국은 위대한 김일성-김정일주의를 국가건설과 활동의 유일한 지도적 지침으로 삼는다.

북한 헌법 제4조는 주권 조항으로 "조선민주주의인민공화국의 주권은 로동자, 농민, 군인, 지식인을 비롯한 근로인민에게 있다." "근로인민은 자기의 대표기관인 최고인민회의와 지방 각급 인민회의를 통하여 주권을 행사한다."고 규정한다. 이는 앞에서 본 소련 헌법 제2조와 유사하다. 또한 북한 헌법 제5조 "조선민주주의인민공화국에서 모든 국가기관은 민주주의 중앙집권제 원칙에 의하여 조직되고 운영된다."라는 부분은 소련 헌법 제3조와 유사하다. 북한 헌법 제6조 "군인민회의로부터 최고인민회의에 이르기까지의 각급 주권기관은 일반적, 평등적, 직접적 원칙에 의하여 비밀투표로 선거한다."는 것도 소련 헌법 제3조와 대응한다.

북한 헌법 제7조 "각급 주권기관의 대의원은 선거자들과 밀접한 련계를 가지며 자기 사업에 대하여 선거자들 앞에 책임진다. 선거자들은 자기가 선거한 대의원이 신임을 잃은 경우에 언제든지 소환할수 있다."는 조항과 유사한 소련 헌법 조항은 없다. 반면 소련 헌법 제5조의 국민투표 조항은 북한 헌법에 없다.

정치 분야의 원칙에는 그 밖에도 민주주의 중앙집권제에 기초하여 모든 국가기관이 조직·운영되며 국가의 모든 활동을 당의 영도 밑에 진행하는 데 대한 규제(제4~11조), 대안의 사업체계와 청산리정신·청산리방법을 구현하며 인민민주주의 독재를 실현하는 데 대한 규제(제12조 내지 제14조) 등이 규정된다.

그리고 제2장의 경제 분야에는, 사회주의적 생산관계와 자립적 민족경제(제19조), 생산수단에 대한 국가 및 협동단체 소유에 대한 규제(제20조), 경제지도관리와 노동생활에서 견지하여야 할 원칙에 대한 규제(제32조, 제33조), 계획경제를 비롯한 인민경제를 발전시키는 데서 확고히 틀어쥐고 나가야 할 원칙적 문제들에 대한 법적 규제(제34조) 등이 있다. 나아가 문화 분야에서의 원칙(제3장)에는, 사회주의적 문화의 사명과 목적, 사회주의 문화건설에서 일관하게 견지하여야 할 원칙, 인민적 교육시책과 혁명적 교육방침에 관한 헌법적 규제 등이 있고, 국방 분야의 원칙(제4장)으로 공화국의 방위체계와 무장력의 사명, 나라의 방위력 강화를 위한 국가의 방침,

자위적 군사노선의 관철과 군대 안에서 군사규율과 군중규율을 강화하며 관병일치, 군민일치의 전통적 미풍을 높이 발양하는 데 대한 헌법적 규제 등이 선언되어 있다.

12장

대한민국 헌법
_한국적 파시즘과 민주주의

한국 헌법 제1조_3·1혁명과 4·19혁명

한국 헌법 제1조는 '대한민국은 민주공화국이다. 대한민국의 주권은 국민에게 있고, 모든 권력은 국민으로부터 나온다.'는 것이다. 대한민국에서 대한이란 '대한제국'에서 비롯되었고, 이때의 제국이 민국으로 바뀌었는데, 민국은 황제의 제국이 아니라 공화국이라는 뜻이다.[37] 앞에서 말했듯이 민국이란 민주국의 준말이다. 즉 대한민국은 '대한민주국'이라는 뜻이다.

현행 헌법 제1조는 제헌헌법[38] 제1조 '대한민국은 민주공화국이다.'와 제2조 '대한민국의 주권은 국민에게 있고, 모든 권력은 국민으로부터 나온다.'를 합친 것이다. 현행 헌법에서 제1장의 제목은 '총강'이지만, 제헌헌법에서는 제1장의 제목이 '국가'였고, 그 밑에 7개 조항이 나온다. 그중 제1조는 임시정부 헌법 문서 또는 바이마르 헌법(1919)과 체코슬로바키아 헌법(1920)을 따랐지만, 임시정부 헌법 문서에 흔히 사용된 인민이 아니라, 중국 헌법 문서에 많이 나오는 국민이라는 말을 사용했다.[39]

제헌헌법 제1~2조는 현행 헌법 제1조에 이르기까지 거의 변화가 없었다. 유신헌법 제1조는 '대한민국은 민주공화국이다. 대한민국의 주권은 국민에게 있고, 국민은 그 대표자나 국민투표에 의하여 주권을 행사한다.'고 하여 주권 행사를 대표자나 국민투표에 의한다고 규정했으나, '유신'과 관련된 특별한 의미가 있는 것이라고는 볼 수 없다. 당시 유신헌법 제정 시에 참여한 사람들이 프랑스 헌법 제3조 1항의 '국민(국가)의 주권은 인민에 속하고, 인민은 그 대표를 통하거나 국민투표의 방법으로 주권을 행사한다.'는 것을 모방한 것에 불과했다. 헌법 제1조에서 주권은 국민의 것으로 규정되지만, 국민은 헌법에 의해 인정되는 존재이므로 국민 이전의 '인민'(people)이라고 봄이 옳고, 따라서 주권에는 헌법제정권력이 당연히 포함된다.

헌법 제1조를 이해하기 위해 그 앞에 나오는 전문을 읽어볼 필요가 있다.

유구한 역사와 전통에 빛나는 우리 대한 국민은 3·1운동으로 건립된 대한민국임시정부의 법통과 불의에 항거한 4·19 민주이념을 계승하고, 조국의 민주개혁과 평화적 통일의 사명에 입각하여 정의·인도와 동포애로써 민족의 단결을 공고히 하고, 모든 사회적 폐습과 불의를 타파하며, 자율과 조화를 바탕으로 자유민주적 기본 질서를 더욱 확고히 하여 정치·경제·사회·문화의 모든 영역에 있어서 각인의 기회를 균등히 하고, 능력을 최고도로 발휘하게 하며, 자유와 권리에 따르는 책임과 의무를 완수하게 하여, 안으로는 국민 생활의 균등한 향상을 기하고 밖으로는 항구적인 세계평화와 인류 공영에 이바지함으로써 우리들과 우리들의 자손의 안전과 자유와 행복을 영원히 확보할 것을 다짐하면서 1948년 7월 12일에 제정되고 8차에 걸쳐 개정된 헌법을 이제 국회의 의결을 거쳐 국민투표에 의하여 개정한다.

이 헌법 전문은 그 앞의 헌법에는 없었던 민중의 저항사를 기록한 것으로 주목된다. 그 전 헌법 전문에도 3·1운동은 언급되었으나, '3·1운동으로 건립된 대한민국임시정부의 법통과 불의에 항거한 4·19 민주이념을 계승하고, 조국의 민주개혁과'라는 언급은 새로운 것이었다.

한국 헌법의 역사

1897년 대한제국이 성립한 후 1899년에 '대한국 국제'가 제정되었다. 이는 한국 최초의 성문헌법이었으나 근대적인 입헌주의 헌법이 아니라 국가의 기본제도를 규정한 법령에 가까웠다. 일본의 메이지 헌법을 참고하여 만들어졌지만, 입헌군주제를 확립하지 않고 황제권을 절대적으로 보장하는 형태였다. 이후 1910년 한일 병합조약에 따라 조선은 일본의 식민지로 전락하였다. 일본이 조선을 합병한 이상 형식적으로는 메이지 헌법의 인권 규정이 조선에도 적용되어야 했으나 실제로는 그렇지 않았다. 조선 식민지에는 조선총독부가 설치되었고, 천황에 의해 임명되어 천황에게 보고할 책임을 지닌 조선 총독이 행정·입법·사법 권력을 독점하였다. 그 결과, 조선 총독부는 조선총독부령을 통해 조선인의 기본권을 광범위하게 제한하였다. 특히, 언론·출판·집회·결사의 자유가 억압되었고, 헌병경찰제도를 통해 강압적인 통치가 이루어졌다. 이 과정에서 많은 한국인이 독립운동을 이유로 체포·투옥되었으며, 일부는 고문을 당하거나 처형되기도 했다.

1919년 3·1운동의 탄압 후, 중국 상해에 세워진 망명정부는 다음과 같은 내용의 '대한민국 임시 헌장'을 제정했다.

제1조 대한민국은 민주공화제로 함
제2조 대한민국은 임시정부가 임시의정원의 결의에 따라 이를 통치함
제3조 대한민국의 인민은 남녀의 귀천(貴賤) 및 빈부의 계급(階級)이 없고, 일체 평등함
제4조 대한민국의 인민은 종교, 언론, 저작, 출판, 결사, 집회, 신서(信書), 주소, 이전, 신체 및 소유의 자유를 향유함

제5조 대한민국의 인민으로 공민(公民) 자격이 있는 사람은 선거권 및 피선거권이 있음

제6조 대한민국의 인민은 교육, 납세 및 병역의 의무가 있음

제7조 대한민국은 신(神)의 의사에 따라서 건국한 정신을 세계에 발휘하며 나아가 인류의 문화 및 평화에 공헌하기 위해서 국제연맹에 가입함

제8조 대한민국은 구황실을 우대함

제9조 생명형 신체형 및 공창제를 모두 폐지함

제10조 임시정부는 국토 회복 후 만 1년 안에 국회를 소집함

제1조에서 민주공화제라고 한 것은 제헌헌법에서도 그대로 채택되어 오늘날까지 유지되고 있다. 또한 제3조에서 완전한 평등을 규정하고, 제4조에서 언론·출판·집회·결사의 자유 및 참정권을 인정하고, 제9조에서 사형과 신체적 형벌 및 매춘을 금지한 점은 당시 세계의 헌법 수준에 비추어 손색이 없다. 가령 당시 메이지 헌법에서는 그런 조항들을 볼 수 없다. 임시정부는 1919년부터 1945년까지 헌장 제2조에 규정된 대로 의원내각제를 고수하되, 1919년에서 1925년까지는 대통령제 또는 이원집정부제를 했다고 보는 견해도 있다. 임시 대통령과 국무총리가 병존하였기 때문인 것으로 이해된다.

해방 후 북쪽은 소련군, 남쪽은 미국군이 점령했다. 복잡한 정치 상황이 전개되는 가운데 1948년 유엔 총회와 미군정이 합동으

로 주관하는 5·10 총선거가 시행되어 5월 31일 제헌국회가 개원하였고, 6월 1일에 열린 제2차 국회 본회의에서 헌법 및 정부조직법 기초위원과 국회법 기초위원을 선임하기 위한 전형위원을 선출하였는데, 이들 전형위원이 기초위원 30인을 선출하였다. 제헌국회는 헌법기초위원회를 조직하여 유진오의 안을 원안으로 권승렬의 안을 참고안으로 하여 헌법 초안을 작성하였다. 서상일 위원장을 중심으로 한 기초위원들은 당초에 내각책임제로 기초하였던 헌법안을 이승만 의장의 의도에 따라 대통령제로 기초 완료하였고, 이 헌법안이 6월 23일 본회의에 상정·통과되어 7월 17일 반포되었다. 이에 따라 7월 20일 대선을 실시하여 7월 24일 이승만이 취임했고, 8월 15일 대한민국 정부를 수립한다.

헌법 제정 과정에 참여한 위원들은 여러 나라의 헌법을 참고했는데, 행정연구위원회안 제2장 '국회'의 내용 중 일부는 체코슬로바키아공화국 헌법 제2장과 제3장에서 발췌 번역하였다. 법전기초위원회 헌법개정요강 제2장 '인민의 권리 의무'는 조선임시약헌을 기본으로 하면서 일본, 체코슬로바키아, 스위스, 중국, 소련, 미국 헌법의 관련 조항을 참고했다. 조선임시약헌을 많이 따르고 있지만, 조선임시약헌에 규정되어 있지 않은 개별항목들이 많이 추가되었는데, 여기에는 주로 체코슬로바키아공화국 헌법의 내용이 참고되었다.

1948년 헌법은 해방 후 3년 동안 작성된 많은 헌법안 중 유진오와 행정연구위원회 위원들이 작성한 공동안(소위 유진오 안)과 권승렬이 작성한 헌법안(권승렬 안)을 중심으로 논의한 결과 탄생한 것이고, 행정연구위원회안과 법전기초위원회의 헌법개정요강은 1948년 헌법 제정에서 주도적인 역할을 하지 못했다. 그러나 행정연구위원회안이 공동안에 영향을 주었고, 법전기초위원회의 헌법개정요강이 권승렬 안에 영향을 주었음을 고려한다면, 비록 행정연구위원회안과 법전기초위원회의 헌법개정요강이 1948년 헌법 제정에 주도적인 역할을 하지 못하였다고 하더라도 이는 결코 무시할 수 없는 헌법 제정 자료들이었다.

제헌헌법

1948년 제1공화국 헌법 또는 제헌헌법은 대통령과 함께 국무총리가 존재하는 이원집정부 체제로, 제2공화국의 짧은 시기를 제외하고 지금까지 기본적으로 유지되고 있다. 즉 미국과 같은 순수한 형태의 대통령제가 아니라 초안의 의원내각제 조항 또한 담고 있는 것이다. 대통령은 행정부의 수반이자 국가원수(제51조)로 규정되었지만, 국회에서 대통령 및 부통령을 선출하도록 명시(제53조)하여 의원내각제에서 총리를 선출하는 방식과 유사하다는 특징을 갖는다. 대통령은 국무총리 및 국무위원의 임명권을 가지는(제69조) 점에서 대통령제이지만, 국회에 법률안을 제출하고(제39조), 국회에서 제출한 법률안을 거부할 권한(제40조)을 가진다는 점에

제헌헌법의 첫 장

서 미국의 대통령제와 다르다. 대통령은 또한 긴급한 경우에 법률의 효력을 가진 명령을 발하거나, 재정상 필요한 처분을 할 수 있다(제57조). 대통령의 임기는 4년으로 1회 중임이 가능하다(제55조).

입법권을 가진 국회는 단원제이며, 의원의 임기는 4년이다(제33조). 단 제헌국회의 의원은 헌법에 의한 국회로 임기는 국회 개회일로부터 2년이다(제102조). 국회는 입법권 외에도 예산안 심의·결정권(제41조), 조약의 비준과 선전포고에 대한 동의권(제42조), 국정감사권(제43조), 국무총리 및 국무위원·정부위원의 국회 출석 및 발언 요구권(제44조), 대통령 및 여러 각료에 대한 탄핵소추권(제46조), 국무총리의 임명 시 국회 동의권(제69조) 등의 권한을 갖는다.

법원은 법관으로 조직되고(제76조), 독립된 재판기관의 역할을 한다(제77조). 대법원장은 대통령이 임명하지만, 국회의 승인이 필요하다(제78조). 대법원은 명령·규칙·처분의 위헌·위법 심사권을 갖지만, 위헌법률심사권은 대법원이 아니라 부통령을 위원장으로 하고, 대법관 5명과 국회의원 5명으로 구성되는 헌법위원회가 갖는다(제81조). 그리고 탄핵재판소를 두었다.[40]

　제2장에서는 자유권을 비롯하여 사회적 기본권, 참정권 등의 다양한 권리와 의무를 규정하였으나, 제28조 제2항에서 "국민의 권리와 자유를 제한하는 법률의 제정은 질서유지와 공공복리를 위하여 필요한 경우에 한한다."라고 규정하여 일반적 법률유보에 의한 기본권 제한규정(제한의 한계규정)을 두었다. 대통령에게 '법률의 효력을 가지는' 긴급명령권과 긴급재정처분권(제57조) 그리고 계엄선포권(제64조)을 부여함으로써 국가의 위기 또는 비상사태하에서 국민의 기본권을 일정한 범위 안에서 합리적으로 제한할 수 있게 하였으나, 유신헌법에서 볼 수 있는 '헌법적 효력을 가지는' 대통령비상대권은 인정하지 않았다. 개별적 기본권으로 특징적인 점은 사기업에서 근로자가 법률이 정하는 바에 따라 이익을 균점할 권리가 인정되었다는 것이다(제18조).[41] 그러나 이러한 기본권은 존중되지 않았고, 여러 차례의 개정 뒤에도 자주 나타나는 현상이 되었다.

가장 짧았던 제2공화국 헌법

초대 대통령 이승만은 직선제가 아니라 간선제로 제헌국회에 의해 선출되었다. 그러나 의회 경시와 강권적 통치로 야당과 다수 국민의 비판을 받았고, 의회 간선제로는 재선이 불가능해지자 직선제로 개헌했다. 이어 1954년에는 초대 대통령에 한하여 삼선 금지를 적용하지 않는다는 개헌을 했다. 당시 헌법 개정에는 의회 재적의원 3분의 2의 찬성이 필요했는데, 한 표가 부족하자 사사오입 논리를 적용해 개헌을 강행했다.

1960년 대통령 선거에서 부정선거가 발생하자, 학생과 시민의 항의로 이승만 정권이 무너지고 4·19 혁명이 발생하였다. 그 결과, 의원내각제와 양원제를 기반으로 한 개헌이 이루어졌으며, 1960년 6월 15일 '제2공화국 헌법'이 채택되면서 민주화가 추진되었다. 이 헌법에서는 국무총리 임명 시 민의원의 신임을 요구하고, 국무원이 민의원에 대해 연대책임을 지며, 민의원이 국무원을 불신임하거나 국무원이 민의원을 해산할 수 있는 권한을 규정하였다. 또한, 독일의 방어적 민주주의 요소를 반영해 헌법재판소를 도입하였다. 그러나, 한편으로는 비자유민주주의적 요소가 잔존하였고, 공산주의 사상을 금지하는 반공법이 제정되는 등 과도기적 성격도 보였다. 다만, 제2공화국은 충분한 평가를 받기도 전에 붕괴되었으므로, 의원내각제 체제로 보는 것이 적절하다.

여하튼 제2공화국에서는 분열과 대항으로 혼란이 가중되어 국민의 불만이 높아졌다. 그 와중에 1961년 5월, 군사 쿠데타에 의해 군사혁명정부가 등장함으로써 제2공화국은 1961년 5월 18일까지 11개월간 존속하여 정부수립 이후 가장 짧은 기간의 체제로 기록되었다.

의회민주주의를 부정한 유신헌법

제3공화국 헌법이 제정되면서 대통령 직선제를 기반으로 한 이원집정부제와 단원제 국회가 도입되었다. 그러나, 당시 국가재건최고회의 의장이었던 박정희가 대통령에 당선되었고, 다수의 군인이 정계에 진출하면서 사실상 군사정권이 지속되었다.

이후 1972년 10월, 박정희는 의회를 해산하고, 모든 정치활동을 금지하는 유신을 단행하면서 계엄령을 선포했다. 의회의 권한은 신설된 비상국무회의가 대신하게 되었으며, 국민투표를 통해 유신헌법이 제정되었다. 헌법 공포 전, 통일주체국민회의 의원이 선출되었고, 이 회의에서 박정희가 임기 제한 없는 대통령으로 선출되면서 대통령 선거는 간접선거로 회귀하였다. 또한, 이 회의가 국회의 일부 의원을 선출하는 방식도 도입되었다. 유신체제에서 국회는 국정조사권을 행사할 수 없었으며, 반면 대통령은 국회해산권, 법률거부권, 긴급조치권 등을 갖게 되어 사실상 입법·행정·사법 전반을 통제할 수 있었다. 이로 인해 삼권분립과 권력 간 견제와 균형의 원칙이 무너졌다.

이어 전시 등에 적용해야 할 긴급조치권과 계엄령이 독재정권의 유지를 위해 남용되어 민주주의와 인권은 현저하게 억압되었다. 가령 1974년 1월의 긴급조치는 유신헌법에 대한 비방과 헌법 개정의 주장이나 제안을 금지하고, 나아가 유언비어 날조도 금지하고, 방송, 보도, 출판 등도 금지했다. 그러나 시민의 저항은 계속되었고, 1979년에는 부산과 마산에서 반정부 운동이 발발했다. 박정희는 결국 측근인 정보부장에 의해 암살당했으며, 그의 후임으로 최규하 대통령이 취임했으나 다시 쿠데타가 일어나 계엄령이 선포되었다.

제5공화국 헌법과 민주화 선언

1980년, 통일주체국민회의에 의해 대통령으로 선출된 전두환은 제5공화국 헌법을 공포하였다. 이 헌법에서 통일주체국민회의를 폐지하고, 대통령 선거인단에 의한 간접선거 방식이 도입되었다.

전두환 정권은 언론기본법을 제정하여 언론을 통제하고, 헌법개정 논의 및 관련 운동을 금지하는 등 강압적인 통치를 유지하였다. 그러나 1987년, 민주화 요구가 거세지면서 6월 민주항쟁이 일어났고, 같은 해 6월 29일 여당 대통령 후보가 '민주화 선언'을 발표하였다. 이 선언에는 대통령 직선제 도입, 정치범 석방과 복권,

기본적 인권 보장, 언론 자유, 정치활동 보장 등의 내용이 포함되었다. 이후, 한국 헌정사상 처음으로 여야 협의에 의해 헌법 개정 작업이 진행되었으며, 개헌안은 1987년 10월 공포되었다.

헌법 제1조에서 나오는 헌법 제도

제3공화국 이래 민주공화국을 위협한 군부의 정치개입을 금지하기 위해 정치적 중립성의 준수를 규정한 제5조 2항이 신설되었다. 검열의 금지와 변호인의 조력을 받을 권리, 형사피해자의 재판 진술권과 국가 구제, 최저임금제, 여성의 복지 향상 등도 신설되었고, 무엇보다도 대통령을 15년 만에 직선한 것이 커다란 변화였다. 또한 대통령의 의회해산권은 삭제되고, 헌법재판소가 신설되었다. 그리고 1961년 이후 실시되지 않은 지방자치제의 선거가 인정되었다.

제3공화국 이후 민주공화국을 위협해 온 군부의 정치개입을 방지하기 위해, 정치적 중립성 준수를 규정한 헌법 제5조 2항이 신설되었다. 또한, 검열 금지, 변호인의 조력을 받을 권리, 형사 피해자의 재판 진술권 및 국가 구제, 최저임금제, 여성 복지 향상 등의 조항도 새롭게 추가되었다. 국회의 권한 측면에서는 기존에 국정조사권만 있었던 것을 국정감사권까지 포함하여 확대하였다. 가장 큰 변화는 15년 만에 대통령 직선제가 부활한 것이며, 대통령의 국회 해산권이 삭제되었고, 헌법재판소가 신설되었다. 또한, 1961년 이후 중단되었던 지방자치제 선거가 다시 인정되었다. 그러나 제1공화국 헌법 이래 유지되어 온 대통령제는 여전히 존속하였다. 프랑스 제5공화국과 비교하면, 프랑스에서는 의회의 권한이 헌법위원회와 대통령·정부 권한 확대에 의해 제한되는 반면, 한국 헌법에서는 대통령과 정부의 권한이 헌법재판소와 국회의 권한에 의해 제한된다는 점에서 차이가 있다.

국무총리는 의회의 동의를 받아 대통령이 임명하는데, 이때 의회의 동의가 필요한 점은 의원내각제와 같다. 그러나 의원내각제에서는 의회가 내각불신임을 결의할 경우, 내각은 총사직하거나 해산해야 한다.(예: 일본 헌법) 반면 한국 헌법(제63조)에서는 국회가 대통령에게 국무총리나 국무위원의 해임을 건의할 수 있을 뿐이고, 이 건의의 법적 구속력에 대해서는 학설이 대립한다. 또한 대통령이 의회해산권을 갖지 않는 점에서 의원내각제와 차이가 있다.

한국의 대통령제는 대통령의 권한이 막강하다는 특징이 있다. 72조 등에서 중요 정책을 국민투표에 붙이는 권한, 선전과 강화의 권한, 국군통수권 등이 그 예이다. 또한 군사정권에서 민주주의와 인권을 억압하는 수단으로 자주 사용된 긴급조치권과 계엄령이 76, 77조에 규정되어 있다. 물론 대통령의 임기를 단임 5년으로 하는 등 대통령의 장기 독재를 막는 규정도 있다. 또한 긴급조치는 국회 소집이 불가능한 경우에만 법률 효력을 갖는 긴급명령을 내릴 수 있다. 긴급조치나 계엄령은 사후 승인을 얻지 못하면 효력을 상실한다.

대한민국은 국민이 직접 선출한 의원들로 구성된 의회가 국정을 결정하는 간접민주주의 체제이지만, 헌법 제130조에 따라 국민투표를 통한 헌법 개정이 인정되므로 일부 직접민주주의 요소도 포함된다. 의회는 입법권을 가지지만, 대통령이 법률안에 대해 이의를 제기하고 재의결을 요구할 수 있다. 그러나 국회가 재적 의원 과반수 출석 및 출석의원 3분의 2 찬성으로 법률안을 확정하면, 대통령의 거부권을 무효화할 수 있다.

대통령이 소속된 정당과 국회의 다수당이 같을 경우, 대통령이 국무총리를 임명하는 데 문제가 없지만, 여소야대(輿小野大) 상황에서는 국회의 동의를 얻지 못해 문제가 발생할 수 있다. 또한, 건국 이후 의원 선거는 소선거구제로 진행되었으나, 유신헌법에서는 일부 국회의원을 통일주체국민회의에서 선출하였다. 현재는 소선거구제와 비례대표제를 혼합한 선거제도가 시행되고 있다.

한국의 정당 규정은 독일 기본법을 모델로 도입되었다. 의회의 국정조사권은 특정 사안에 대한 개별 조사를 의미하지만, 감사권은 보다 포괄적인 조사 및 통제 권한을 가지며, 이는 현행 헌법에서 처음으로 인정되었다. 국정조사권은 과거 헌법에서 명확히 규정되지 않았거나 규정되었더라도 거의 행사되지 않았으나, 현행 헌법에서는 적극적으로 활용되고 있다.

헌법재판소 역시 독일 헌법을 모델로 도입되었다. 제1공화국 헌법에서는 헌법위원회, 제2공화국에서는 헌법재판소, 제3공화국에서는 일반 법원에 의한 사법심사제, 제5공화국에서는 헌법위원회에 의한 위헌심사제가 도입되었으나 실효성이 부족했다. 이에 대한 반성으로, 현행 헌법에서 독립적인 헌법재판소가 신설되었다. 그러나 독일과 달리, 한국 헌법재판소는 구체적인 사건이 발생하기 전에는 법률심사(추상적 규범통제)를 할 수 없는 한계를 가진다. 또한, 독일의 헌법소원에는 공권력에 의한 인권 침해뿐만 아니라 법원의 판결과 결정도 포함되지만, 한국에서는 법원의 판결과 결정은 헌법소원의 대상이 아니다.

제헌헌법 제52조는 대통령이 궐위되거나 직무를 수행할 수 없을 경우, 참의원의장 → 민의원의장 → 국무총리의 순서로 권한을 대행하도록 명문화하였다. 이러한 규정은 제2공화국 헌법에서도 그대로 유지되었다. 그러나 이러한 헌법의 명문 규정은 박정희에 의해 개악되었다. 바로 박정희 군사 쿠데타 이후 만들어진 1963년의 헌법에 지금과 같은 국무총리와 국무위원의 권한대행 제도로 뒤바뀐 것이다. 헌법 제70조는 "대통령이 궐위되거나 사고로 인하여 직무를 수행할 수 없을 때는 국무총리, 법률에 정한 국무위원의 순위로 그 권한을 대행한다."라고 규정하고 있고, 이는 절대 국회에 권한대행을 넘기지 않고 오직 자신의 심복들에게만 뒤를 잇게 하겠다는 독재자의 의지가 그대로 담긴 악법 규정이었다. 그리고 이렇듯 악의적으로 뒤바뀐 규정은 아무런 수정 없이 지금의 헌법까지 이르게 되었다.

한편, 미국에서는 대통령 권한대행 우선순위가 의회 지도부(상원의장 → 하원의장 → 상원 임시의장)이며, 그다음 행정부 각료(국무부 장관 순)로 규정된다. 프랑스의 경우에도 대통령 탄핵이나 유고시, 상원의장이 권한대행을 맡도록 되어 있어, 대통령제 국가들 간에도 권한대행 방식에 차이가 존재함을 알 수 있다.

2024년 말 내란 사태

2024년 12월 3일 대통령은 비상계엄 선포 성명에서 그 선포 이유를 다음과 같이 설명했다.

지금까지 국회는 우리 정부 출범 이후 22건의 정부 관료 탄핵 소추를 발의했으며, 지난 6월 22대 국회 출범 이후에도 10명째 탄핵을 추진 중… 행정부마저 마비시키고 있습니다. 국가 예산 처리도 국가 본질 기능과 마약 범죄 단속, 민생 치안 유지를 위한 모든 주요 예산을 전액 삭감하여 국가 본질 기능을 훼손하고… 이러한 예산 폭거는 한마디로 대한민국 국가 재정을 농락하는 것입니다.

이어 대통령은 다음과 같이 평가한다.

이는 자유대한민국의 헌정 질서를 짓밟고, 헌법과 법에 의해 세워진 정당한 국가기관을 교란시키는 것으로서, 내란을 획책하는 명백한 반국가 행위입니다. 지금 우리 국회는 범죄자 집단의 소굴이 되었고, 입법 독재를 통해 국가의 사법·행정 시스템을 마비시키고, 자유민주주의 체제의 전복을 기도하고 있습니다.

요컨대 국회의 지속적인 탄핵 발의와 예산 처리가 "자유대한민국의 헌정 질서를 짓밟고, 헌법과 법에 의해 세워진 정당한 국가기관을 교란시키는 것으로서, 내란을 획책하는 명백한 반국가 행위"이고, "국회는 범죄자 집단의 소굴이 되었고, 입법 독재를 통해 국가의 사법·행정 시스템을 마비시키고, 자유민주주의 체제의 전복을 기도하고" 있으므로 비상계엄을 발동한다는 것이다.

그런데 헌법 제77조에 의하면 "전시·사변 또는 이에 준하는 국가비상사태에 있어서 병력으로써 군사상의 필요에 응하거나 공공의 안녕질서를 유지할 필요가 있을 때는 법률이 정하는 바에 의하여 계엄을 선포할 수 있"고, "계엄을 선포한 때에는 대통령은 지체없이 국회에 통고하여야" 하고, "국회가 재적의원 과반수의 찬성으로 계엄의 해제를 요구한 때에는 대통령은 이를 해제"하여야 한다. 그러나 2024년 12월 3일에는 그런 비상계엄을 선포할 아무런 이유가 없었으며, 계엄선포 후 지체없이 국회에 통고하지 않음으로써 대통령이 헌법을 위배한 사실이 명백하기에 탄핵에 소추되었다.

12·3 내란을 일으킨 대통령은 비상계엄의 이유를 '제왕적' 대통

령제 탓이 아니라 오히려 국회가 '입법 독재'를 일삼는 '범죄집단'이었기 때문이라고 주장했다. 비록 해당 담화에서는 직접 언급되지 않았지만, 대통령은 국회가 통과시킨 법률안 25개에 대해 거부권을 행사하였다. 그러나 거부권만으로는 자신이 주장하는 '입법 독재'를 막을 수 없었기 때문에 비상계엄을 발동했다고 주장하였다. 즉 대통령에게 주어진 법률안 거부권만으로는 삼권분립의 '견제와 균형'을 실현할 수 없으며, 국회의 탄핵 소추권과 예산 삭감권에 대응할 수 없어 국정 수행이 불가능해졌다고 판단하여 비상계엄을 발동했다는 논리였다. 윤석열의 불법 계엄은 그야말로 불법이어서 문제이지 계엄이어서 문제인 것은 아니다. 헌법이 규정하는 요건에 적합하게 실시된 계엄이었다면 아무런 문제가 없었다. 계엄은 대통령의 '제왕적' 권한이 아니다. 제왕적 권한이 있다면 대통령의 '법률안 거부권'이다. 이것이야말로 국회의 고유 권한인 입법권을 침해하는 것이기 때문이다.

　박정희의 18년 장기 집권과 전두환의 간선제 이후, 1987년 개헌을 통해 대통령 단임제와 직선제가 도입되었다. 이 제도는 우루과이를 비롯한 다른 나라에서도 시행되고 있지만, 1987년 당시 한국 사회에서는 특히 필요성이 절실하여 채택되었다. 현재까지도 대통령 단임제에 대한 반대 여론이 크다고 보기는 어렵다. 물론 단임제로 인해 책임 있는 국정 수행에 한계가 있을 수 있으며, 대통령이 재선에 도전할 수 있도록 중임제로 개헌하자는 논의도 존재한다. 그러나 정당을 통한 평가가 가능하다는 점에서, 장기 집권의 폐해를 방지하기 위해 도입된 단임제를 굳이 부정할 필요는 없다는 견해가 유력하다.

 현행 헌법은 이전 헌법에 비해 대통령의 권한을 축소하거나 폐지하는 방향으로 개정되었다. 예를 들어, 대통령의 국회 해산권이 폐지되었으며, 계엄권도 국회의 요구가 있을 경우 '반드시 해제'하도록 규정되었다. 또한, 국회의 국정조사권이 부활되었으며, 국회 회기(일수) 제한 조항도 삭제되었다. 대통령의 인사권도 축소되어, 국무위원 인사청문회가 법률로 규정되었으며, 검찰총장 및 경찰청장의 임기제가 도입되었다. 또한, 1995년 지방자치제의 전면 실시로 인해, 대통령은 지방 권력의 상당 부분을 상실하게 되었다

 대통령에게 국회해산권을 인정하는 프랑스 헌법을 제왕적 대통령제라고 할 수 있는데, 우리나라의 유신헌법과 전두환 헌법은 그것을 모방했다. 미국에서도 대통령이 임명한 부통령이 상원의장을 겸임하며, 임기 6년의 상원의원은 하원에 비교할 수 없을 정도로 막강한 권한을 가진다. 또한 대통령은 국회가 동의하지 않더라도 행정명령으로 국정을 운영할 수 있고, 테러 위협 등의 이유로 의회 승인 없이 전쟁을 개시할 수도 있다. 이에 비해 한국은 대통령의 권한이 상대적으로 약하다. 특히 국회에서 여소야대(與小野大) 상황이 발생할 경우 더욱 국정 운영이 어려워진다. 그 결과, 여러 대통령이 국정 수행에 어려움을 겪었다. 따라서 헌법 개정을 논의할 경우, 대통령의 권한을 강화하기보다는 오히려 국회의 권한을 일부 축소하는 방안을 고려할 필요가 있을지도 모른다.

미국이나 프랑스와 한국을 비교할 때, 단순히 헌법 조문만으로 비교하는 것은 여러 가지 어려움이 따른다. 예를 들어, 미국 헌법은 연방헌법이라는 점에서 한국의 단일 국가 체제와 근본적인 차이가 있으며, 오히려 한국 헌법은 미국의 각 주(州) 헌법과 비교하는 것이 더 적절할 수도 있다. 또한, 프랑스 헌법은 알제리 독립전쟁과 같은 역사적 배경 속에서 비상대권이 인정된 측면이 있어 한국 헌법과 성격이 다르다. 따라서, 이러한 역사적·체제적 차이를 고려하지 않고 단순히 조문만을 중심으로 비교하는 것은 적절하지 않을 수 있다.

제왕적 대통령제를 극복하기 위한 개헌 논의에서는 정부의 법률안 제출권 제한, 국회 예산안 법률주의 도입, 감사원의 독립 등이 주요 개정 방향으로 제시되고 있다. 그러나 정부의 법률안 제출권은 현대 정부의 일반적인 현상이며, 예산안 법률주의도 반드시 실효성이 있다고 보기 어렵다. 또한, 감사원의 독립 역시 단순히 독립시키는 것만으로 해결되지 않으며, 회계검사권과 직무감찰권을 분리해 별도 기구를 설치해야 실질적인 독립이 가능하다는 문제가 있다. 그럼에도 불구하고 제왕적 대통령제 문제를 지속적으로 제기하는 세력은 주로 내각제론자들이다. 하지만, 내각제 역시 대통령제처럼 장단점이 존재하며, 총리의 권력이 자의적으로 행사될 가능성도 얼마든지 있다. 특히, 내각제 주장에는 권력을 나누려는 정략적 의도가 내포될 수 있으므로, 그 주장의 실질적인 목적과 내실을 신중하게 검토할 필요가 있다.

내각제 개헌론은 위험하다. 오히려 현행 대통령제를 정상적인 대통령제로 개편하는 방향으로 개헌하는 것이 바람직하다. 대통령과 장관들에 대한 견제 수단으로서 탄핵소추권은 유지되어야 하지만, 탄핵 인용 여부를 헌법재판소가 아닌 국회에서 결정하는 것이 옳다. 또한, 선출되지 않은 권력인 헌법재판소를 폐지하고, 일반 법관의 임기제를 없애며, 시민의 재판 참여를 활성화하기 위해 배심제를 적극 도입해야 한다. 더불어, 국민이 법률안을 제출하거나 헌법 개정을 제안할 수 있도록 국민 발안제를 도입하고, 국회의원 소환제도도 고려할 필요가 있다. 그보다 더 중요한 것은 성적 지향을 포함한 모든 차별을 금지하는 평등권 강화 등 새로운 인권을 적극 도입하는 것이다. 그러나 이러한 개헌 논의조차 당장의 시급한 과제는 아니다. 지금은 헌법 제1조를 더욱더 열심히 노래하는 것이 급선무다.

13장

인도 헌법
_세계 최대의 헌법과 민주주의

인도 헌법 제1조_기본이념

인도 헌법 제1조는 다음과 같다.

연방의 이름과 영토
(1) 인도, 즉 바라트는 연방국가이다.
(2) 주와 그 영토는 제1부속서에 명시된 대로 한다.
(3) 인도의 영토는 다음으로 구성된다. (a)주의 영토, (b)제1부속서에 명시된 연방 영토, (c)취득될 수 있는 기타 영토.

여기서 우리는 인도의 정식 명칭이 바라트(Bharat)이고, 인도가 연방국가라는 점을 알 수 있다. 그런데 위 제1조보다 인도 헌법의 정신을 알려주는 것은 다음의 전문이다.

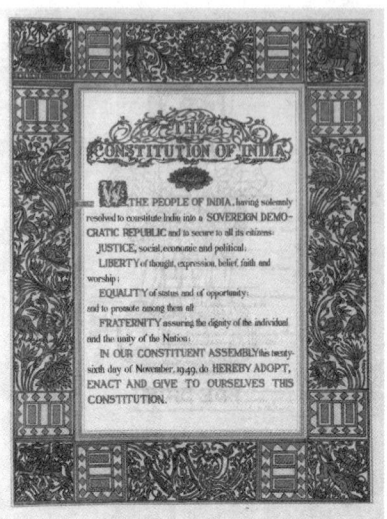

인도 헌법 전문 원전

우리 인도 인민은 인도를 주권을 가진 사회주의적 세속적 민주주의 공화국으로 건설할 것과 인도의 모든 시민에게 사회적·경제적·정치적 정의의 보장과 사상과 표현과 신앙과 종교와 예배의 자유 보장과 신분과 기회의 평등을 보장함과 아울러, 개인의 존엄성과 국가의 통일과 완전한 통합을 보장하는 우애를 전 국민 사이에 증진할 것을 엄숙히 결의하는 바이다. 1949년 11월 26일 제헌의회에서 이를 채택하고 시행에 옮기고 우리 자신에게 부여한다.[42]

인도 헌법 전문은 미국 헌법 전문처럼 '우리 인도 인민은'이라는 말로 시작한다. 그리고 인도를 '주권을 가진 민주주의 공화국'이라고 규정한다. 그 사이에 있는 '사회주의적 세속적'이라는 말은 제헌헌법에는 없었고 뒤에 첨가된 것이다.

위의 전문에 나오는 인도 헌법의 기본이념은 인도 헌법 제3부의 '기본권' 규정과 제4부의 '국가 정책의 지도 원칙'이라는 제목하에 더욱 상세하게 규정되고, 제5부 이하에서는 '국가의 통일과 완전한 통합'을 위해 연방과 주, 지방조직에 관해 규정한다.

기본권과 국가 정책의 지도 원리

인도 헌법에서 기본권(fundamental rights)은 한국 헌법에서 말하는 평등권과 시민적 자유 및 정치적 자유를 의미한다. 이러한 기본권에는 법 앞의 평등(제14조), 차별 금지(제15조), 고용 평등(제16조), 불가촉천민 제도 폐지(제17조), 언론·출판·집회·결사·운동의 자유 및 거주와 주거의 자유, 직업 및 영업의 자유(제19조), 소급형과 이중위험의 금지 및 진술거부권(제20조), 생명과 신체의 자유(제21조), 체포 사유를 알 권리, 변호인의 조력과 방어를 받을 권리, 체포 시 24시간 안에 법원의 판단을 받을 권리(제22조), 인신매매 및 강제노동의 금지(제23조), 위험한 작업에 아동 고용의 금지(제24조), 종교의 자유(제25~28조), 소수자의 언어 등 권리(제25조), 기본권 보장을 위해 대법원에 접근할 권리(제30조)이다. 기본권 규정은 미국 헌법을 참조했지만, 미국 헌법과 달리 인도 헌법에서는 기본권이 법률에 의해 제한될 수 있다.

인도 헌법은 '기본권' 조항과 달리 우리의 사회적 기본권과 유사한 권리를 '국가 정책의 지도 원리'라는 타이틀 아래 규정하는 점이 특이하다. 가령 제38조에서 '국가는 사회적·경제적 및 정치적 정의가 국민 생활의 모든 제도에 반영되는 사회질서를 가능한 한 효과적으로 확보하고 보호함으로써 국민의 복지 증진을 위해 노력해야 한다.', '국가는 특히 소득 불평등을 최소화하기 위해 노력해야 하며, 개인 간뿐만 아니라 다른 지역에 거주하거나 다른 직업에 종사하는 사람들 간의 신분, 시설 및 기회의 불평등을 없애기 위해 노력해야 한다.'라고 규정한다. 이는 인민의 복지 향상을 위한 목표 설정의 의무가 정부에 있다는 규정으로 가령 최저임금(제43조), 불리한 처지에 놓인 '지정 카스트'와 '지정 부족'에게 일자리를 따로 책정하는 것, 이동 무상 의무 교육(제45조) 등이 그 예다.

인도의 통치구조

인도헌법은 고전적인 연방제가 아니라 연방이 주보다 우위에 있는 연방국가 체제를 취한다. 인도에는 28개 주와 8개 연방직할주가 있다. 미국과 달리 인도의 주들은 독자적인 헌법을 갖지 않는다. 따라서 연방헌법이 연방과 주의 통치구조를 결정한다.

인도의 정치체제는 대통령을 명예직으로 하는 의원내각제(의회제)이며, 인도의 국가원수는 대통령이다. 대통령은 헌법 제54조(대통령 선거)에 따라 주의회 의원과 연방의회 의원으로 구성된 선거인단이 5년마다 선출한다. 대통령은 상징적인 존재이고 총리가 사실상 국정을 관리하고 책임진다.

의회는 한국과는 다른 양원제이다. 하원(House of the People, Lok Sabha)은 인도 전역에서 소선거구제에 기반한 보통 선거를 통해 543명을 선출한다. 상원(Council of States, Rajya Sabha)은 각 주 및 연방 구역의 의회에서 선호투표제를 통해 233명을 선출하며, 나머지 12명은 대통령이 예술·문학·과학·사회복지 전문가 중에서 임명한다. 미국처럼 상원의장은 인도 부통령이 겸임한다. 상원은 하원에 대해 일정 수준의 견제 이상의 역할을 하지 못한다.

인도는 연방정부와 지방정부의 역할이 확실하게 분담되어 있다. 연방정부는 거시적이며 국가적인 차원에서 계획적이고 포괄적인 사항들을 책임진다. 그리고 국방과 외교·경제·교통과 통신·화폐·대법원과 고등법원 운영 등에 관한 업무를 관장한다. 지방정부는 치안과 보건·교육·임산자원 관리 등의 지방 행정 업무를 담당한다.

인도 민주주의의 숨겨진 가치

세계의 헌법을 망라한 듯한 『헌법의 탄생』에는 인도 헌법이 아예 나오지 않는다. 한국의 다른 헌법책에도 인도 헌법은 아예 등장하지 않고, 인도 헌법을 다룬 책도 한국에는 단 한 권뿐이다. 수많은 헌법 연구자 중에서 인도 헌법을 연구하는 사람은 그 책을 쓴 단 한 사람뿐이다. 나는 그 사람을 친구로 둔 덕분에 30여 년 전부터 인도 헌법에 관심을 가지고 연구해 왔고 인도를 자주 찾았지만, 인도에 관심을 갖는 사람들조차 인도의 민주주의나 헌법에는 흥미를 느끼지 않는 곳이 한국이다. 그런 사람들 중에는 이른바 도사 같은 사람들이 많아 정치나 법 같은 것은 무시해도 좋다고 생각하는 경향도 있는 듯하다.

왜 이렇게 인도 헌법은 무시되는 것일까? 인도 헌법이 한국보다 늦게 1949년 11월 26일에야 채택되어 한국보다 후진적이어서 볼 게 없다고 생각하기 때문일까? 세계에서 가장 긴 헌법이어서일까? 인도가 가난해서 그럴까? 그러나 인도 헌법이야말로 "세계에서 가장 규모가 크고 흥미롭고 최첨단인 민주주의"(킨, 748)를 탄생시킨 헌법이 아닌가?

세계는 이런 일을 본 적이 없다. 이 탄생은 마치 민간에 전해 오는 환상적인 이야기를 닮았으며, 또한 어떤 이국적인 이야기 속의 에피소드와도 닮았다. 큰 좌절을 겪은 민주주의 정신이 이 지상으로부터 하늘로 쫓겨났는데, 그 정신이 갑자기 흰 구름을 하나 불러내어 그 구름을 말로 삼아서 안장을 얹은 다음, 동쪽을 향해 달리다가 다시 지상으로 내려와 흰 눈이 덮인 히말라야산맥 남쪽의 한 지점으로 간다. 그 정신이 그곳의 햇살 가득한 풍경과 사랑에 빠져

그 사랑을 완성했다는 이야기이다. 그 장소가 바로 오늘날의 인도이다.(킨, 748)

인도 민주주의는 경제발전이 민주주의의 근본적 전제라고 하는 가설을 파괴하고, 민주주의를 '통해' 발전할 수 있다는 믿음을 갖게 했다. 중국이나 남북한을 비롯한 여러 제3세계와 달리 인도는 독재가 필요하지 않음을 보여주었다. 게다가 역사와 언어와 문화가 하나여야 민주주의가 가능하다는 전제를 파괴하고, 엄청나게 다양한 사람들과 지역들도 민주주의로 통합될 수 있음을 보여주었다. 또한 세속주의나 개인주의가 민주주의의 전제라는 가설도 파괴했다. 왜냐하면 인도에는 수많은 종교가 있고, 그 종교로 집단화되거나 카스트와 같은 제도 등에 의해 집단화되는 사람들이 너무나도 많기 때문이다.

그러나 바로 그런 점 때문에 영국은 인도에서 민주주의가 불가능하다고 생각했다. 우리에게 자유에 관한 성경처럼 유명한 『자유론』에서 존 스튜어트 밀도 그렇게 생각했다. 한국에도 가난한 사람들은 자유를 모른다고 주장한 대통령이 있었다. 처칠은 "야만, 폭정, 내전으로부터 인도를 구출해낸 일, 그리하여 문명을 향해서 느리지만 중단 없는 전진을 계속하게 만든 일은… 우리 역사에서 가장 훌륭한 성취다."(킨, 750 재인용)라고 말했다. 물론 그가 말한 역사적으로 '훌륭한 성취'란 인도를 식민지로 지배한 일이었다. 일제강점기의 조선 총독이나 일본 수상이 그렇게 말한 적이 있는지 모르지만, 만일 그렇게 말했다면 우리는 용납하지 못할 것이다. 마찬가지로 처칠도 용납해서는 안 된다. 영국인도, 서양인도 더는 그런 말을 한 처칠을 용납해서는 안 된다. 그것이 유대인 대학살을 한 뒤 역사상 최고의 '훌륭한 성취'라고 말하는 것과 무엇이 다른가? 처칠을 비롯한 영국인이나 일본인이나 식민지 지배는 영원하리라고 생각했을 것이다. 인도인이나 조선인 일부도 그렇게 생각해 그들에게 부역했을 것이다.

지금 나는 일제강점기의 일본인이 조선을 침략하고 착취했다는 이유에서 그들을 비난하는 것이 아니다. 마찬가지로 처칠을 인도의 착취자이기에 비판하는 것이 아니다. 그들은 민주주의자가 아니고 인권주의자가 아니고 휴머니스트가 아니고 헌법주의자가 아니었기에 비난하는 것이다. 마찬가지로 간디를 내가 좋아하는 이유는 그가 인도를 독립시킨 영웅이어서가 아니라 민주주의자이자 인권주의자이기 때문이다.

그러나 최근 인도의 민주주의는 심각한 위기에 직면했다. 과거에도 부정부패나 비민주적인 요소는 존재했지만, 인도는 명목상뿐 아니라 실제로 보통선거와 의회정치가 작동하는 국가로, 세계에서 가장 많은 유권자를 보유한 '세계 최대의 민주주의 국가'로 평가받아 왔다. 그러나 2014년 이후 나렌드라 모디를 중심으로 한 인도 인민당(BJP)의 일당 독주가 이어지면서, 민주주의의 근간이 흔들리고 있다. 특히 인권 상황이 크게 후퇴하면서, 인도는 이제 '자유롭지 못한 민주주의'라는 부정적인 평가를 받고 있다.

한편 최근 세계는 인도의 경제 성장을 주목하고 있다. 이미 인구로 중국을 넘어선 인도가 2021년 8.7퍼센트, 2022년 7.2퍼센트, 2023년 8.2퍼센트라는 가파른 성장률을 기록했다. 국제통화기금(IMF)은 2024년부터 2028년까지 인도가 매년 6퍼센트 이상의 성장세를 유지할 것으로 예상한다. 인도는 2025년에 일본을 제치고 아시아 2위, 그리고 미국·중국·독일에 이어 세계 4위 경제 대국이 될 가능성이 있다.

간디의 헌법안

간디는 1894년부터 5명으로 구성된 마을 판차야트에 주목해 왔고, 1915년부터는 농촌에서의 마을 판차야트 재건과 농촌 마을의 자치(Gram Swaraj)를 강조했다. 20세기 초엽에는 1919년의 벵골을 비롯한 8개 주 등에서 마을 판차야트법이 제정되었고, 1935년 인도정부법 제정 이후에도 현재의 판차야트 제도와 같은 3단계 시스템이 도입되었다. 간디는 1931년에 《영 인디아》에 판차야트 부활을 중심으로 한 인도의 자치를 구상했고, 1946년에도 헌법 초안을 작성해 국민회의에 제출한 바 있었는데 1948년의 2차 계획은 더욱 포괄적인 것이었으나, 국민회의는 간디의 제안을 받아들이지 않았다. 국민회의가 그 정치적 역할을 포기할 수 없고, 지방분권적인 것이 될 수도 없다는 이유에서였다. 그러나 간디 사후에 개정된 새로운 헌법안에서는 국민회의의 기초 조직으로 마을에 '기초 국민회의 판차야트'(Primary Congress Panchayat)를 설치하고, 그 대표를 국민회의 연차총회에 파견하게 했다.

판차야트 제도는 스리만 나라얀 아가르왈(Shriman Narayan Agarwal)이 만든 '자유 인도를 위한 간디 헌법'(Gandhian Constitution for Free India)에도 규정되었는데, 국민회의 위원회에서 그것을 실은 라즈쿠마르(N. V. Rajkumar)의 『국민회의 헌법안의 발전』(Development of the Congress Constitution)의 서문에서 간디는 그것이 자신의 입장과 일치한다고 말했다. 그 초안은 폭력은 집권화를 낳고, 비폭력은 분권화를 낳는다는 간디의 원칙 아래 경제적 및 정치적 분권화는 자족적이고 자율적이며 비폭력적인 마을 공동체를 낳는다고 하면서, 일차적인 정치단위를 마을의 성인들이 선출하는 판차야트로 정하고, 마을 판차야트가 간접선거에 의해 군과 도시, 주와 국가의 상급 단체 판차야트를 구성하는 것으로 정했다.

마을 판차야트는 초우기다르(야경꾼), 파트와리스(토지 및 세금장부 담당자), 경찰, 학교를 통제하고, 카디(가내 수공 면제품)와 마을 산업 및 토지 수입을 산정하고 징수하며, 협동농장과 관개시설 및 이자율을 통제한다. 주 판차야트(Provincial Panchayat)는 운송, 관개, 자연 자원, 협동 은행을 관장하고, 국가 판차야트(National Panchayat)는 국방 · 통화 · 관세 · 국민경제의 기간산업 운영, 주 경제개발계획의 조정 등을 담당한다.

그러나 1947년 8월 15일의 인도 독립 직후 시작된 인도 헌법의 제정 과정에서 판차야트는 논의되지 않았다. 그래서 그해 12월 21일자 〈하리잔〉에서 간디는 심의 중인 헌법안에 마을 판차야트나 권력 분산에 관한 규정이 없는 것은 명백한 누락이라고 성토했다. 그 며칠 뒤에 암살당했기 때문에 간디는 이에 대한 논의를 더는 전개하지 못했지만, 헌법제정회의에서는 계속 논의되었다. 그러나 헌법기초위원회의 위원장이었던 암베드카르는 그것의 채택에 계속 반대했다. 그는 마을 공화국이 인도를 망치는 것이라고 비판했다. 그에 의하면 마을은 지역주의이고, 무지의 소굴이며, 좁은 소견과 종교 집단주의로 뭉친 곳이었다. 그러나 1949년 제헌헌법에는 '국가 정책의 지도 원리' 편 제40조에 '마을 판차야트의 조직'이 포함되었고, 1993년의 제73차 개헌에 의해 판차야트 규정은 헌법 본문 제9부 243조에 포함되었다. 간디의 소망은 그의 사후 반세기가 지나서야 겨우 실현된 것이다.

인도 헌법의 역사와 특징

인도 헌법의 역사는 인도가 영국 식민지 시대에 경험한 근대법 수용과정부터 거슬러 시작할 수 있으나, 여기서는 제헌의회가 성립한 이후의 헌법 제정의 역사에 대해 간단히 살펴보려고 한다. 제헌의회는 제헌헌법의 근간을 의회주의와 연방으로 만들고자 했다. 인도의 국부인 간디는 인도의 전통인 권력 분산적이고 간접적인 정부 체제인 판차야트 체제의 부활을 주장했으나, 제헌의회는 그런 체제를 처음부터 거부했다. 그러나 헌법 제40조에 판차야트에 관한 규정을 두어 향후의 발전을 기약했다.

인도 헌법의 의회주의가 식민 종주국이었던 영국의 의회제도를 참조한 것임은 물론이다. 그러나 우리의 사회적 기본권에 해당하는 '국가 정책의 지도 원리'에 대해서는 아일랜드 헌법을, 기본권 조항들은 미국 헌법을, 비상사태에 대해서는 독일 바이마르 헌법과 1935년 인도정부법을 각각 참조했다. 주의할 점은 여기서 말하는 '참조'가 모방과 다르다는 것이다. 모방이란 법조문을 거의 그대로 옮기는 것을 말하지만, 인도의 경우 모법보다 훨씬 상세하게 규정했으므로 단순한 모방이라고 볼 수 없다. 인도인들은 그러한 참조를 부끄러워하기는커녕 '아름다운 조각보'를 만든 것이라고 하며 자부했다.

이처럼 여러 나라 헌법을 참조하여 짜깁기했다고 하는 점을 비판하면서 그것을 이유로 삼아 인도 헌법의 운용을 비관한 서구인들이 많았지만, 영국 식민지를 경험하고 독립한 미얀마나 파키스탄의 헌법이 현실적으로 완전히 무시된 것과 달리 인도 헌법은 지금까지 76년간 살아남았다. 그러나 계속된 개정으로 인해 실질적인 수정을 겪기도 했다. 이는 헌법 개정과 관련하여 그것을 어렵게 하는 경성헌법과 쉽게 하는 연성헌법으로 나눌 수 있는데, 한국 헌법이나 미국 헌법이 경성헌법인 것과 달리 인도 헌법은 연성헌법이라는 점과도 관련된다.

인도 헌법은 세계에서 가장 길고 큰 헌법으로도 유명하다. 제헌헌법은 395개 조문과 8개 부칙이 있었지만, 여러 차례의 개정으로 현재는 약 450개의 조문과 12개의 부칙으로 늘어났다. 웬만한 단행본 부피이다. 이처럼 헌법이 커진 데는 이유가 있다. 수많은 기존 헌법의 운영 실태를 일일이 조사하여 그 문제점과 공백을 피하고자 상세하게 규정했기 때문이다. 특히 민주주의를 처음으로 시도한 인도로서는 위험성을 최소화하는 게 무엇보다 중요했다. 또 하나, 식민지 시대에 제정된 '1935년 인도정부법'이 대단히 상세했고 이를 모범으로 삼았기 때문에 부피가 커질 수밖에 없었다는 점도 기억해야 한다. 미국 헌법과 달리 인도 헌법은 연방만이 아니라 주에 대해서도 상세히 규정했는데 이 점 또한 부피를 커지게 한 요인이 되었다.

파키스탄 헌법

파키스탄은 인구가 2억 명이 넘어 세계에서 다섯 번째이고, 무슬림의 수는 세계 제2위이다. 1858년부터 인도와 함께 영국의 지배를 받다가 1947년 인도와 함께 독립하자마자 제헌의회를 소집해 헌법을 제정하였다. 첫 헌법은 1956년에 채택하여 이슬람 공화국임을 명시하였으나, 초대 대통령이 불안한 국내 정세를 이유로 계엄령을 선포하였고, 1958년 군사정권에 의해 헌법의 효력이 정지되었다가 1962년 대통령제로 개헌했다. 그 후 상당한 경제 성장을 이룩했으나, 인도와의 전쟁과 경제 불황으로 정국은 불안했다. 1970년 독립 이래 최초의 민주적 선거가 열려, 군부 독재에서 민주정으로 변화하는 듯했으나, 동파키스탄이 방글라데시로 독립했다. 그 후 다시 헌법을 개정하는 등의 민주화가 진행되었으나, 1977년 좌파 정권에 반발한 군부가 쿠데타를 일으켰다. 군부 정권은 1977년부터 1988년까지 파키스탄을 남아시아에서 가장 빠르게 성장시켰지만, 1988년 다시 민간 좌파 정부가 복원되면서 파키스탄의 첫 여성 총리가 취임하였다. 이후 수십 년 동안 좌우파 두 정당이 권력을 다투는 가운데 경제 사정은 날로 악화되었다. 2013년 파키스탄 무슬림연맹이 다시 정권을 되찾아 건국 66년 만의 평화적 정권 교체가 이루어졌고, 이후 개헌을 통해 총리 및 내각의 역할과 권한을 확대했다. 파키스탄은 연방제 의원내각제와 공화제를 정치체제로 삼고 있으나, 언론의 자유를 비롯하여 인권 보장에 여전히 문제가 많다.

14장

중국 헌법
_공산당 주권의 헌법과 파시즘

중국 헌법 제1조_공산당 독재를 위한 헌법

15개국 헌법 제1조를 다루어 온 이 책의 열네 번째 장을 중국에 할애한 것은 1954년 9월 20일에 제정된 중화인민공화국(이하 중국이라고 약칭함) 제헌헌법이 지금까지 소개한 14개국 헌법 중 가장 늦게, 즉 가장 최근에 제정된 것이고, 더욱이 현행 헌법은 1982년, 그야말로 세계에서 가장 최근에 제정된 것이기 때문이다. 그런데 세계적으로 가장 '새로운' 헌법이자 '신생'의 헌법을 가졌다고 평가되는 중국의 민주주의 지수가 세계 최하 수준인 것은 어떻게 보아야 할까? 게다가 중국은 이제 2010년 일본을 제치고 세계 경제 2위권에 올랐을 만큼 경제 대국이 아닌가?

중국 헌법은 중국이 공산당 독재국가임을 명시하고 있다. 따라서 어떤 의미에서도 민주주의 국가라 할 수 없다. 독재국에 반대

중화인민공화국의 2018년 헌법 표지

되는 공화국도 아니다. 국명만큼은 중화인민공화국이지만, 실은 중국공산당 일당 독재국이다. 헌법 제1조도 "중국공산당 영도는 중국 특색 사회주의의 최고 본질적 특징이다."라고 규정한다. 그런데 그 앞에 "노동자계급이 영도하고, 노동자 농민 연맹을 기초로 하는 인민 민주 독재의 사회주의 국가이다. 사회주의 제도는 중화인민공화국의 근본 제도이다."라고 규정되어 있다.

중국공산당은 당원 수가 약 1억 명에 이르는 세계 최대 규모의 정당이지만, 그렇다고 해도 약 8억 명에 이르는 노동자와 약 2억 명의 농민을 합친 수의 10분의 1에 불과하다. 따라서 공산당이 영도한다고는 해도 "노동자계급이 영도하고, 노동자 농민 연맹을 기초로 하는 인민 민주 독재의 사회주의 국가"라고 단언하기 힘들다. 또한 '중국의 근본 제도'가 '사회주의 제도'라고 함에도 문제가 있다. 1978년 12월 이래 중국은 사회주의에 반하는 자본주의 제도를 채택했기 때문이다. 이를 중국에서는 '사회주의적 시장경제'라고 말하지만, 그것은 이름뿐이고 실질적으로는 자본주의적 시장경제임을 모르는 사람은 없다. 이를 중국에서는 '경제헌법'이라고 한다.

1978년 12월 이전의 중국은 '함께 일하고 함께 밥을 먹고 함께 이익을 공평하게 분배한다.'는 사회주의적 평등주의의 상징인 인민공사를 폐지하고, 농지의 개인 청부제도를 도입했다. 즉 아무리 열심히 일하거나 적당하게 일해도 모두 이익을 동일하게 분배한다면 개인의 노동 의욕을 불러일으키지 못한다는 이유에서, 일하면 일한 만큼 더욱 많은 이익을 얻는 체제로 바꾼 것이다. 그 결과 노동자 가운데 수입의 격차가 생기고, 그 격차가 경제발전의 원동력이 된다는 약육강식의 서바이벌 경쟁이 도입되었다. 이를 과연 사회주의 체제라고 할 수 있을까? 도리어 사회주의가 무너뜨리려고 한 자본주의의 폐해(자본가와 지주)를 전면에 등장시킨 게 아닌가? 이와 함께 공산당 일당독재는 전혀 변함이 없이 특권계급으로 군림하고 있다. 경제는 본질적으로 변했는데 정치는 불변이다. 경제는 자본주의, 정치는 공산당 독재인 나라, 참으로 기묘한 체제를 가진 나라다.

1978년 12월 이후, '공산당원도 헌법을 지켜라.'라는 구호가 등장했다. 공산당보다 헌법이 우위라는 주장이었다. 이는 당시까지는 헌법이 장식에 불과하고 특히 공산당 간부가 헌법에 따르지 않았음을 비판한 것이었으나, 그 뒤 지금까지도 헌법이 지켜지고 있다고 하기는 힘들다. 요컨대 중국은 여전히 법치주의가 아니라 인치주의 국가라고 할 수 있다. 가령 2018년 헌법에서는 지도자의 연임 제한이 전인대 대표단의 투표에 의해 개정되었는데, 이는 민주적 절차에 의한 개헌이라고 보기 어렵다.

1989년 천안문 사건으로 공산당 총서기직에서 실각한 조자양의 회고록에 의하면 덩샤오핑은 다당제와 삼권분립 및 의회제도에 강력하게 반대했다. 1987년 덩샤오핑은 일당독재의 강력한 정부가 기능적이라고 강조하면서 삼권분립 등은 논의뿐이고, 야당이 반대하면 아무런 결정을 하지 못하고, 결정한다고 해도 실행하지 못하는 약점을 갖는다고 비판했다. 또한 같은 해 미국 대통령 지미 카터와의 회견에서는 삼권분립 등을 채택한다면 중국은 동란을 긍정하게 된다고 말했다. "오늘 어떤 사람들이 데모를 하고, 내일도 다른 사람들이 데모를 한다면 중국 인구 10억 명이 1년 365일 매일 그런 동란에 휩쓸려 제대로 대처할 수 없게 된다."라고 했다. 데모는 대중이 정치에 대해 이의 신청을 하는 국민의 기본권인데 등소평은 그것을 동란으로 본 것이다. 이는 '인민 중국'이 아니라 '인민을 배제하는 국가주의'에 다름 아니다. 덩샤오핑은 1987년 홍콩 대표와의 회견에서 10억 인민의 소양이 불충분하여 직접선거를 할 조건이 성숙되어 있지 못하다고 했다. 이러한 주장은 2025년 지금까지도 중국 정치제도의 핵심 사상이라고 할 수 있다.

이러한 주장은 해방 이후 지금까지 북한의 주장이기도 하다. 한편 남한에서도 한동안 이런 의식이 정치를 지배했으나 다행히도 1987년에 헌법이 개정되면서 약화되었다. 하지만 2023년 윤석열 정권에 의해 다시 등장하여 2025년의 탄핵에 이르렀다. 중국은 유사 이래 한반도를 비롯하여 동아시아에 엄청난 영향을 행사해 왔는데, 그 위험성은 지금도 여전히 존재한다.[43]

헌법 전문으로 보는 중국의 역사

중국 헌법에도 전문이 있는데, 그것은 세계의 여러 헌법 전문 중 가장 길다. 여기서는 또한 중국의 현대사를 상세히 서술한다.

중국은 세계에서 가장 유구한 역사를 가진 나라 가운데 하나이다. 중국의 각 민족과 인민은 찬란히 빛나는 문화를 공동으로 창조했으며, 영광스러운 혁명 전통을 갖추었다.
봉건국가였던 중국은 1840년 이후 겉으로는 봉건국가이지만 실질적으로는 거의 식민지인 반(半)봉건국가로 점차 변했다. 중국 인민은 나라의 독립과 민족해방과 민주 자유를 위하여 희생을 두려워하지 않고 전진하는 정신으로 용맹하게 싸워 왔다.
20세기에는 중국에서 하늘과 땅이 뒤집힐 만큼 커다란 역사적 변혁이 일어났다.

1911년 쑨원 선생이 이끌었던 신해혁명으로 봉건 군주제를 폐지하고 중화민국을 창건했지만, 제국주의와 봉건주의를 반대하는 중국 인민의 역사적인 임무가 완전히 이루어지진 않았다.

1949년 중국 각 민족과 인민은 마오쩌둥 주석이 수령이었던 중국 공산당의 지도로 오랜 기간 어렵고 험난한 무장 투쟁과 기타 여러 형식의 투쟁으로 마침내 제국주의, 봉건주의와 관료 자본주의의 지배를 뒤엎고, 신(新)민주주의 혁명의 위대한 승리를 쟁취하여 중화인민공화국을 건립하였다. 이때부터 중국 인민은 국가의 권력을 장악하고 국가의 주인이 되었다.

중화인민공화국을 창건한 후에 중국 사회는 신(新)민주주의에서 점차 발전하여 사회주의 과도기를 점차 실현해나갔다. 이미 생산수단의 사적 소유 제도를 사회주의식으로 개조했고, 사람이 사람을 착취하는 제도를 없앴고, 사회주의 제도를 확립했다. 노동자계급이 지도하고 노동자 농민 연맹을 기초로 하는 인민 민주주의 독재정치, 즉 실질적으로 노동자계급(프롤레타리아)의 독재를 강화 발전시켰다. 중국 인민과 중국 인민해방군은 제국주의, 패권주의의 침략, 무력 도발과 전복 음모에 맞서 싸워 승리하고, 국가의 독립과 안전을 수호하며, 국방을 더욱 강화하였다. 경제 건설은 중대한 성과를 이룩했고, 독립적이고 비교적 완전한 사회주의 공업 체계가 기본적으로 형성되었으며, 농업 생산도 현저하게 향상되었다. 교육·과학·문화 등의 사업은 매우 크게 발전했고, 사회주의 사상교육은 뚜렷한 성과를 거뒀다. 인민 대부분의 생활은 상당히 개선되었다.

중국 신민주주의 혁명의 승리와 사회주의 사업의 성취는 중국공산당이 지도한 중국 각 민족 인민이 마르크스레닌주의와 마오쩌둥 사상의 지도하에 진리를 견지하고 잘못을 시정하며 수많은 곤란과 장애를 극복하여 얻어낸 것이다. 중국은 장기간 사회주의 초급단계에 놓여 있다. 앞으로 국가의 근본 임무는 중국 특색의 사회주의 노선을 따르며 온 힘을 모아 사회주의 현대화를 이루는 것이다.

중국 각 민족 인민은 계속 중국공산당의 지도를 받으며 마르크스레닌주의, 마오쩌둥 사상과 덩샤오핑 이론, 세 가지 대표적인 주요 사상과 과학발전관, 시진핑 신시대 중국 특색 사회주의 사상이 이끄는 대로 인민 민주주의 독재와 사회주의 노선을 견지하고, 사회주의 각종 제도를 부단히 완비하고, 사회주의 민주와 건전한 사회주의 법체계를 발전시키고, 자력갱생으로 곤란을 극복하여 공업 · 농업 · 국방 및 과학기술의 현대화를 점차 실현하고, 물질문명과 정신문명의 조화로운 발전을 추진하여, 우리나라를 부강하고 민주적이며 문명한 사회주의 국가로 세워나가야 한다.

우리나라에서 착취계급은 계급으로서는 이미 소멸했지만, 계급 투쟁은 아직 일정한 범위 안에서 장기간 존재할 것이다. 중국 인민은 우리나라 사회주의 제도를 적대시하고 파괴하는 국내외 적대 세력 및 적대분자와 반드시 투쟁해야 한다.

대만은 중화인민공화국의 신성한 영토의 일부분이다. 조국 통일의 대업을 이루는 것은 대만 동포를 포함한 모든 중국 인민이 마땅히

져야 할 신성한 책임이다.

사회주의 건설사업은 반드시 노동자와 농민과 지식인에게 의지하여야 하고, 단결할 수 있는 모든 힘을 모아야 한다. 장기적인 혁명과 건설 과정 중에 중국공산당이 이끌어서 각 민주당파와 각 인민단체에 참여하는 모든 사회주의 노동자, 사회주의 사업의 건설자, 사회주의를 옹호하는 애국자와 조국 통일을 옹호하는 애국자를 포함하는 광범위한 애국 통일 전선이 이미 결성되었으며, 이 통일 전선은 앞으로 계속 견고해지고 발전해나갈 것이다.

중국인민정치협상 회의는 광범한 대표성을 갖는 통일전선 조직으로서 과거에는 중요한 역사적 역할을 발휘하였고, 앞으로는 국가의 정치생활, 사회생활과 대외 우호 활동에서, 그리고 사회주의 현대화를 이루고 국가의 통일과 단결을 지키는 투쟁에서, 더욱 중요한 역할을 발휘할 것이다. 중국공산당이 지도하는 다당 합작제와 정치 협상제는 앞으로도 장기간 유지하며 발전할 것이다.

중화인민공화국은 전국 각 민족 인민이 공동으로 세워낸 통일된 다민족 국가이다. 평등과 단결 및 상부상조의 사회주의 민족 관계는 이미 확립하였고, 지속적으로 강화할 것이다. 민족 단결을 지키는 투쟁 과정에서 대민족주의(국수주의), 특히 대한족주의는 반대하고, 지방 민족주의 또한 반대한다. 국가는 모든 노력을 기울여서 전국 각 민족의 공동 번영을 촉진한다.

중국 혁명과 건설 및 개혁의 성과는 세계 인민의 지지와 떼어놓고 생각할 수가 없다. 중국의 앞날은 세계의 앞날과 긴밀히 연계되어 있다. 중국은 독립 자주적인 대외정책을 견지하고, 주권과 영토 보전의 상호 존중, 상호 불가침, 상호 내정 불간섭, 평등 호혜, 평화공존의 다섯 가지 원칙을 견지하고, 각국의 외교 관계와 경제, 문화적 교류를 발전시키고 세계 운명 공동체 구축을 추진한다.

제국주의, 패권주의, 식민주의를 지속적으로 반대하고, 세계 각국 인민과의 단결을 강화하고, 억압받는 민족과 개발도상국가의 민족 독립 쟁취와 수호, 민족 경제를 발전시키는 정의로운 투쟁을 지지하며, 세계 평화를 지키고 인류 발전 활동을 촉진하기 위하여 노력한다.

이 헌법은 법률의 형식으로 중국 각 민족 인민 투쟁의 성과를 확인하고, 국가의 근본 제도와 근본 임무를 규정한 국가의 근본법이며, 최고의 법적 효력을 가진다. 전국 각 민족 인민, 모든 국가기관과 무장 역량, 각 정당과 각 사회단체, 각 기업 조직은 모두 헌법을 반드시 근본적인 활동 준칙으로 삼고, 헌법의 존엄을 지키고, 헌법 실시를 보장하는 책임을 진다.

쑨원과 중화민국 헌법

위 전문에서 중국 현대사의 기점으로 언급된 것이 1911년 10월 10일, 쑨원이 이끈 신해혁명이다. 그것은 2천 년 이상 지속된 황제 전제의 지배를 끝내고 아시아 최초로 공화국을 탄생시킨 세계사적 사건이었다. 1912년 1월 난징에서 쑨원을 임시 대총통으로 하는 중화민국 임시정부가 수립되고, 헌법에 해당하는 '임시약법'이 3월 11일 공포되었다. 그 제1조는 "중화민국은 중화인민이 이를 조직한다."이고, 제2조는 "중화민국의 주권은 국민 전체에 속한다."고 하여 주권재민을 선언하고, 입법권을 갖는 참의원이 대총통과 부총통을 선거하는 내각제도, 그리고 국민의 기본권을 정한 것이었다.

그런데 임시약법은 쑨원이 아니라 송교인(宋敎仁)이 만든 것이었다. 쑨원은 삼권분립을 거부하고 행정, 입법, 사법, 고시, 감찰의 5권으로 구성하는 총통부가 강력한 권력을 갖는 '5권 헌법'과 내각제가 아니라 군정(혁명군 독재)에서 훈정(혁명당 독재)을 거쳐 헌정으로 가는 '3서'(三序)를 주장했다. 즉 군정과 훈정에서는 헌법도 국회도 없이 군정부나 대원수의 독재 권력만이 존재하고, 그것이 혁명 후의 국가 건설을 수행한다는 구상이었다.

그 뒤 쑨원은 청조에게 대권을 부여받은 원세개(袁世凱)와 타협하여 청을 멸망시킨 대신 원세개에게 대총통을 양도하여 중화민국이 탄생했다. 원세개는 1914년 5월 1일에 공포한 중화민국 신약법으로 종신 임기에 세습까지 법률로 보장받았고, 이어 1915년 12월, 황제로 추대되고 중화제국을 선포했다. 그리고 유교를 국교로 삼았다.

송교인이 꿈꾼 헌법은 중국의 전통사상인 유교와 모순되었기 때문에 성공할 수 없었다. 1919년 문화운동에 참가하고 1921년에 중국공산당을 창립한 진독수는 유교의 국교화에 반대하고 헌정과 유교의 모순을 주장하면서 민주적 의회제를 채택하려면 유교를 폐지해야 한다고 했다.

중국공산당은 창립 시부터 헌법이나 국회가 아니라 계급 투쟁을 통해서 제국주의와 군벌을 타도하는 것을 목표로 삼았다. 한편으로 공산당은 계급정당이라는 점에서 쑨원의 국민당과 구별되었다. 쑨원의 삼민주의는 민족, 민권, 민생을 주장한 것인데, 그 민권이란 서구적인 민주주의와는 전혀 다른 것이었다. 쑨원은 중국인이 미숙한 우민이고, 그들에게 정치를 맡기면 중우정치로 타락하고, 건전한 국가 발전을 저해한다고 생각했다.

1931년 5월 5일, 국민대회에서 중화민국 훈정시기 약법이 성립되었다. 이 잠정 헌법에서는 삼민주의가 국가의 기본적인 이념으로 간주되었고, 오권분립(행정원, 입법원, 사법원, 고시원, 감찰원)에 의한 국민정부가 조직되었다. 이어 1946년 12월 25일, 중화민국 헌법이 제정되었다. 전문은 다음과 같다.

중화민국 국민대회는 전체 국민의 위탁을 받아 쑨원 선생이 중화민국을 창립한 유교(遺敎)에 의거하여 국권을 공고히 하며, 민권을 보장하고, 사회 안녕을 정립하고, 인민의 복리를 증진시키기 위해 이 헌법을 제정하여 전국에 공포하고 모두가 영원히 따르기를 목표한다.

제1조는 '중화민국은 삼민주의에 기초한 국민을 위한, 국민에 의한, 국민의[44] 삼민주의 공화국이다.'라고 되어 있으며, 제2조는 '중화민국의 주권은 국민 전체에 속한다.'고 규정되어 있다. 여기서 제2조는 바이마르 헌법의 영향을 받은 것으로, 한국 제헌헌법 제2조와 같다. 이어 제2장의 제7조부터 제18조까지는 권리 규정에 대해 다루고, 제19조에서 제21조까지는 의무, 그리고 제22조와 제23조에서는 권리의 제한을 규정한다. 이어 제3장에서는 국민대회, 제4장에서는 총통을 규정하는데, 국민대회의 대표는 국민 선거로 뽑고, 국민대회에서 총통을 선출한다. 이어서 제5장은 행정, 제6장은 입법, 제7장은 사법, 제8장은 고시, 제9장은 감찰, 제10장은 중앙과 지방의 권한, 제11장은 지방제도, 제12장은 선거, 파면, 발의, 국민투표, 제13장은 기본 국가 정책, 제14장은 헌법의 실시 및 개정을 각각 규정하고 있다. 이 헌법에 의해 국민대회 대표와 입법원 위원을 뽑는 국정선거가 국공내전 속에서 실시되었다.

그러나 1949년 10월 1일, 내전에서 승리한 공산당은 헌법을 부정하고 중화인민공화국의 성립을 선언했다. 국민당은 대만으로 도피했는데, 그곳에서도 헌법은 기능하지 못했고, 국민당독재가 계속되었다. 1975년 4월, 장개석이 사망한 뒤 계엄령이 폐지되고 반대당의 존재와 언론의 자유가 인정되어 헌법이 처음으로 기능하기 시작했다.

마오쩌둥과 중국의 제헌헌법

1949년 10월 1일, 중화인민공화국이 수립되었다. 그 '인민'이란 다양한 계급이나 상이한 이익과 사상을 갖는 사람들을 총칭하는 말이다. 반면 공산당은 노동자·농민이라는 프롤레타리아 계급(무산계급)의 이익을 대표하는 계급정당이다. 그런데 권력을 장악하여 계급정당이라는 성격이 약해지면서 널리 인민대중 전체를 대표하는 집권정당으로서 지배의 정통성을 강조하게 되었다. 이는 내전에서 공산당만이 아니라 공산당에 협력한 부르주아 계급 또는 지식인 계급에 속한 민주적 당파가 있었기 때문이다. 따라서 공산당은 처음부터 공산당 일당 독재국가를 수립하지 않고, 민주당파를 아우르는 과도기 연합정부를 세웠는데, 그것이 반혁명 세력의 배제를 당면 목표로 하는 '신민주주의' 정권이었다. 하지만 이는 여야당 대결이라는 정당정치의 원칙에 반하는 것으로 '모든 당파가 일치단결하는 것', 즉 '연합정부 독재'였다. 따라서 공산당에 반대하는 야당은 존재할 수 없었다. 이러한 정치제도는 지금까지도 변함이 없다. 즉 중국에서는 공산당이 독재를 하지만 여타의 소수 정당도 존재한다. 그 점에서는 '민주적'이지만, 그 정당들은 집권당인 공산당에 반대하는 야당이 아니라는 점에서 '독재'다. 그래서 이를 합쳐 '민주독재'라고 하여 합리화한다. 그러면서 국민당의 독재는 '나쁜 독재'이지만 연합정부의 독재는 '좋은 독재'라고 미화한다. 그것이 마오쩌둥의 '신민주주의' 민주공화국이다.

중국의 건국 직전인 1949년 9월 29일, '중국인민정치 협상회의' 제1기 전체 회의에서 채택된 '중국인민정치협상회의 공동강령'은 임시헌법으로서 기능했다. 공동강령은 중국공산당의 투쟁에서의 승리와 국가기구 등에 대한 배경 설명과 서언 및 총 7개 장 60개 조로 구성되었다. 인민의 기본권리 조항은 제4조의 선거권과 피선거권, 제5조의 사상·언론·출판·집회·결사·통신·인신·거주·이사·종교 신앙 및 시위, 행렬의 자유권, 제6조의 정치·경제·문화교육·사회생활의 각 방면에서의 남녀평등권과 혼인의 자유, 제9조의 중국 내 각 민족의 동일한 평등권 등이다.

1954년, 마오쩌둥 주석이 직접 헌법 초안을 작성하면서 중화인민공화국의 제헌헌법이 제정되었다. 이 헌법은 '공동강령'을 바탕으로 하여 1954년 9월 20일 제1기 전국인민대표대회(전인대)[45]가 처음으로 소집되면서 공식적으로 채택되었다. 전인대는 명목상 국회에 해당하지만, 대표들은 직접선거가 아닌 간접선거로 선출된다. 가장 말단 지역에서만 직접선거가 이루어지며, 여기서 선출된 인민대표들이 상위 대표를 차례로 선출한다.[46] 이런 방식을 채택한 이유로 경제적 후진성, 교통기관의 미발달, 문화적 저수준 등이 거론되었는데, 따라서 이후 정치, 경제 및 문화가 향상되면 직접선거를 해야 한다고 강조한다. 그러나 76년이 지난 2025년까지도 여전히 간접선거가 유지되고 있다.[47]

제헌헌법에는 제1장 총강, 제2장 국가기구에 이어 제3장 '공민의 기본적 권리 및 의무'에서 인권을 14개 조항에서 규정했다. 공동강령에는 공민의 기본권이 제1장 총강에 약 4개의 조항만을 둔 것에 비해 발전한 것으로 볼 수 있지만, 그것을 제2장 국가기관 뒤에 규정한 것은 후퇴한 것으로 볼 수 있다.

제87조에서 언론·출판·집회·결사·집단행진·시위운동의 자유를 규정하고, 여타 조항에서 종교 신앙의 자유, 거주 이전의 자유, 노동의 권리, 연구 문화 활동의 자유를 규정했다. 그런데 헌법에서 말하는 '공민'이란 국가가 용인하지 않는 '반혁명분자'를 제외한 사람들을 말한다. 즉 천부인권이나 절대성, 보편성이 인정되지 않는 계급적인 것으로 어디까지나 국가나 법률에 의해 신분이 부여된다. 따라서 인권보다 국권이 우선한다고 보는 것이 옳다. 공산당을 비판하면 공민으로서의 권리가 부정되고, '반혁명분자'로 투옥된다.

문화대혁명과 1975년 헌법

1956년 봄부터 중국에서는 '백화제방 백가쟁명'(百花齊放 百家爭鳴) 운동이 시작되었다. 이는 "온갖 꽃이 만발하고 여러 학파가 자유롭게 경쟁한다."는 뜻으로, 다양한 사상과 학설이 자유롭게 표현되고 토론되는 것을 지향한 언론 자유화 운동이었다. 당시 이 운동은 공산당에 대한 비판까지 허용되는 분위기를 조성했으며, 지식인들과 학자들이 적극적으로 참여했다. 이러한 분위기 형성의 배경에는 국제 정세의 변화가 있었다. 같은 해 3월, 소련의 흐루쇼프가 스탈린의 개인숭배와 독재 체제를 공개적으로 비판하였고, 10월에는 헝가리 시민들이 소련의 지배에 반발하여 봉기를 일으키며 의회 민주주의의 도입을 요구하는 사건이 발생하였다. 그러나 마오쩌둥은 이러한 흐름과는 달리, 민주화 요구에 반대되는 방향으로 나아갔다. 언론 자유와 표현의 자유를 허용하는 듯 보였던 이 운동은 결국 당을 비판한 이들을 색출하고 탄압하는 계기로 전환되었다.

1957년 '정풍운동'과 1958년 '대약진운동'이 전개되면서 1954년 제정된 헌법도 변화의 흐름 속에 놓이게 되었고, 결국 폐기라는 비참한 운명을 맞이하게 된다. '정풍운동'(整風運動)은 원래 1940년대 중국공산당이 당내의 부패와 잘못된 관행을 바로잡기 위해 시작한 정치 운동으로, '삼풍정돈'(三風整頓), 즉 학풍·작풍·당풍을 바로잡는다는 의미에서 유래한 말이다. 그러나 이 운동은 시간이 지남에 따라 당의 이념 강화를 위한 통제 수단으로 변질되었다. 이어서 1958년 시작된 '대약진운동'은 중국을 단기간에 산업 강국으로 만들겠다는 목표 아래 추진된 대규모 사회·경제 계획이었지만, 심각한 실패로 이어지며 엄청난 인명 피해와 경제적 혼란을 초래했다. 이 실패로 인해 마오쩌둥의 정치적 입지는 한때 약화되었고, 이를 만회하기 위해 그는 1966년 '문화대혁명'을 일으켜 다시 권력의 중심으로 복귀하게 된다.

문화대혁명은 공식 명칭으로 '무산계급 문화대혁명'이라 불리며, 1966년부터 1976년까지 10년 동안 중국에서 일어난 대규모 사회적 혼란, 친위 쿠데타, 내란을 포괄하는 정치운동이다. 이는 마오쩌둥의 개인 권력 유지를 위한 정치 투쟁이었으며, 중국의 전통 문화, 역사, 교육 체계까지 철저히 파괴했기 때문에 '문화대혁명'이라는 이름과는 달리 실제로는 '문화 대파괴운동'에 가까웠다.

이 극단적 좌파 통치가 이어지던 시기인 1975년, 두 번째 헌법이 제정되었다. 현행 중국 헌법에는 문화대혁명에 대한 직접적인 언급이 없지만, 1975년 헌법에는 문화대혁명을 찬양하고 정당화하는 장황한 조항들이 포함되었다. 특히 공민의 기본권은 대폭 축소되었으며, 1954년 헌법과 비교할 수 없을 정도로 간략화되어, 서문과 총 4개 장 30개 조로 구성되었다

이 헌법의 특징 중 하나는 지도 이념으로 지속적인 계급투쟁과 무산계급 독재하의 혁명을 강조했다는 점이다. 이는 인권 침해나 법질서 붕괴를 정당화하고, 국가기구의 혼란스러운 상태를 헌법적으로 추인하는 역할을 했다. 또한 공민의 법률상 평등 규정이 삭제되었으며, 공민의 기본권은 현저히 축소되었다. 대신 제13조 전문에는 문화대혁명의 이상주의를 반영한 '4대 자유'가 명시되었다. "자유롭게 말하고(大鳴), 자유롭게 발표하고(大放), 자유롭게 토론하고(大辯論), 자유롭게 벽보를 붙인다(大字報)."는 것으로, 인민이 창조한 사회주의 혁명의 새로운 표현으로 간주되었다. 그러나 이 4대 자유는 실질적인 자유를 보장하기보다는 정치적 목적에 이용되었고, 결국 1982년 헌법 개정 시 삭제되었다.

한편, 1975년 헌법은 제3장에서 공민의 기본적 권리와 의무를 규정하고 있으나, 실제로 명시된 권리는 극히 제한적이었다. 제27조에는 공민의 선거권과 피선거권, 노동·교육·휴식권, 노약자 보호, 남녀평등권 등이 포함되어 있었고, 제28조에는 언론·출판의 자유, 종교의 자유, 인신의 불가침이 언급되었다. 그러나 이들 권리조차도 현실에서 제대로 보장되지 않았다. 놀랍게도, 공민의 권리가 최소한으로 규정된 반면, 제29조에서는 외국인의 거주권을 별도로 보장하고 있어 우선순위에 대한 의문을 낳았다.

결과적으로 1975년 헌법은 1954년 헌법에서 규정된 여러 국가제도와 공민의 기본권을 대거 삭제하거나 훼손하면서, 사실상 헌법이 지녀야 할 최고 법으로서의 위상을 상실했다. 이 헌법은 '프롤레타리아 독재 사회주의 국가'의 건설을 강조하며 제도와 법치보다는 지도자의 권위와 인치를 앞세웠다. 그로 인해 민주주의의 결여, 과도한 이념화, 법치주의의 훼손, 경제적 경직성, 인권 침해 등 다양한 비판을 받게 되었다.

문화대혁명을 보는 눈

문화대혁명 시기, 중국 정부는 이를 마치 프랑스혁명의 동양판처럼 선전했다. 공산당 중심이 아닌, 농민 대중과 함께하는 민중 중심의 혁명으로 홍보하면서, 당시 세계 진보적 지식인들 사이에서 호감을 얻었다. 특히 소련과 코민포름의 강압적 정책에 실망한 서방 지식인들에게 마오주의와 문화대혁명은 '공산주의적 인간상'을 추구하는 새로운 사회주의로 인식되었다. 이들 지식인은 마오쩌둥의 사상을 단순한 권력투쟁으로 보지 않고, 인간해방을 위한 혁명사상으로 해석했다. 그들은 문화대혁명을 이기적인 자유주의 세계관과 이타적 공산주의 세계관의 대결로 받아들였으며, 인민대중—특히 농민—을 하나의 인격체로 해방시키고 사회 개혁을 실현하려는 평등 추구 운동으로 보았다. 이와 함께 문화대혁명은 중국의 전통 사회 구조와 교육 불평등에 맞서 다음과 같은 일련의 성과를 거둔 것으로 평가되었다. 즉, 사대부 계층의 문화 독점 타파, 대지주 자녀 중심의 엘리트 구조 붕괴, 문맹 퇴치 및 초중등 교육 보급, 대학 교육의 노동자·농민 개방, 라디오, 신문, 박물관 등 문화 시설 확산, 보건소 및 국민의료제도 보급, 프롤레타리아 지식인의 대량 양성 등이다.

한국에서는 리영희의 『전환시대의 논리』나 『8억 인과의 대화』 등의 저서에서 문화대혁명을 긍정적으로 조명하기도 했다. 그러나 한국 정부는 이를 반공 교육의 좋은 사례로 활용하며 문화대혁명을 공산주의의 잔인성과 폭력성을 보여주는 증거로서 자주 언급하였고, 관련 사상은 탄압의 대상이 되었다.

한편 일본에서는 문학가 가와바타 야스나리를 포함한 수백 명의 작가와 예술가들이 문화대혁명 중단과 중국 문화유산 보호를 촉구하는 항의운동을 벌였다. 그러나 동시에 일본 내에서는 학생운동(전공투)과 노동운동이 문화대혁명의 영향을 받아 더욱 과격화되었고, 이는 일본 사회의 좌파 운동에 큰 영향을 미쳤다. 이러한 움직임은 일본이 1980년 경제 위기를 맞이하기 전까지 계속되었다. 결국 1981년, 중국공산당은 문화대혁명을 "당과 국가, 인민에게 건국 이래 가장 심각한 좌절과 피해를 안긴 마오쩌둥의 극좌적 오류이며, 그의 책임"이라고 공개적으로 비판하였다.

중국 헌법의 전개와 평가

1976년 마오쩌둥이 사망하고, 문화대혁명의 핵심 인물인 '4인방'이 숙청되면서 문화대혁명은 공식적으로 막을 내렸다. 이에 따라 그 여파를 지우고 새로운 국가체제를 정립하기 위해 1978년, 세 번째 헌법이 제정되었다. 이 헌법은 기본적으로 1954년 헌법으로의 회귀이자 덩샤오핑 체제의 제도화라고 평가된다. 그러나 덩샤오핑 체제를 더욱 안정적으로 구축하기 위해 1982년에 새로운 헌법을 제정하였고 이것이 오늘날까지 이어지는 현행 헌법이 되었다. 이 헌법은 1975년 헌법에 담긴 문화대혁명식 수사와 이념적 표현을 대폭 제거하고, 서문에 덩샤오핑의 '4대 기본 원칙', 즉 사회주의 노선, 인민민주주의 독재, 공산당 영도, 마르크스·레닌주의 및 마오쩌둥 사상 유지를 명시함으로써 체제의 방향성을 명확히 했다. 이후 중국 헌법은 시대의 변화에 따라 여러 차례 개정[48] 되었다.

중국에서는 자국 헌법을 입헌민주제나 입헌군주제와 구분하여

'입헌당주제'(立憲黨主制) 헌법이라고 부르기도 한다.[49] 입헌당주제란, 주권이 국민에게 있는 것이 아니라 공산당에 있다는 인식에 기반한다. 이 체제에서는 헌법이 보편적 국민 권리를 보장하는 것이 아니라, 공산당에 복종하는 국민에게 부여되는 일종의 '은혜'로 간주된다. 즉, 중국의 헌법은 공산당 지도부가 인민에게 내려주는 일방적인 혜택이며, 인권 규정도 정부가 반드시 지켜야 할 기준이라기보다 정부가 '허용'하고자 하는 권리를 정리한 것에 불과하다는 것이다.

그럼에도 불구하고, 중국에서는 헌법이 실제로 존중되고 기능하고 있는가에 대한 의문이 지속적으로 제기된다. 중국 헌법 제2조에는 "중화인민공화국의 모든 권력은 인민에게 속한다."고 명시되어 있으나, 입헌당주제의 실체를 고려할 때, 실질적인 권력은 공산당에 귀속되어 있다고 보는 것이 현실에 더 가깝다. 이에 대해 중국공산당은 "자신들이 인민의 권리를 대행하는 정당"이라고 주장하지만, 이는 과거 공산당이 국민당을 향해 비판했던 '이당치국'(以黨治國, 정당에 의한 국가 통치) 구조와 다르지 않다. 공산당은 자신들이 부르주아 계급을 대변한 국민당과 달리 프롤레타리아의 이익을 대변한다고 항변하지만, 국민을 미성숙하거나 수동적인 존재로 간주한다는 점에서 양자는 본질적으로 유사하다. 결국 헌법 또한 국민의 헌법이 아니라, 국가 또는 정당의 헌법으로 기능한다는 비판에서 자유롭지 않다.

대만 헌법

대만 헌법 제1조는 다음과 같다.

> 중화민국은 삼민주의에 기초한, 민유(民有), 민치(民治), 민향(民享)의 민주공화국이다.

대만은 1980년대 중반까지 중국이나 싱가포르와 같이 일당독재 국가였지만 1980년대 후반에 민주화가 이루어졌다. 현재 대만은 동아시아권에서 한국, 일본, 몽골과 함께 민주주의가 정착한 국가로 인정받고 있다. 특히 2023년 민주주의 지수에서 세계 10위를 기록했는데, 이는 아시아 국가 중 최고순위다.

대만의 정부 구조의 원리는 쑨원이 주창한 오권분립에 기초한다. 오권분립은 입법·사법·행정의 삼권분립에다가 고시와 감찰 기능을 분리하여 삼권과 동등한 기관으로 만든 것이다. 오권분립에 따르면 국민은 선거, 파면, 국민 발안, 국민투표를 행사할 수 있고, 정부는 권력을 정권(政權)과 치권(治權)으로 나누어 행사한다. 정권(政權)은 국민의 권력인 선거권·파면권·창제권(創制權)·복결권(複決權)으로 정부, 영토 주권, 헌법 개정 등에 해당되는 것은 국민대회가 행사한다고 명시하였다. 그리고 치권(治權)은 오권을 오원(행정원, 입법원, 사법원, 감찰원, 고시원)이 정부의 권한을 행사하며 서로 동등하게 견제한다. 대만의 국가원수인 총통은 국민대회에서 선출되며, 어느 원에도 소속되지 않은 채 5권을 총괄하는 권한을 맡았다.

그러나 국민대회는 입법원과 마찬가지로 입법부처럼 기능했고, 고시원은 행정부의 일부 기능을 나눠 가지되 독립성을 강화했으며, 감찰원은 감찰위원이 선출직이었던 시절에는 입법부와 비슷했다가 현재는 고시원처럼 행정부의 일부 기능을 나눠 가진 것처럼 되었다. 1992년부터 감찰원장 및 감찰위원에 대한 인사권을 총통이 행사하고, 1996년부터 총통을 직선으로 선출하게 되었으며, 2005년에 사실상 국민대회를 폐지하면서 대만의 정치체제는 오권분립에 기초한 독자적인 체제라기보다는 미국식 대통령제에 가까워졌다. 일단 대만에서는 한국의 국무총리에 해당하는 행정원 원장이 행정부 수반이어서 이원집정부제 국가로 분류되지만, 1997년부터 대통령에 해당하는 총통이 행정원장을 마음대로 임명할 수 있다(의회 동의도 필요없다)는 점에서는 대통령 중심제처럼 운용된다.

총통은 대만의 국가원수이다. 1996년까지는 국민대회의 간접선거로 선출되었지만 1996년부터는 국민의 직접선거로 선출되며, 임기는 4년 중임제이다. 총통은 군 통수권, 조약 체결 및 선전, 강화, 특사, 대사, 복권, 행정원장, 감찰원장, 사법원장, 고시원장 임명권, 입법원 해산권, 법률공포권 및 명령발포권을 갖는다. 부통령에 해당되는 부총통도 존재하며, 총통 후보와 부총통 후보는 러닝메이트가 되어 한 조로 출마한다.

입법권은 입법원이 갖는다. 과거에는 국민대회와 감찰원이 또 다른 입법기관처럼 기능한 적도 있었지만 1990년대에 감찰원에 대한 인사권을 총통이 행사하게 되면서 국민대회-입법원의 양원제를 시행하는 것처럼 되었고, 2005년에 국민대회를 사실상 폐지하면서 완전한 단원제를 시행하게 되었다. 행정권은 행정원이 가진다. 행정원 휘하의 여러 부처가 행정 관련 실무를 담당한다.

대만의 사법부는 사법원(司法院)이라고 하는데, 사법원장을 포함한 15명의 대법관과 그 아래 각급 민·형사법원과 행정법원이 조직된다. 대법관은 입법원의 동의를 얻어 총통이 임명한다. 대법관의 임기는 8년이고 중임은 불가능하다. 민·형사재판의 경우 다른 민주주의 국가와 마찬가지로 최고법원-고등법원-지방법원의 삼심제를 채택하고 있다. 한국과 달리 사법원의 대법관은 헌법 해석 및 법 해석의 통일과 위헌 정당 해산, 총통/부총통 탄핵 결의 심사만을 하므로 이들이 한국의 헌법재판소의 기능을 한다.

몽골 헌법

몽골 헌법 제1조는 다음과 같다.

> 1항 몽골은 독립된 민주공화국이다.
> 2항 국정의 최고 원칙은 민주주의, 정의, 자유, 평등과 국민 통합 및 법치를 실현하는 데 있다.

이는 제3조에서 "국가 권력은 몽골 국민에게 있다. 국민은 국청에 직접 참여할 뿐만 아니라 국민이 선출한 국가의 대의기관을 통해서 국가 권력을 행사한다."는 규정으로 보완되었다.

몽골의 현행 헌법은 1992년 1월에 제정되었으며, 1999년, 2000년, 2019년, 2023년에 개정되었다. 헌법은 몽골에 대의민주주의를 확립하고, 삼권분립과 선거 주기 등 정부의 핵심 기능을 보장하며, 종교, 여행, 표현, 사유재산의 자유를 포함한 인권을 보장했다. 1990년 몽골 혁명 이후 제정된 헌법으로 몽골 인민 공화국이 해체되었다. 최초의 성문화된 헌법은 1924년 몽골 인민공화국 건국과 함께 도입되었으며, 1940년과 1960년에 개정되었다.

헌법 제1장에서는 몽골의 주권과 영토 보전을 선언하고, 종교와 국가의 관계를 정의하며, 몽골의 상징, 국기, 국가를 정의한다. 제2장에서는 언론의 자유, 종교의 자유, 표현의 자유, 출판의 자유, 투표권, 법 앞의 평등, 정부가 제공하는 의료, 교육, 지적재산권 등 개인의 시민적, 정치적, 양도할 수 없는 권리를 명시한다. 또한 세금을 납부하고 군대에 복무하는 것을 포함하여 시민의 의무를 나열한다.

제3장에서는 법체계의 구조, 공화국의 형태, 정부의 구조를 규정하고, 제4장에서는 몽골의 행정구역을 성문화하고 중앙정부와 지방정부의 관계를 규정한다. 제5장에서는 헌법재판소, 제6장에서는 헌법 개정을 규정한다. 2019년 몽골은 수년간의 정치적 불안정과 경제 침체를 종식시키기 위해 총리의 권한을 강화하는 헌법을 개정했다. 개정을 통해 대통령 임기도 6년 단임으로 단축하고, 사법권이 강화되었다.

15장

남아프리카 공화국 헌법
_아파르트헤이트 파시즘과 민주주의

남아프리카 파시즘

도널드 트럼프가 꿈꾸는 미국의 미래는 아파르트헤이트가 성행했던 과거 남아프리카 공화국의 모습과 다르지 않다. 이와 같은 비전의 매개자인 일론 머스크는 아파르트헤이트 체제하의 남아프리카에서 자란 인물로 트럼프뿐만 아니라 전 세계의 극우·파시즘 성향의 흐름을 지지하고 있다. 이러한 인식은 단지 그가 하는 현재의 정치적 발언이나 SNS 행보에서 비롯된 것이 아니라, 20세기 초 남아프리카의 역사적 파시즘과 연결되어 있다. 실제로 당시 남아프리카의 일부 정치지도자들은 유럽의 파시즘 정권에 공감하며 이를 지지했으며, 나중에 총리가 된 존 포르스터는 남아공의 파시즘적 체제를 '기독교 내셔널리즘'으로 규정하기도 했다.

제2차 세계대전 이후, 남아프리카의 파시스트 세력은 점차 약화되었지만, 영국 식민지 정부는 이들과 동맹을 맺어 아프리카 원주민의 민족주의 운동을 억제하고자 했다. 이 시기 남아공 내에서 활동한 대표적인 파시스트 성향의 단체로는 오세바브란트바그(Ossewabrandwag), 그레이셔츠(Greyshirts), 국가 사회주의 반란군(National Socialist Rebels), 남아프리카 공화국을 위한 새로운 질서(Nuwe Orde vir Suid-Afrika) 등이 있다. 일론 머스크의 외조부는 19세기 말 남아프리카의 백인 지배층의 부와 특권 속에서 이민자로 자리잡은 인물로, 철저한 인종차별주의자이자 부유층이었다. 머스크의 부모 또한 고급 비행기와 요트를 소유할 정도로 상류층 생활을 누렸다.

2023년, 머스크는 SNS를 통해 '남아프리카 공화국에서 백인 대량학살 가능성'을 언급하며 논란을 불러일으켰다. 이 같은 발언은 인종적 공포 조장이라는 비판을 받았다. 한편 트럼프 역시 선거 유세 중 "미국 소녀들이 야만적인 외국인 범죄자들에 의해 강간·성폭행·살해되고 있다."고 발언하여 외국인 혐오와 백인 우월주의 정서를 자극했다. 이는 극우 포퓰리즘의 전형적인 선동 방식으로, 과거 파시스트 국가에서 쓰이던 수사와 유사한 전략이다.

남아프리카 공화국 헌법 제1조

남아프리카 공화국 헌법 제1조는 다음과 같다.

남아프리카 공화국은 단일한, 자주, 민주 국가로, 다음 가치에 기초한다.
a. 인간의 존엄성, 평등의 달성, 인권과 자유의 증진
b. 인종차별 반대와 성차별 반대
c. 헌법과 법치에 대한 권위
d. 보통선거, 평등선거, 임기를 지키는 정기적인 선거 그리고 응답성과 개방성, 책임을 보장하기 위한 다당제 민주 정부

위 헌법 제1조에는 남아프리카가 경험한 아파르트헤이트의 악몽을 다시 되풀이해서는 안 된다고 하는 염원이 담겨 있다. 국가가 가장 추구하는 가치를 헌법 제1조에 규정하여 헌법 체계를 시작하는 나라들로는 앞에서 본 독일과 폴란드공화국, 네덜란드 등이 있는데, 남아프리카 공화국 헌법도 그런 유형에 속한다. 그러나 남아프리카의 역사는 그런 유럽 여러 나라보다 더 잔혹한 과거를 보여준다. 이를 잘 드러내는 것이 헌법 제1조 앞에 있는 다음의 전문이다.

우리 남아프리카 공화국 국민은 과거의 불의를 인정하고, 우리나라의 정의와 자유를 위해 고통을 당한 이들에게 경의를 표하며, 우리나라를 건국하고 발전시키기 위해 노력한 이들을 존중하는 한편, 남아프리카 공화국이 이 나라에 거주하는 모든 이에게 속하며 다양성 속에서 연합함을 확신한다. 그러므로 우리는, 다음을 위해,

자유롭게 선출된 우리의 대표를 통해 이 헌법을 공화국의 최고법으로 채택한다.

- 과거의 분열을 치유하고 민주적 가치, 사회 정의 및 기본적 인권에 근거한 사회를 건설
- 통치의 기반이 국민의 의사에 있고 모든 국민이 법률에 의해 동등하게 보호를 받는 민주적 열린 사회의 기초를 마련
- 모든 국민의 삶의 질을 개선하고 각자의 잠재력을 마음껏 발휘할 수 있게 함
- 국제사회에서 주권 국가로서의 정당한 지위를 차지할 수 있도록 연합된 민주주의 남아프리카 공화국을 건설

우리 국민에게 신의 가호가 있기를. 신이여 남아프리카 공화국을 축복하소서.

그리고 헌법 제1조에 이어 제2조에서는 "이 헌법은 남아프리카 공화국의 최고법으로, 이 헌법과 상반되는 법률 또는 행위는 효력이 없으며, 본 헌법에 의해 부과된 의무는 반드시 준수해야 한다."고 규정하고, 제3조 국적, 제4조 국가(國歌), 제5조 국기, 제6조 언어를 규정한 제1장 기본 규정에 이어 제2장에서 권리장전을 규정한다.

남아프리카 헌법의 역사

남아프리카 공화국은 1652년 네덜란드인들이 케이프타운에 상륙한 이후 300년 이상 백인의 지배를 받았다. 1815년에는 영국의 식민지로 편입되었으며, 19세기 말 보어 전쟁(영국과 네덜란드계 이민자 보어인 간의 전쟁) 이후, 1909년 영국의 자치령인 '남아프리카 연방'이 수립되었다. 이와 함께 '남아프리카법'에 의해 제정된 최초의 헌법은 남아프리카 역사상 가장 오래 유지된 헌법으로 평가된다.

1910년부터 1961년까지의 국호는 '남아프리카 연방'(South African Union)이었으며, 이 기간에 영국 국왕이 국가원수로서의 지위를 유지했다. 정치제도 면에서는 영국의 영향을 받아 의원내각제가 채택되었으나, 선거권은 인종 및 재산의 정도에 따라 제한되어 흑인과 유색인의 정치참여는 사실상 배제되었다. 1950년대에는 아파르트헤이트(Apartheid, 인종분리정책)를 제도화하는 여러 법률이 대거 제정되었으며, 이는 흑인 대다수 인구에 대한 극단적인 차별과 억압을 법적으로 정당화하는 기반이 되었다. 1961년, 새 헌법의 제정과 함께 '공화국'으로 전환되었고, 대통령제 국가가 되면서 영국과의 법적 연결이 단절되었다. 그러나 여전히 백인 소수 지배 체제는 유지되었고, 제도적 인종차별은 계속되었다. 1983년에는 또다시 헌법이 개정되어, 의회를 백인·유색인·인도인으로 나눈 삼원제로 구성하는 특이한 정치구조가 도입되었다. 이 역시 형

남아프리카 공화국 헌법(1996년)

식적으로는 다양한 인종의 참여를 보장하는 듯했지만, 흑인 다수는 여전히 정치적 권리에서 완전히 배제된 상태였다.

1991년, 민주아프리카회의(CODESA)의 결성은 남아프리카 공화국에서 새로운 헌법 제정을 위한 역사적 전환점이었다. 이 회의는 아파르트헤이트 체제를 종식시키고, 모든 인종이 동등하게 참여하는 민주적 헌정 질서를 수립하자는 목적 아래 추진되었다. 그 결과, 1994년 모든 인종이 참여한 첫 자유 총선거가 실시되었고, 아프리카민족회의(ANC)가 압도적인 승리를 거두었다. 이에 따라 넬슨 만델라가 남아공 최초의 흑인 대통령으로 취임하며, 아파르트헤이트 체제는 역사 속으로 퇴장하게 되었다.

이후, 새로운 국가건설의 이정표로서 1996년 12월 18일, 새로운 헌법이 공식 채택되었고, 1997년 2월 4일에 발효되었다. 이 헌법은 오늘날까지 이어지는 현행 헌법으로, 세계적으로도 가장 진보적인 헌법 중 하나로 평가받고 있다. 현행 헌법은 남아프리카 공화국의 최고법으로서의 지위, 정부 구조와 권력분립의 명확한 규정, 시민의 기본권과 의무 보장, 사회권적 권리의 명문화(주거권, 의료권, 식량권, 식수권 등 국민의 최소 생존권을 헌법이 직접 보장하는 매우 진보적인 조항) 등을 포함한다. 이처럼 남아프리카 공화국 헌법은 단순한 법률 문서를 넘어, 과거 인종차별과 폭력을 극복하고 정의와 평등을 향한 의지를 담은 상징적 문서로 간주된다.

권리장전

제7조는 권리 조항으로 다음과 같다.

① 이 권리장전은 남아프리카 공화국 민주주의의 초석을 이룬다. 이는 우리나라 모든 국민의 권리를 소중히 간직하며 인간의 존엄성, 평등, 자유의 민주적 가치를 확신한다.
② 국가는 권리장전에 포함된 권리를 존중, 보호, 증진 및 충족해야 한다.
③ 권리장전에 포함된 권리는 이 헌법 제36조 또는 권리장전의 기타 조항에 수록 또는 언급된 제한 사항에 따른다.

이어 제8조 권리장전의 적용 조항에 이어, 제9조에서 평등권을 규정하면서 평등이란 "모든 권리와 자유의 완전하면서도 동등한 향유를 포함한다. 평등의 실현을 증진하기 위해, 부당한 차별로 인해 불이익을 당한 자들 또는 그러한 부류를 보호하거나 그들에 대한 처우를 개선할 목적으로 마련된 입법 조치 및 기타 조치를 취할 수 있다."(2항)라고 하고서, "국가는 인종, 사회적 성별(젠더), 생물학적 성별(섹스), 임신, 배우자의 유무(혼인 상태), 민족적 또는 사회적 출신, 피부색, 성적 지향, 연령, 장애, 종교, 양심, 신념, 문화, 언어 및 태생을 포함한 하나 이상의 사유를 근거로 하여 누군가를 직간접적으로 부당하게 차별해서는 안 된다.(3항)"고 규정함으로써 사회적 성별인 젠더를 명시하고, 성적 지향에 따른 차별도 금지하며, 직접차별만이 아니라 간접차별도 금지하고 있다. 남아프리카 공화국은 헌법에 성적 지향에 대한 인권을 명시한 세계 최초의 국가로, 2006년에는 세계에서 다섯 번째로, 아프리카에서는 처음으로 동성결혼을 합법화했다. 그래서 동성애에 대한 거부감이 여전히 강한 아프리카 국가 중에서 비교적 성소수자에 친화적인 문화를 가지고 있고, 2025년까지 아프리카에서 동성결혼을 합법화한 유일한 나라이다. 이는 아파르트헤이트 당시 동성애자를 비롯한 성소수자 탄압에 대한 반성에서 비롯됐다.

이어 제10조에서 인간의 존엄성, 제11조에서 생존, 제12조에서 개인의 자유와 안전, 제13조에서 노예제도, 노역 및 강제노동의 금지, 제14조에서 사생활의 권리, 제15조에서 종교, 신념 및 의견의 자유, 제16조에서 표현의 자유, 제17조에서 집회, 시위, 피케팅 및 청원의 권리, 제18조에서 결사권, 제19조에서 참정권, 제20조에서 국적, 제21조에서 이동 및 거주의 자유, 제22조에서 직업의 자유, 제23조에서 노동자와 사용자의 단결권 및 단체교섭권, 그리고 노동자의 파업권, 제24조에서 환경권, 제25조에서 재산권, 제26조에서 주거권, 제27조에서 보건, 음식, 물 및 사회보장, 제28조에서 아동의 권리, 제29조에서 교육의 권리, 제30조에서 언어 사용 및 문화생활에 참여할 권리, 제31조에서 문화, 종교 및 언어공동체의 권리, 제32조에서 정보에 대한 접근의 권리, 제33종에서 공정한 행정처분을 받을 권리, 제34조에서 법원에 대한 접근의 권리, 제35조에서 체포, 구금 및 기소된 자의 권리, 그리고 제36조에서 권리의 제한에 대해 "인간의 존엄성, 평등 및 자유에 기초한 열린 민주 사회에서 적절하고 정당한 범위에서" 제한할 수 있다고 규정한다.

이어 제37조에서 비상사태를 상세하게 규정한다. 비상사태는 "전쟁, 침공, 전면적 반란, 소요, 천재지변 또는 기타 공적 위급 상황으로 인해 국가의 존속이 위태로울 경우, 평화와 질서를 회복하기 위해 선포가 필요한 경우"이고, 그 선포부터 해제까지 법률에 따라야 하고, 사법심사의 대상이 되고, 기본권은 특별한 경우에만 제한된다.

국가 조직

헌법 제3장은 협력 정부, 제4장은 국회, 제5장은 대통령 및 중앙행정부, 제6장은 주, 제7장은 지방정부, 제8장은 법원 및 사법집행, 제9장은 입헌 민주주의를 뒷받침하는 국가기관을 규정한다. 이어서 제10장은 행정, 제11장은 안보 기관, 제12장은 전통적 지도자, 제13장은 재정, 제14장은 일반 사항을 규정하고 있다.

남아프리카 공화국의 의회는 양원제이고, 상원인 전국 주(州) 평의회가 54명, 하원인 국민의회가 400명으로 구성된다. 2004년에 이미 여성의원이 전체 의석의 3분의 1 이상을 석권함으로써 장관의 40퍼센트 이상을 차지했다. 2009년의 하원 선거에서는 여성의원이 178명(44.5퍼센트)으로 세계 3위였다. 2013년에는 르완다가 1위, 남아프리카가 9위, 나미비아가 10위, 모잠비크가 11위, 에티오피아가 16위, 앙골라가 17위로 아프리카 국가 중 6개 국가가 상위를 차지했다. 반면, 한국은 17퍼센트로 115위였다. 무슬림 국가인 세네갈의 여성의원 비율은 43퍼센트였다. 또한 3분의 1만 여성들로 이루어진 유럽연합위원회와는 달리 아프리카 연합 위원회의 여성 비율은 50퍼센트에 이른다.

1994년 이후 현재까지 남아프리카 공화국은 대통령이 국가원수와 정부 수반을 겸하지만, 대통령과 부통령은 직선제가 아니라 의회(하원)에 의한 간선제고, 장관들도 의원 중에서 뽑히며, 또한 대통령이 제한적으로 의회를 해산하거나 의회가 대통령을 불신임할 수 있는 권리가 주어지는 등 의원내각제에 가깝다. 즉 대통령이 의원내각제 국가에서의 총리와 같은 역할을 한다.

대통령의 해임은 "전체 하원의원 3분의 2 이상의 찬성표를 얻어 채택된 결의안에 따라 다음의 사유에 근거해서만" 가능하다. 즉 "a.헌법 또는 법률의 중대한 위반, b.중대한 직권 남용, c.기능 수행 불능"이며, "a와 b에 의해 대통령직에서 해임된 자는 모든 특권을 상실하며 어떠한 공직에도 종사할 수 없다.(89조)"고 규정되어 있다. 대통령의 유고 시 권한대행은 부통령, 장관, 하원의장(90조) 순이다.

헌법재판소는 소장, 부소장과 9인의 재판관으로 구성(167조)되고, '입헌 민주주의를 뒷받침하는 국가기관'으로는 공익보호관(The Public Protector), 남아프리카 공화국 인권위원회, 문화종교언어공동체 권익증진보호위원회, 양성평등위원회, 회계감사원, 선거관리위원회가 있다.(181조)

아프리카의 헌법

아프리카 여러 나라는 1957년 가나의 독립 이후 '아프리카의 해'라고 불리는 1960년 이후 대부분 독립하여 각각 종주국의 영향을 받은 헌법을 제정했다. 가령 영국에서 독립한 나라들은 독립 시에 영국 국왕의 독립명령이라고 하는 칙령의 형식으로 독립 헌법을 제정하고 1~3년 뒤 공화국 헌법을 제정했다. 이를 커먼로 계열이라고 부르는데, 가나(1960년 헌법), 탄자니아(1962년 헌법), 나이지리아

(1963년 헌법), 우간다(1963년 헌법), 감비아, 라이베리아, 케냐, 수단, 잠비아, 이집트 등이다.

프랑스에서 독립한 나라들은 프랑스의 1946년 헌법이나 1958년 헌법과 유사한 헌법들을 제정했다. 알제리, 카메룬, 중앙아프리카, 콩고, 가봉, 기니, 말리, 세네갈, 튀니지 등이다. 카메룬이나 말리 등은 프랑스 1958년 헌법처럼 인권 규정이 없이 전문에서 선언하는 형태의 헌법을 제정한 반면, 중앙아프리카, 가봉, 마다가스카르 등은 전문에 상세한 인권 규정을 두었고, 콩고, 세네갈 등에서는 인권에 대한 독립의 장과 상세한 조문을 두었다. 그러나 통치구조에서는 프랑스 1958년 헌법을 모델로 하여 대통령제를 채택하고 행정권을 우위에 두고, 헌법 개정 등을 위해 국민투표제를 도입하는 것이 일반적이었다.

그 밖에 스페인에서 독립한 사하라와 기니, 포르투갈에서 독립한 앙골라와 모잠비크, 벨기에에서 독립한 르완다와 콩고, 이탈리아에서 독립한 리비아 등은 대륙법 전통을 따르고, 카메룬과 소말리아 등은 대륙법과 커먼로가 혼합된 나라이다.

아프리카 나라들은 헌법 개정을 되풀이하면서 차차 민주적인 통치구조나 독특한 선거제도를 확립하고, 특히 1989년의 냉전 종식 이후 복수정당제를 기본으로 하는 민주화를 이룩하고 있다. 특히 아파르트헤이트를 경험한 남아프리카 공화국과 르완다 공화국에서는 독자적인 민주 헌법을 제정하여 개혁의 성과를 올리고 있다.

르완다 공화국 헌법

중앙아프리카의 르완다 공화국은 19세기 말부터 독일의 지배를 받다가 제1차 세계대전 후 1919년에 벨기에의 위임통치를 받았으나, 1961년 국민투표로 공화제가 수립되어 1962년에 독립했다. 1990년 종족 간 내전이 일어나 1994년까지 지속되었으나, 1994년 새로운 정권이 들어섰다. 2003년에 현행 헌법이 제정되어 과거사 정리, 일부일처제, 여성할당제를 규정했고, 2015년에는 대통령의 3선 개헌이 있었다. 대통령은 국민이 직접선거로 뽑아 7년간 재임하고, 수상과 내각인 각료평의회를 임명한다. 의회는 양원제로 2013년 하원 선거에서는 80석 중 49석(61.3퍼센트)을 여성의원이 차지했다. 이로써 전 세계에서 가장 많은 여성 비율 참여도를 기록했다.

맺음말_ 헌법은 왜 민주주의를 명령하는가

자, 이제 결론을 맺자. 파시즘은 제1차 세계대전이 끝나고 몇 해 지나지 않은 1922년 이탈리아의 무솔리니에 의해 시작되었고, 비슷한 시기에 히틀러가 또 하나의 파시즘인 나치즘을 시작했다. 그것들과 그 아류로 생겨난 일본 쇼와 천황의 파시즘은 제2차 세계대전으로 귀결되었고, 패전으로 인해 1945년에 끝나는 듯했다. 그러나 이는 오판이었다. 파시즘이 끝나기는커녕 물밑으로 도도히 이어지다가 마침내 100년도 채 되기 전에 부활했기 때문이다. 20세기 초반에 시작된 파시즘과 달리 21세기 초반의 파시즘은 세 나라가 아니라 범세계적으로 대두하고 있다. 그 귀결은 무엇일까? 제3차 세계대전일까?

21세기 파시즘의 전위대인 미국의 트럼프는 미국에 손해가 되는 짓은 절대로 하지 않을 위인인 듯하여 전쟁을 일으키지는 않을지 모르지만, 미국 밖 다른 지역에서의 전쟁이라면 얼마든지 일으킬 수 있는 위인이다. 그런 전쟁이 일어날 수 있는 지역 중에서 가능성이 가장 큰 곳은 한반도다. 한반도에서 전쟁이 일어나기를 학수고대하는 자들은 많다. 한국인 중에서 우파들은 물론이고, 대부분 우파인 일본인들이나 미국인들도 이것을 바랄지 모른다. 전쟁만이 아니다. 우파들은 어쩌면 민주주의를 바라지 않을지도 모른다.

한국 헌법을 위시하여 세계 대다수 나라들의 헌법은 1945년 이후에 탄생했다. 1945년 12월에 탄생한 유엔의 헌장[50]과 1948년에 제정된 세계인권선언[51] 그리고 선언을 법으로 만든 국제인권규약[52]을 비롯한 수많은 국제인권법 등은 파시즘 전쟁이 끝난 뒤 새로운 민주주의와 인권을 존중하는 세계를 지향했고, 많은 나라의 새 헌법들도 마찬가지 취지로 제정되었다. 그러나 정치 현실은 반드시 그렇게 되지 못했고, 그런 헌법의 취지와는 다른 반민주적 파시즘 정치 행태가 지금 범세계적으로 준동하고 있다. 이러한 이상과 현실의 괴리는 헌법 때문인가? 박근혜나 윤석열의 탄핵 시에 그들이 국정을 농단한 것은 제왕적 대통령제 헌법 때문이니 개헌해야 한다는 주장이 나왔다. 그러나 이는 다른 정권에는 해당되지 않는 이야기이다. 따라서 문제는 헌법이 아니다. 헌법이 제왕적 대통령제이기 때문이 아니다. 도리어 그 헌법을 무시하였기 때문에 탄핵이 되었다.

이 책에서 세계 15개국의 헌법 제1조를 비교하면서 보았듯이 세상에는 완전한 헌법도 없고, 완벽한 민주주의도 없다. 한국의 헌법과 한국의 민주주의도 마찬가지로 완벽하지 않다. 다른 나라 헌법이나 민주주의도 완전하지 않다. 남의 나라를 침략해 잘 먹고 잘 산 덕분에 남보다 먼저 헌법을 제정하고 민주주의를 시작했다고 해도 그렇다.

'대한민국은 민주공화국이다. 대한민국의 주권은 국민에게 있고, 모든 권력은 국민으로부터 나온다.'라고 규정한 한국 헌법 제1조는 다른 모든 나라의 헌법 제1조만큼 훌륭하다. 헌법은 나라의 근본 질서를 민주공화국으로 훌륭하게 만들고자 한 희망이다. 희망이기에 좌절되어 절망이 되기도 했지만, 그것은 언제나 '다시 희망'이다. 1789년 인권선언 이후 지금까지 그것은 '개인의 인권과 권력분립의 보장'이라는 희망이다. 헌법을 세속의 성경이라고 성스럽게 부르기도 하지만, 그렇다고 해서 그것을 숭배할 필요까지는 없고, 그것을 지키겠다고 약속하는 정도로 충분하다. 독재자가 헌법을 파괴하려고 하면 그를 쫓아내고, 처벌하는 것으로 헌법을 지키면 된다. 민주공화국임을 지키는 것으로 충분하다.

그런데 1987년에 개정된 현행 한국 헌법에 대한 개정론이 개정 직후부터 나오기 시작해 개정 후 38년이 지난 지금, 특히 윤석열 정권에 대한 탄핵 이후 더욱 많이 나오고 있다. 그 이유 중 하나가 대통령이 세 번이나 탄핵된 근본 이유를 사람 문제가 아니라 제도 문제로 보는 시각이다. 소위 헌법이 규정한 '제왕적 대통령제' 때문이라는 것이다. 여야, 보수 진보, 언론 학계 가릴 것 없이 12·3 계엄선포 사태를 통해 대통령 1인에게 권력이 과도하게 집중된 현행 제왕적 대통령제의 구조적 문제가 드러났다고 주장한다. 국내

정치학자 20인 중 18명이 "민주주의 복원을 위해", "개헌 등을 통해 대통령의 권한을 분산"해야 한다고 주장한다는 보도도 나왔다. 이들의 정치학은 어느 나라의 정치를 보고 하는 것인가? 아니면 항상 박정희나 전두환이 문제가 아니라 헌법이 문제라고 하는 식의 위대한 학문 전통을 여전히 지키고 싶은 것일까?

현행 헌법하에서 노태우, 노무현, 이명박, 문재인 정권에 대한 탄핵은 없었다. 노무현에 대한 탄핵은 그것이 기각된 만큼 더 이상 언급할 가치가 없고, 박근혜나 윤석열의 탄핵도 헌법 때문이라고는 볼 수 없다. 박근혜나 윤석열은 제왕적 대통령의 권한을 행사해서 탄핵된 것이 아니다. 도리어 그들은 여소야대 국회에서 대통령에 대한 압박이 컸다고 불평하면서 비선에 기대거나 불법 계엄을 자행해 탄핵을 소추당했다. 그들은 현행 헌법에 따르면 대통령의 권한이 국회의 횡포에 막혀 국정을 제대로 수행할 수 없다고 한 것이니, 도리어 의회의 권한이 '제왕적'이고 대통령은 '신하적'이라는 것 아닌가?

다시금 말한다. 헌법 제1조에서는 '대한민국은 민주공화국이다.'라고 규정한다. 민주공화국의 '민주'란 '민주주의'를 말한다. 민주주의란 무엇인가? 민이 주인이라는 것이다. 그러나 민주주의라고 해서 '민심이 천심이요 헌법보다 우선한다.'라고 해서는 안 된다. 그 말은 선거에 의해 뽑힌 히틀러가 헌법에 우선한 것도 정당화하는 궤변이기 때문이다. 헌법에 위배되는 민심은 천심이기는커녕 민주주의 국가에서는 허용될 수 없다.

또한 민주주의는 선거주의가 아니다. 민주주의 선거로 뽑혀도 그것을 배신하는 독재자가 될 수 있다. 그런 독재자의 오만과 편견과 만행으로부터 나라의 주인인 대다수 약하고 착한 국민이 자신들을 보호하기 위해 자신들이 주인임을 끊임없이 상기시키는 것이 민주주의다. 따라서 '헌법 제1조'의 노래는 영원하다. 민중이 나라의 영원한 주인임을 확인해주기 때문이다. 과거의 군주정처럼 민주정도 역사적 산물이기는 하다. 그러나 민주주의라는 것 자체는 영원하다. 그 내용이 대의민주제나 직접민주제나 또는 다른 형태로 바뀔 수는 있어도 민주주의 자체는 영원하다.

헌법 제1조는 주권이 국민에게 있다고 말한다. 그러나 그것을 국민이 직접 행사하는 것은 아니다. 국민이 선거로 뽑은 대표를 통해 행사하는데 이를 대의민주주의 또는 간접민주주의라고 한다. 그런데 이 말은 국민이 선출한 대표들이 국민의 뜻에 충실한 경우에만 타당할 뿐이다. 여기서 국민이란 선거 때의 다수와 다를 수 있다. 대표는 그 다수의 마음이 바뀌지 않도록 항상 주의해야 한다. 그것이 민주주의다. 그런 주의는커녕 제멋대로 통치하는 경우 그를 뽑은 국민은 그를 내쫓을 권리가 있다. 이것은 헌법 제1조가 보장하는 내용이다. 따라서 민주주의는 단순한 선거주의가 아니다. 선거로 뽑혔다고 해서 독재가 합리화되지 않기 때문이다.

또 하나 분명히 해두자. 민주주의는 엘리트주의가 아니다. 한국인의 가슴 속에는 양반과 과거시험이라는 전통 아닌 전통이 조작한 판검사와 사법고시가 최고라는 멍에가 있다. 내가 어릴 적부터

들은 말이고, 마찬가지로 한국에 태어난 인간이라면 누구나 자라며 듣는 이야기다. 사법고시에 합격해 판검사가 되는 사람은 극소수여서 천재니 신동이니 하는 말을 들으며 모교나 집안을 빛낼 영웅으로 대접받는다. 그러나 이는 잘못된 것이다. 사실 사법고시란 암기력 테스트에 불과하다. 암기력이 뛰어난 자들이 무엇보다도 정의로워야 할 대통령은 물론이고 판검사가 된다는 점에 문제가 너무 많다. 그야말로 법기술자, 법꾸라지에 불과한 자들이 권력을 잡아 나라를 뒤흔들 수 있지 않겠는가? 물론 그렇지 않은 법조인도 있을 것이다. 노무현이나 문재인과 같은 법조인 출신들이 대통령을 지냈지만, 윤석열 정권처럼 검사공화국이라는 말이 나올 정도의 이상한 권력체제를 만들지는 않았다. 이제 우리는 왜곡된 전근대적 엘리트주의에서 벗어나야 한다. 그러지 못하면 민주주의는 있을 수 없다.

민주주의는 엘리트가 아니라 평범하고 평등한 보통 사람들이 모여 스스로 통치하는 것으로 시작되었다. 그것은 기원전 500년경의 고대 그리스의 아테네가 아니라 그보다 1500년도 더 전인 기원전 2000년경의 메소포타미아에서 시작되었다. 그러다가 동으로는 인도, 서로는 그리스·로마에 전파되었고, 중세 말인 1188년 스페인에서 근대적인 의회민주주의가 시작되었다. 민주주의란 처음부터 여러 입장에 있는 다양한 사람들의 대화를 통한 조정을 평화로운 타협으로 이끌어내는 '정치'를 뜻했다. 이러한 '정치'는 '독재'의 반대말이다. 여기서 '독재'는 상명하복의 군대나 경찰이나 검찰과 같은 특수한 조직에서는 통할 수 있을지 모르지만(이제는 그런 시대도 지났다), 시민사회에서는 통하지 않고 오로지 민주주의만이 가능하다. 이미 4천 년 이전에 알려진 바가 그렇다. 그 무렵 단군과 호랑이와 곰이 등장하는 우리의 신화에 나오는 '홍익인간'이라는 이념도 그런 대화와 조정의 민주주의를 뜻한다. 이를 4천 년이 지난 21세기에도 '엘리트 독재 집단'에 의해, 그동안 엄청난 노력으로 싸워온 민주주의의 파괴를 다시 경험해야 한다니, 지금 우리 역사의 반동이 너무 심각하다.

다시 강조한다. 민주주의는 사람이면 누구나 존엄과 가치를 지닌 존재이자 자유롭고 평등하게 살아가는 존재로 모두가 함께 주인인 세상을 만들자는 것이다. 따라서 천재나 영웅이나 초인, 집안 좋고 돈 많고 힘 있는 자들이 다스리는 세상이 아니다. 더욱이 기억력 천재를 국회의원이나 대통령으로 뽑자는 것이 아니다. 링컨이 말한 of the people, by the people, for the people은 보통 사람들의, 보통 사람들에 의한, 보통 사람들을 위한 세상을 만들자는 것이지, 시험 천재들이 다스리는 검사의, 검사에 의한, 검사를 위한 검사왕국 같은 세상을 만들자는 것이 아니었다.

이제 모두 판검사나 사법고시 따위에 대한 열망을 버리자. 관존민비로 서러웠다고 해도 자식을 무조건 판검사나, 하다못해 면서기라도 시키려는 야만의 욕망을 버리자. 착하고 성실하며 주인의식을 갖는 보통 사람으로 살면서, 자녀를 마찬가지로 그렇게 착하고 성실한 보통 사람으로 키우도록 하자. 물론 그렇게 하기 위해서는 어떤 직업일지라도, 어떤 학력과 경력일지라도, 모두가 존엄성을 보장받는 세상이 와야 한다.

그것이 민주주의다. 모두가 평범하고 평등한 보통 사람이기에 나라의 주인이다. 그런 우리가 주인인 나라를 망치는 나쁜 놈들을 쫓아내는 것이 주인의 도리다. 그것이 민주주의다. 그리고 그런 나쁜 놈이 아닌 착한 자들을 우리의 심부름꾼으로 뽑는 것이 민주주의다. 대통령은 착하고 성실한 심부름꾼이어야 하지, 고시에 합격했다고 해서 제멋대로 내란을 저지르는 우두머리를 민주주의라는 이름 아래 대통령으로 두어서는 안 된다. 그런 대통령이나 그가 부른 내란꾼들로 구성된 요사스러운 정부는 주인인 우리가 쫓아내야 마땅하다. 그러나 아직도 그들은 정리되지 못하고 있다. 그것을 온전히 정리하는 데는 오랜 세월이 걸릴 것이다. 우리는 1945년 이래 지금까지도 친일 분자들을 제대로 정리하지 못하고 있지 않는가? 사실 어쩌면 2024년의 내란도 80년 전의 친일 분자들을 제대로 정리하지 못한 탓에 생긴 일일 수 있다. 잘못된 역사의 청산은 그만큼 중요하고도 어렵다.

'헌법 제1조'라는 노래의 가사는 실제의 헌법 제1조와는 조금 다르다. 즉 노래 가사에는 헌법 제1조 2항의 전반부에 나오는 '대한민국의 주권은 국민에게 있고'라는 부분이 빠졌다. 아마도 노랫말로는 어울리지 않다고 생각해 뺐을 것이지만, 사실 없어도 무방한 말이다. 그것은 '모든 권력은 국민으로부터 나온다.'라는 말에 이미 포함된 것이고, 따라서 그것과 중복이라고 볼 수 있기 때문이다. 아니 이미 '민주공화국'이라는 말에도 포함되어 있다고 볼 수 있다. '민주'란 '국민이 주인'이라는 말이기 때문이다. 그러니 '대한민국은 민주공화국이다.'라는 한마디로 충분하다. 그 한마디를 노래하는 것으로 충분하다. 그 한마디를 가슴에 새기고, 역사에 새기는 것으로 충분하다.

그렇다고 해서 '대한민국의 주권은 국민에게 있고'라는 말이 무의미한 것은 아니다. 2024년 12월 초, 대통령이 저지른 내란에 반대하여 지금까지 계속된 한밤의 시위 현장에서도 시민들은 외쳤다. 주권은 우리 국민 것이지 독재자의 것이 아니라고. 너희들, 정치꾼들이 왜 주권을 침탈하느냐고. 나는 그 벅찬 추억으로 그날 밤을 새우며 울면서 이 책을 쓰기 시작했다. 함께 울었던 사람들을 생각하며 이 책을 쓴다. 그러나 함께 울기는커녕 독재자나 그들의 편에 섰던 사람들도 많았다. 그러니 그들에게 당신들이 옳지 못했다고 말하기 위해 이 책을 쓴다. 그날의 울분을 역사에 남기기 위해 쓴다. 헌법 제1조가 파시즘을 쏘아 민주주의를 구한 역사를 기념하기 위해서다.

주

1 히틀러와 무솔리니에 대응하는 일본의 파시스트는 쇼와 '천황'인데, 쇼와 천황은 그를 처벌하면 일본인이 엄청나게 반발할 것이라는 우려 때문에 전범재판에서 제외되고 천황으로 계속 자리를 유지했다. 그래서 일본은 물론 세계적으로도 그를 히틀러와 무솔리니에 버금가는 파시스트로 보지는 않지만, 이 책에서는 누구보다도 악질적인 파시스트로 본다.

2 https://namu.wiki/w/%EB%AF%BC%EC%A3%BC%EC%A3%BC%EC%9D%98%20%EC%A7%80%EC%88%98#s-5.11(2025. 2. 28 검색) 이코노미스트가 분석한 '한국의 민주주의 불안정' 항목의 설명은 다음과 같다. "한국의 종합 지수 점수는 2023년 8.09에서 2024년 7.75로 하락하여 '결함 있는 민주주의'로 재분류되었다. 2024년 12월 3일, 한국의 보수적인 대통령은 야당이 주도하는 의회를 '반국가 행위'라고 비난하며 계엄령을 선포했다. 몇 시간 후 의회가 정치권 전반의 의원들의 지지를 받아 계엄령 해제를 의결한 후 계엄령이 해제되었다. 이후 대통령 해임을 요구하는 대중의 항의와 파업 속에서 국회(단일제 의회)가 헌법에 명시된 탄핵안을 통과시키면서 대통령 권한을 박탈시켰다. 한국 의회와 일반 대중은 한국의 민주적 제도에 대한 광범위한 존중을 보여주었지만, 이 사건은 비교적 짧은 기록(37년)과 한국 민주주의의 상대적 취약성을 상기시키는 계기가 되었다. 이 사건은 1948년 이후 17년 동안 계엄령 선포의 역사적 발생에 다시 주목하게 했다. 대통령의 계엄령 시행 시도는 한국 정치 시스템의 제도적, 행동적 약점을 일부 드러냈다. 예를 들어, 대통령의 계엄령 선포 권한(비상사태)은 헌법에 명시되어 있다. 정당 간의 뿌리 깊은 비난과 타협을 꺼리는 태도는 정치 시스템을 처음보다 더 불안정하게 만든다. 마지막으로, 국가의 정치를 특징짓는 극심한 정치적 양극화는 정치적 폭력과 사회 불안의 위험을 증가시킨다."

3 '국경 없는 기자회'(RSF)가 매년 발표하는 20124년 언론 자유 지수는 독일 10위, 프랑스 21위, 영국 23위, 스페인 30위, 남아프리카 38위, 이탈리아 46위, 미국 55위, 한국 62위, 일본 70위, 멕시코 121위, 필리핀 134위, 인도 159위, 러시아 162위, 중국 172위, 이란 176위이다. 한국은 문재인 정권 시절에 40위 전후였으나 2024년 윤석열 정권에 와서 급속히 떨어졌다. 이러한 급락 현상은 한국의 이명박 정권이나 일본의 아베 정권에서도 볼 수 있다.

4 지금 우리가 사용하는 대부분의 서양어는 일본인이나 중국인들이 19세기에 번역한 것으로 그 뒤 우리가 일본의 지배를 받으며 받아들인 말들이다. 헌법이라는 말의 그런 내력에 대해 기분 나빠할 필요는 전혀 없다.

5 일본에서는 다른 번역어도 많았다. 가령 '율례(律例)', '국헌(國憲)', '건국법(建國法)' 등이다. 그중 국헌이라는 말은 유신헌법 때까지 대통령 취임 선서에서 '나는 국헌을 준수하고…'라는 문장에 사용되었고, 지금도 형법 제87조(내란)와 제88조(내란 목적의 살인), 제91조에서 '국헌'이라는 용어를 사용하고 있다. 국헌은 헌법과 법률, 즉 국법을 뜻한다.

6 그 말에 이어 "국정이란 국민의 엄숙한 신탁에 의한 것으로서 그 권위는 국민으로부터 나오고, 그 권력은 국민의 대표자가 행사하며, 그 복리는 국민이 향유한다. 이는 인류 보편의 원리이며, 이 헌법은 이러한 원리에 기초한 것이다. 우리는 이에 반하는 모든 헌법, 법령 및 조칙을 배제한다."고 한다.

7 일제강점기 시대의 소설가 겸 법학자 등으로 활동한 교육자 겸 정치인으로 1948년 제헌 국회에 참여하여 헌법기초위원회 위원으로 제헌헌법을 입안하였고, 뒤에 정치에 참여했다.

8 일제강점기 시대에 독립운동을 하고, 해방 후 이승만의 비서와 초대 내무부장관, 국회부의장 등을 역임하고 5.16 이후 군정에 참여하고 삼선개헌에 앞장선 우익 정치인이었다.

9 유진오, 『헌법기초회고록』, 일조각, 1980, 65쪽

10 보나파르티즘(Bonapartisme)은 권위주의적 중앙집권을 옹호하고 포퓰리즘적 수사로 철권통치자 또는 군사 독재자를 지지하는 것을 말한다.

11 이하 외국 헌법 조문의 인용은 저자가 원문에서 번역한 것이고, 한국 정부의 번역이나 기타의 번역은 참조자료로만 언급한다. 정부 번역문 등은 인터넷에서 구할 수 있고, 내용별로 비교한 책으로는 『세계비교헌법』을 참조할 수 있다.

12 https://www.yna.co.kr/view/AKR20250204011000085(2025. 2. 22 검색)

13 플라톤, 천병희 옮김, 『국가』, 숲, 2013, 283쪽.

14 파시스트 작가로는 D. H. 로렌스, 윈담 루이스, 시인으로는 W. B. 예이츠, T. S. 엘리엇, 에즈라 파운드 등이 있다.(베이트, 177-180)

15 영국에는 헌법만이 아니라 우리나라의 법률 중에서 가장 중요한 민법이나 상법과 같은 민사에 관한 법률이 없다. 그러한 법영역을 포함하여 영국법은 주로 판례법(커먼로)으로 다루어진다. 따라서 육법전서와 같은 실정법 체계에 익숙한 한국인은 영국만이 아니라 영미법계를 이해하기가 쉽지 않다. 영국에서는 국왕, 중앙정부, 지방자치체도 개인과 마찬가지로 커먼로의 법리에 따라야 한다. 따라서 한국이나 유럽대륙에서 볼 수 있는 성문의 공법은 사법과 마찬가지로 존재하지 않는 것이 원칙이다. 영국과 같이 성문헌법을 갖지 않는 나라는 뉴질랜드와 이스라엘 외에는 거의 없고, 영연방에 속하는 캐나다나 오스트레일리아 남아프리카 등에도 성문헌법이 있다. 남아프리카 헌법은 이 책의 15장에서 다루도록 한다.

16 1610년에 면허 없이 의료 행위를 한 토마스 본햄(Thomas Bonham)이라는 의사가 수감된 사건에 대해 대법원이 커먼로는 의회의 행위보다 우월하다고 판결한 사건으로 사법부가 기본법을 해석하고 집행한다는 원칙을 확립하여 위헌법률심사권의 기초가 되었기 때문이다. 그 사건에서 본햄의 변호인은 본햄이 징역형을 받은 것은 1533년의 의사협회법이 금지한 무면허로 진료했기 때문이 아니라, 커먼로에서 금지된 부당행위를 했기 때문이라고 주장했고, 에드워드 코크 대법원장도 그 주장에 동의했다. 이 사건은 의회가 아닌 사법부가 기본법을 해석하고 집행한다는 것을 입증하여 입법에 대한 사법적 검토의 초기 사례로 중시되었다. 그러나 의회의 행위에 대한 사법적 검토 원칙은 의회주권의 성장과 함께 점차 사라졌다. 특히 윌리엄 블렉스톤은 의회가 제정한 법률을 법원이 거부한다면 사법부가 입법부의 권한 위에 있는 것이 되어 정부를 파괴할 것이라고 비판하여 의회주권이 영국 입헌주의의 원칙임을 선언했다.

17 헌법의 전문에는 보통 헌법의 성립 배경과 기본원리가 담겨있다. 그 효력에 대해서는 단순히 상징적인 선언이라는 주장도 있지만, 헌법의 본질적 특성 중 하나인 최고규범성으로 인해 헌법 전문도 최고규범성을 갖는다고 보아야 한다.

18 제1조는 표현의 자유(종교·언론·출판·집회), 제2조는 무기 보유의 권리, 제3조는 군인 숙영의 제한, 제4조는 부당한 수색, 체포, 압수로부터의 보호, 제5조는 형사 사건상의 권리, 제6조는 공정한 재판을 받을 권리, 제7조는 민사 사건상의 권리, 제8조는 보석금, 벌금, 형벌 제한에 관한 내용이다. 그중에서 특히 문제 되는 것은 제2조인데, 지금은 그 의의가 의심되지만, 제정 당시에는 사람들이 잠재적 위험으로 간주한 중앙정부로부터 자유를 지키기 위한 중요한 권리로 여겨졌다.

19 이에 대해 "고대 그리스나 로마의 노예는 노예제 폐지로 해방되면서 문제가 종결되었지만, 미국은 노예제 폐지 이후 노예들은 흑인으로 남아 여전히 심한 차별의 대상이 되었다. 헌법은 조금도 예상하지 못

한 일이었다."고 보는 견해가 있다.(차병직, 158~159) 그러나 고대 그리스나 로마에서는 노예제가 폐지되지 않았고, 미국의 노예는 흑인이었기 때문에 노예 해방 이후에도 인종차별의 대상이 되었고, 이는 헌법이 당연히 예상한 것이었다.

20 달에 의하면 1997년 여론조사에서 미국 헌법이 세계 여러 나라의 모델이라고 답한 사람은 67퍼센트를 넘었다. 또한 71퍼센트가 미국 헌법을 자랑스럽게 생각하고, 85퍼센트가 20세기에 미국이 성공한 중요 요인 중 하나로 헌법을 꼽았다.(달, 62, 주1) 민주공화국 중에서 미국 헌정 체제를 선택한 나라는 없다고 보는 달과 달리 로렌스 프리드만은 미국 헌법의 사법심사제를 수출 상품(최소한 일본과 한국이 수입했다)에 비유했다. 그러나 달은 사법심사제를 의회의 입법권을 침해한 잘못된 것으로 본다.

21 2항의 법제처 번역은 "법률은 남성과 여성이 선출직 및 그 임기 그리고 직업적, 사회적 책무에 동등하게 접근하도록 한다."고 번역하여 문제가 많다.

22 앙드레 모루아, 신용석 옮김, 『영국사』, 김영사, 297쪽.

23 프랑스식 이원정부제는 대통령의 정당이 의회의 다수당 또는 다수 정파일 경우 대통령이 아주 강력한 권한을 행사하게 된다. 문제는 대통령의 정당이 의회 내 소수당이거나 소수 정파인 경우, 대통령은 자신과는 다른 정당인 다수당 출신의 총리를 임명하지 않을 수 없고, 대통령과 총리는 권력을 둘러싼 상호 견제와 경쟁 관계에 놓여, 대통령의 권한이 제한되고 실질적인 권력을 총리가 가지게 되어 의원내각제와 유사한 형태가 된다는 것이다. 실제로 미테랑 대통령 시절 두 번, 시라크 대통령 시절 한 번, '좌우 동거'가 있었다.

24 환부 시의 의결은 한국과 달리 다수결에 의해 결정된다(헌법 제78조).

25 스페인의 경우 1960년대 10년간 경제성장률은 7.5퍼센트로 '경제 기적'이라고 불렸다.

26 문홍주, 「역사와 헌법 시리즈-나와 대한민국 헌법」, 『헌법학연구』, 제8권 1호, 2002, 62쪽.

27 브라이언 캐틀러스의 『스페인의 역사』를 비롯하여 국내외의 스페인 역사서에는 아예 언급조차 되지 않는다.

28 독일에서 헌법을 '기본법'(Grundgesetz)이라고 쓰는 이유는 그것이 분단된 독일의 한쪽 국가인 서독에만 적용되는 임시적이고 잠정적인 과도기의 한시적인 헌법이기 때문이었다. 그러나 1989년 독일의 통일 뒤에도 기본법이 그대로 적용되고 있다. 이러한 점은 한국에서 제헌헌법을 독일 기본법처럼 임시적이고 잠정적인 과도기의 것으로 생각하기는커녕 남북한 모두에 적용되는 것(헌법의 영토 규정)으로 제정한 점과 비교될 수 있다.

29 대통령은 의회 법률안에 대해 1개월 이내 환부권(47조)을 가지며, 그 법률안을 다시 양원이 재적인원 과반수로 가결하면 법안은 성립한다.

30 한국 제헌헌법의 이익분배균점권의 모법이다. 멕시코 헌법 제123조 A. IX는 "노동자는 이익 분배에 참여할 권리가 있으며, 이는 다음 규칙에 따라 규제된다."고 규정하고, 노사정 위원회가 분배 비율을 정하게 한다. 한국 제헌헌법에는 그런 구체적인 조항은 없었다.

31 https://en.wikipedia.org/wiki/Constitution_of_Italy(2025. 1. 20 검색) 피에로 칼라만드레이(1889~1956)의 1955년 제2차 세계대전과 이탈리아 헌법 제정에 대한 연설.

32 이탈리아에서 시행되었던 임금 자동 조정 제도로, 노동자의 실질 임금을 물가 상승률에 연동하여 자동으로 조정하는 방식이다. 쉽게 말해, 물가가 오르면 임금도 자동으로 오르는 제도였다.

33 국가신토(國家神道, こっかしんとう, State Shinto)는 메이지 유신(1868년) 이후 일본 정부가 신토(神道)를 국가 통치 이념으로 체계화하여 국가 종교처럼 만든 체제를 의미한다. 일본의 전통적인 신앙인

신토(神道)를 국가적으로 조직화하고, 천황을 신격화하는 이데올로기로 발전시킨 것이다.

34 이슬람의 회의체 민주주의는 과거의 오리엔트, 즉 현재의 시리아, 이라크, 이란 지역에서 기원전 2000년 이전에 처음으로 나타났으므로, 종래 민주주의가 아테네에서 시작되었다는 주장은 거짓으로 드러났다. 그리고 오리엔트 민주주의는 인도로 가서 기원전 1500년 이후의 초기 베다 시대(기원전 1500~1000)에는 회의체 공화국이 많이 생겨났다. 또한 페니키아 도시국가를 거쳐 기원전 5세기에 아테네로 전해졌다. 따라서 민주주의가 서양의 것이고 비서양에서는 민주주의가 불가능하다는 주장 따위는 역사적 사실이 아닌 오리엔탈리즘에 의한 왜곡에 불과하다.

35 러시아 헌법 제3조는 소련 헌법 제2조에서 "소련의 모든 권력은 인민에게 있다. 인민은 소련의 정치적 기초를 이루는 인민대의원 소비에트를 통하여 국가권력을 행사한다. 다른 모든 국가기관은 인민대의원 소비에트의 감독을 받으며 이에 보고할 의무를 갖는다."에 대응된다. 소련 헌법 제4조는 "소비에트 국가 및 그 모든 기관은 사회주의적 적법성에 의하여 활동하고 법질서, 사회의 이익, 시민의 권리와 자유를 보장한다. 국가·사회의 조직과 공직자는 소련 헌법과 소련 법률을 준수할 의무를 가진다."라고 규정하는데, 이는 1993년 러시아 헌법에서는 볼 수 없는 조항들이다. 한편 소련 헌법 제5조는 "국가 생활의 가장 중요한 여러 문제는 전 인민의 토의와 투표에 의해 결정한다."고 규정하는데, 이는 러시아 헌법 제3조에 대응되지만, 내용은 조금 다르다.

36 올랜도 파이지스, 조준래 옮김, 『혁명의 러시아 1891~1991』, 어크로스, 2017

37 청나라에서 군주제 국가를 군국(君國), 공화제 국가를 민국(民國)으로 번역했으나, 뒤에 일본에서 공화국과 군주국(군주정)이라는 번역어에 밀려 잘 쓰이지 않게 되었다. 그래서 1910년대에는 중화민국, 대한민국이라고 지칭한 반면, 1940년대에는 중화인민공화국, 조선인민공화국이라는 말이 사용되었다. 여기서 인민이라는 말이 터부시되듯이 공화국이라는 말도 터부시될 수 있었으나, 다행히 공화국이라는 말은 제헌헌법에 들어간 이래 지금까지 살아남았다. 그러나 중국에서 '민국시대'(중국에서는 중화민국이 대륙을 통치하던 시절(1912~1949)을 말하는 반면, 대만에서는 중화민국이 대만을 통치하는 시절(1945년~현재)을 말한다)나 대만에 '민국당'이라는 정당이 있는 것에 비하면 한국에서는 민국이라는 개념이 국명 이외에는 사용되지 않는다. 민국(民國)은 백성(民)의 나라(國)라는 뜻으로 숙종 이후 사용된 전통적인 우리말이라고 보는 견해가 있다.(황태연, '대한민국' 국호의 기원과 의미, 『정치사상연구』, 제21권 1호, 2015)

38 1948년에 제정된 한국 최초의 헌법을 '건국헌법'이라고도 부르지만, '건국'이라는 말에 대해서는 시비가 있으므로 '제헌헌법'이라는 용어를 사용하겠다.

39 현행 헌법 제1조는 1919년 4월 11일 제정된 대한민국 임시정부의 첫 헌법인 '대한민국 임시 헌장'(大韓民國 臨時 憲章) 제1조에서 '대한민국은 민주공화국으로 함', 1919년 4월의 '한성정부 약법' 제1조에서 '국체는 민주제를 채용함', 1919년 9월 11일의 '대한민국 임시 헌법' 제2조에서 '대한민국의 주권은 대한인민 전체에 재함', 1927년 '임시약헌' 제1조에서 '대한민국은 민주공화국이라 국권은 인민에게 있음'이라고 규정한 것에서 비롯되었다. 이러한 것들이 제헌헌법 제1조에서 '대한민국은 민주공화국이다.' 제2조에서 '대한민국의 주권은 국민에게 있고 모든 권력은 국민으로부터 나온다.'고 한 조항으로 나타났다. 이는 행정연구위원회 초안(1946)이나 유진오 초안 등의 제헌헌법 제정을 위한 여러 초안에서 '第一條 朝鮮은 民主共和國이다. 第二條 國家의 主權은 人民에게 있고, 모든 權力은 人民으로부터 發한다.'(유진오 안)는 것과 유사하다. 외국 입법례로는 바이마르 헌법(1919) 제1조 '독일국은 공화국이다. 국가권력은 국민으로부터 나온다.'와 유사하다. 또한 체코슬로바키아 헌법(1920)에도 '민주공화국 조항'이 있었다. 그런데 제헌헌법에서는 임시정부 헌법 문서나 유진오 안 등에 흔히 사용된 '인민'이 아니라, 중국 헌법 문

361

서에 많이 나오는 '국민'이라는 말을 사용했다.(신우철, 486)

40 이는 미국에서의 탄핵 절차와 유사하다. 즉, 미국에서 탄핵 심판은 상원에서 행하여지며 부통령은 상원의장이 된다. 그러나 대통령이 탄핵의 대상일 경우 최고법원의 장이 의장이 된다. 탄핵 심판기관은 제헌헌법의 탄핵재판소(제47조 제1항), 1960년 제3차 개정헌법의 헌법재판소(제83조의3 제5호), 1962년 제5차 개정헌법의 탄핵심판위원회(제62조 제1항), 1972년 제7차 개정헌법(제109조 제1항 제2호)과 1980년 헌법(제122조 제1항 제2호)의 헌법위원회, 그리고 현행헌법(제111조 제1항 제2호)의 헌법재판소로 변경되었다.

41 당시에는 사실상 기업이라고 할 만한 것도 없었기 때문에 대다수 국민의 입장에서는 다만 형식적이고 명목상의 것에 불과하였고, 하위입법이 존재하지 않았기 때문에 실제로는 사문화되고 말았다.

42 '사회주의적, 세속적' 및 '통합'은 1976년 제42차 헌법개정 법률에 의해 추가된 것들이다.

43 한국에서 출판되고 있는 중국법 관련 문헌은 대부분 법전의 조문만 나열할 뿐 법과 현실의 괴리에 대해서는 전혀 언급하지 않는다. 이는 중국에서도 마찬가지이다. 즉 공산당 일당독재 국가인 중국에서는 학문의 자유가 인정되지 않는다. 공산당 일당독재에 대해서 한국에서 비판하는 견해가 있지만, 소위 진보나 민주주의자라는 사람 중에서 중국 전문가임을 자처하는 사람들이 중국이 일당독재이기는 하지만 일인독재는 아니라고 하는 이유 등을 내세우며 옹호하기도 한다.

44 이를 각각 민유(民有), 민치(民治), 민향(民享)이라고 한다.

45 중화인민공화국의 입법부로서 중국의 국가 최고 권력 기관으로 법률 공포도 동시에 수행하며 헌법 수정과 국가 요직 임명도 수행하지만, 실제로는 공산당 정부에서 결정한 사안을 재확인하는 거수기 기관에 가깝다. 매년 3월 5일에 수도 베이징에 위치한 인민대회당에서 개최되며, 중국인민정치협상회의와 함께 강력한 발언권을 가진 권력기구이다. 임기 5년의 대표 2,800여 명이 소속되어 있는데 그중 공산당이 2,098석을 차지한다.

46 한국으로 치면 기초의원이 광역의원을 뽑고, 광역의원이 국회의원을 뽑는 식이다. 그런데 말단 지역의 직접선거에서도 자유로운 입후보가 허용되지 않고, 사전에 입후보자에 대한 자격심사가 있어서 공산당의 눈 밖에 나는 자는 탈락된다. 따라서 자유선거라고 할 수 없다.

47 이는 청나라 말기인 1909년 총선과 중화민국 초기에 치러진 1912년, 1918년 총선에서 유권자가 선거인단과 지방의원을 뽑고 선거인단이나 지방의원으로 뽑힌 사람이 국회의원을 선출하는 방식을 그대로 계승한 것이므로 국회를 간접선거로 구성하는 전통은 100년을 훨씬 넘었다.

48 1988년: 사경제(민간 경제)에 대한 조항을 추가하여 제한적 시장경제 요소를 도입.
1993년: 사회주의 시장경제 개념을 공식 채택.
1999년: 국가의 경제 체제와 법치국가 건설을 강조.
2004년: 인권 존중과 보호, 사유재산권 보호를 명문화.
2018년: 현행 헌법의 마지막 개정으로, 국가주석의 임기 제한 폐지 등 정치구조에 중대한 변화가 도입됨.

49 1989년, 중국 학자 류대생(劉大生)이 『사회과학(社會科學)』 제7기에서 발표한 논문 「시론: 당주입헌제(試論: 黨主立憲制)」에서 제기한 개념이다.

50 제2차대전이 끝난 직후인 1945년에 제정된 국제연합헌장을 세계헌법이라고 할 수는 없지만, 2024년 현재 국제연합에 가입한 193개국 회원국들의 헌법에 영향을 주는 국제법 문서임에는 틀림없다. 국제연합헌장 제1조는 헌장 제1장 '목적과 원칙'에서 다음과 같이 규정된다.

국제연합의 목적은 다음과 같다.

1. 국제평화와 안전을 유지하고, 이를 위하여 평화에 대한 위협의 방지·제거 그리고 침략행위 또는 기타 평화의 파괴를 진압하기 위한 유효한 집단적 조치를 취하고 평화의 파괴로 갈 우려가 있는 국제적 분쟁이나 사태의 조정·해결을 평화적 수단에 의하여 또한 정의와 국제법의 원칙에 따라 실현한다.

2. 사람들의 평등권 및 자결의 원칙의 존중에 기초하여 국가 간의 우호관계를 발전시키며, 세계평화를 강화하기 위한 기타 적절한 조치를 취한다.

3. 경제적·사회적·문화적 또는 인도적 성격의 국제문제를 해결하고 또한 인종·성별·언어 또는 종교에 따른 차별 없이 모든 사람의 인권 및 기본적 자유에 대한 존중을 촉진하고 장려함에 있어 국제적 협력을 달성한다.

4. 이러한 공동의 목적을 달성함에 있어서 각국의 활동을 조화시키는 중심이 된다.

51 세계인권선언 제1조는 "모든 사람은 태어날 때부터 자유롭고, 존엄하며, 평등하다. 모든 사람은 이성과 양심을 가지고 있으므로 서로에게 형제애의 정신으로 대해야 한다."고 규정한 뒤 30개 조로 여러 가지 인권을 구체적으로 규정한다. 세계인권선언 제정의 취지는 다음의 전문에서 읽을 수 있다.

 인류 가족 모두의 존엄성과 양도할 수 없는 권리를 인정하는 것이 세계의 자유, 정의, 평화의 기초다. 인권을 무시하고 경멸하는 만행이 과연 어떤 결과를 초래했던가를 기억해보라. 인류의 양심을 분노케 했던 야만적인 일들이 일어나지 않았던가? 그러므로 오늘날 보통사람들이 바라는 지고지순의 염원은 '이제 제발 모든 인간이 언론의 자유, 신념의 자유, 공포와 결핍으로부터의 자유를 누릴 수 있는 세상이 왔으면 좋겠다.'는 것이리라. 유엔헌장은 이미 기본적 인권, 인간의 존엄과 가치, 남녀의 동등한 권리에 대한 신념을 재확인했고, 보다 폭넓은 자유 속에서 사회 진보를 촉진하고 생활 수준을 향상시키자고 다짐했었다. 그런데 이러한 약속을 제대로 실천하려면 도대체 인권이 무엇이고 자유가 무엇인지에 대해 모든 사람이 이해할 수 있도록 하는 것이 가장 중요하지 않겠는가? 유엔총회는 이제 모든 개인과 조직이 이 선언을 항상 마음속 깊이 간직하면서, 지속적인 국내적 국제적 조치를 통해 회원국 국민들의 보편적 자유와 권리신장을 위해 노력하도록, 모든 인류가 '다 함께 달성해야 할 하나의 공통기준'으로서 '세계인권선언'을 선포한다.

52 세계인권선언을 더욱 구체적으로 규정한 국제조약이 1966년에 채택되고 1976년에 발효된 '시민적·정치적 권리규약(자유권규약)' 및 '경제적·사회적·문화적 권리규약(사회권규약)'으로 한국은 1990년에 가입하여 국내법과 동일한 효력을 갖는다. 이러한 규약들은 세계인권선언과 함께 일반적으로 국제인권장전(International Bill of Human Rights)으로 불린다. 자유권규약 및 사회권규약의 제1조는 다음과 같이 자결권을 규정한다.

1. 모든 사람은 자결권을 가진다. 그 권리에 기초하여 모든 사람은 그들의 정치적 지위를 자유로이 결정하고, 그들의 경제·사회 및 문화 발전을 자유로이 추구한다.

2. 모든 사람은, 호혜의 원칙에 입각한 국제경제협력으로부터 발생하는 의무 및 국제법상의 의무를 해치지 않고 그들 자신의 목적을 위하여 그들의 천연의 부와 자원을 자유로이 처분할 수 있다. 어떠한 경우에도 사람은 그들의 자체적인 생존수단을 박탈당하지 않는다.

3. 비자치 및 신탁통치 지역의 행정책임을 맡고 있는 국가를 포함하여 이 규약의 당사국은 '국제연합헌장'의 규정에 따라 자결권의 실현을 증진하고 그 권리를 존중한다.

헌법 제1조, 파시즘을 쏘다!

ⓒ 박홍규 2025

초판 1쇄 2025년 4월 18일
지은이 박홍규
디자인 유랙어
펴낸이 이채진
펴낸곳 틈새의시간
출판등록 2020년 4월 9일 제406-2020-000037호
주소 경기도 파주시 하늘소로16, 104-201
전화 031-939-8552
이메일 gaptimebooks@gmail.com
페이스북 @gaptimebooks
인스타그램 @time_of_gap
ISBN 979-11-93933-11-4(03300)

* 책값은 뒤표지에 있습니다. 잘못 만들어진 책은 구입하신 서점에서 교환해드립니다.
* 이 책 내용의 일부 또는 전부를 재사용하려면 반드시 저작자와 틈새의시간 양측의 서면 동의를 받아야 합니다.